CAMPER-TOUREN
Deutsche Nordseeküste

Weltbild

Inhalt

Das Beste zuerst

Best of Campingplätze 6
Der perfekte Campingplatz für jeden Typ

Entdecke die deutsche Nordseeküste 8
Hintergrundinfos zu Land & Leuten

Essen & Trinken 12

Trend- & Funsport 16

 Insider-Tipp

[i] Serviceangaben

[P] Parkplatz

[◉] Fototipp

[🐾] Hunde willkommen

[☺] kinderfreundlich

[✹] schöne Lage

€–€€€   Preiskategorien

Planen – Packen – Losfahren

Gut zu wissen 178
Von A wie Ärztliche Versorgung bis W wie Wohnmobilvermietungen

Feste & Events 182

 **Packliste für die Reise** 184

✓ **Fahrzeugcheckliste** 186

Urlaubsfeeling 188
Apps, Bücher, Filme & Musik

Bloß nicht … 190
Fettnäpfchen & Reinfälle vermeiden

Register 200

Kartenteil 204
(Maßstab 1:300 000)

Impressum 224

Inhalt

Die besten Touren an der deutschen Nordseeküste

Alle Touren im Überblick 20

Tour A

**Stadt, Land, Insel –
Von Oldenburg nach Norddeich** 23
- Oldenburg 34
- Leer 40
- Borkum 44

Tour B

**Ostfriesische Inselherrlichkeit –
Von Norddeich
nach Wilhelmshaven** 49
- Norddeich mit Juist und Norderney 60
- Carolinensiel mit Wangerooge 64
- Wilhelmshaven 68

Tour C

**Die Küste zwischen Weser und Elbe –
Von Wilhelmshaven nach Hamburg** 73
- Bremerhaven 84
- Bremen 88
- Cuxhaven 94

Tour D

**Weltstadt und Waterkant –
Von Hamburg nach Büsum** 99
- Hamburg 110
- Büsum 116

Tour E

**Schmucke Städte auf dem Festland –
Von Büsum nach Nordstrand** 121
- St. Peter-Ording 132
- Husum 136
- Nordstrand 140

Tour F

**Schöner wird´s nicht –
Von Nordstrand nach Flensburg** 145
- Amrum 156
- Föhr 160
- Sylt 164
- Flensburg 170

Best of Campingplätze

TIEFENENTSPANNT

Am ElbeCamp in Blankenese klingt dein Hamburgtag gemütlich aus.

1 *Für Dünenromantiker*

Warum extra mit dem Wohnmobil nach Borkum, wenn man dann doch in der Stadt bleibt? Der **Campingplatz Klaas Aggen** liegt ganz weit im Hinterland der Insel, in Richtung der einsamen Ostspitze. Durch die herrlichen Dünen stapft ihr von hier zum Strand oder erkundet radelnd die Umgebung. Die familiäre, supernette Betreuung durch die Besitzer macht die ländliche Inselatmosphäre perfekt. ▶ S. 47

2 FÜR FAMILIENBESPASSER

Es soll Kinder geben, die den **Campingplatz See Achtern Diek** in Otterndorf gar nicht verlassen wollen – noch nicht einmal für einen Trip ins benachbarte Cuxhaven. Zu schön ist die große Anlage mit ihren Spiel- und Sportplätzen, kleinen Seen mit Badestellen, der Spiel- und Spaßscheune und nicht zuletzt der Lage direkt an Deich, Watt, Nordseestrand und Schleuse. ▶ S. 97

Best of Campingplätze

3 *Für City-Chiller*

Hamburg hat tausendundeine faszinierende Seite, aber ein echtes Highlight ist es mit Imbiss, Cocktail oder Bierchen in der Hand am Sandstrand des **ElbeCamps** zu sitzen, während die weite Welt in Form mächtiger Schiffe an euch vorüberzieht. Und als Bonus gibt's den Elbstrandweg, auf dem man in einer guten halben Stunde ins Treppenviertel von Blankenese spaziert. ▶ S. 115

4 *Für Deichgrafen*

Hinter dem Deich beim **WoMoLand** auf der Halbinsel Nordstrand beginnt gleich ein großes Naturschutzgebiet. Kein schicker Badestrand direkt vor der Haustür, sondern nur das Blöken der Schafe, das Schreien der Möwen und das Brutzeln des Grillfleischs im Foodtruck. Totale Entspannung. Ansonsten liegt das hübsche Städtchen Husum auch nur 15 Minuten entfernt. ▶ S. 142/143

5 FÜR STRANDRÄUBER

Auch auf Sylt muss sich keiner in dicht an dicht gedrängte Strandkörbe setzen. Da reicht ein Aufenthalt auf dem **Campingplatz Rantum** – direkt an der großen Nord-Süd-Achse über die Insel und doch ein wenig außerhalb. Von vielen der recht großzügig angelegten Stellplätze schaut ihr auf den benachbarten Brackwassersee, das große Rantumbecken. Ein gemütliches Restaurant findet sich auf dem Gelände und in den hübschen Ortskern mit Lokalen und Wattführern lässt es sich am Wasser entlang gemütlich spazieren. Gleich gegenüber vom Campingplatz führen Holzstege und -treppen auf die hohe Düne mit Traumblick. Auf der anderen Seite geht's runter zum wunderbaren Strandabschnitt, den man überwiegend für sich allein hat – Strandkörbe sind für Campinggäste inklusive. ▶ S. 169

Entdecke die deutsche Nordseeküste

ÖKO-RASENMÄHER

Schafe sind nicht nur putzig und sympathisch, sondern arbeiten auch für den Küstenschutz.

Du gehst auf dem Deich spazieren, links der endlose Blick übers Flachland, rechts das kilometerweite Panorama des Wattenmeers. Schafe grasen oder liegen einfach auf der Wiese, vorn siehst du einen rot-weißen Leuchtturm in der Sonne blitzen, unten radelt eine Familie mit Kinderanhängern vorbei. Ein Pärchen mit Fischbrötchen in den Händen kommt dir entgegen und ruft ein freundliches „Moin" herüber ... Willkommen im Klischee, das es so wirklich gibt – und zwar nicht nur an einem Ort, sondern auf Hunderten Kilometern entlang der deutschen Nordseeküste, von der niederländischen bis zur dänischen Grenze. Nirgendwo sonst weht dir der Wind so prächtig um die Nase wie hier.

Entdecke die deutsche Nordseeküste

Watt'n Meer

Zugegeben: Watt ist ein komischer Begriff, da drängen sich alberne Wortspiele geradezu auf. Aber das Wattenmeer ist wirklich ein einmaliges Phänomen. Das gibt's in der ganzen Welt nur hier – darum auch Nationalpark und UNESCO-Weltnaturerbe. Wenn du ein absoluter Beginner bist in Sachen Nordsee, fällt dir anfangs schon mal der Kiefer runter, wenn ein Strand oder eine Badestelle ausgeschildert ist, du voller Vorfreude auf den Deich kletterst und statt einem feinsandigen Traumstrand ein riesiges schwarzes Schlammfeld vor dir hast. Aber die Eingeborenen werden dich beruhigen: Einfach nur auf die Flut warten! Oder eine tolle Wattwanderung machen, manchmal kilometerweit, am besten mit einer Führung vorbei an Segelbooten, die in der Matsche stecken und warten müssen. Es gibt nichts Schöneres, als bei Sonnenuntergang raus ins Meer zu wandern – ohne sich die Füße allzu nass zu machen. Nur ein „büsch'n schmuddelich".

TROCKEN MACHT LUSTIG

Kühl und distanziert sollen sie sein, die Norddeutschen. Aber wer das sagt, versteht einfach nur ihren trockenen, manchmal sogar schwarzen Humor nicht – ganz wie bei den Engländern, zu denen schon immer eine besondere Beziehung bestand. Wenn eine ältere Dame sagt: „Ich bin auch schon 72 Jahre alt", und der Chef der Fahrradausleihe erwidert: „Donnerwedder, und Sie sehen keinen Tach älter aus als 71", dann ist das nicht unverschämt, sondern schnoddrig-liebevoll gemeint.

Alles Friesland oder was?

Westfriesland liegt in Holland, Ostfriesland – mit Emden, Leer, Aurich und den Inseln – auf der deutschen Seite. Aber: Wilhelmshaven und Jever auf der ostfriesischen Halbinsel heißen einfach Friesland. Zwischen Weser und Elbe gibt's keine friesische Bezeichnung und ganz oben in Schleswig-Holstein heißt's dann Nordfriesland. Alle Klarheiten beseitigt?

Schäfchen zählen

Bitte niemals an den Nordseedeichen „Schäfchen zählen" spielen! Zumindest nicht am Steuer sitzend: viel zu hohe Einschlafgefahr. Denn von den kuschelig weißen (oder auch braunen und schwarzen) Tierchen gibt es Zehntausende. Sie sind die norddeutsche Küstenschutzbrigade, denn das Gras auf den Deichen muss aus Sicherheitsgründen kurzgeschoren sein. Kurios: Mancherorts – u. a. auf Sylt – sind an der Küste so viele frei laufende Hunde unterwegs, dass die Schafe abgezogen werden mussten und Menschen jetzt das Mähen übernehmen. Übrigens ist die ganze Küste noch so stark landwirtschaftlich geprägt, dass auch auf Urlaubsinseln wie Föhr oder Pellworm hauptsächlich Bauern regieren. Ein Rennduell Fahrrad vs. Traktor ist also immer drin!

AUF EINEN BLICK

14.000
Seehunde im Wattenmeer
[weltweit ca. 500.000]

750 km
Niedersachsens Küste
[Schleswig-Holsteins Nordseeküste: 468 km]

99 km²

Sylt = Deutschlands größte Nordseeinsel
[Rügen = größte Ostseeinsel: 926 km²]

Buntester Leuchtturm
Pilsum
[Ottos rot-gelb geringeltes Zuhause im Film „Otto – Der Außerfriesische"]

12 km
LÄNGSTER DEUTSCHER NORDSEESTRAND, IN ST. PETER-ORDING

NÖRDLICHSTER PUNKT DEUTSCHLANDS
Sylts Ellenbogen
[gehört zur Gemeinde List auf Sylt]

Höchste Erhebung an der deutschen Nordsee
61,3 m
HELGOLÄNDER PINNEBERG

43 %
aller Alltagswege legen Oldenburger per Fahrrad zurück [Nr. 1 in Deutschland, Münchener 17 %]

866 Mio. €
KOSTETE DIE HAMBURGER ELBPHILHARMONIE

Entdecke die deutsche Nordseeküste

EIN HAUCH VON FRIESENNERZ

An die Nordseeküste kommt ihr nicht in erster Linie fürs tolle Wetter. Natürlich kann es hier mollig warm und sonnig sein, aber das „Schietwetter" gehört eben auch dazu. Und ein kräftiger Wind sowieso. Das ist der raue Charme des Nordwestens. Nicht umsonst heißt eine gute Regenjacke hier „Friesennerz". Zum Wohlfühlen eben. Und kein Tier kommt zu Schaden.

Flachlandindianer

Das Land rund um die Nordseeküste ist so flach, dass man schon auf den Deich kaum ohne Sauerstoffmaske laufen möchte. Ab und an mal eine Bodenwelle, aber normalerweise sieht man aus dem Fenster schon Stunden im Voraus, wer bald zu Besuch kommt. Da stellt sich eine gewisse Gelassenheit ein. Nicht umsonst heißt der friesische Wahlspruch „Rüm hart, klaar kiming" (Weites Herz, klarer Horizont).

Moooooin!

Um dieses Wort werdet ihr nicht herumkommen, wenn ihr an der Nordseeküste entlanggondelt. Seit den 1980er-Jahren steht's offiziell im Duden und wurde als Gruß in den letzten Jahrzehnten auch in ganz Deutschland bekannt – wobei viele noch immer glauben, dass es irgendetwas mit Guten Morgen zu tun hat. Nee, hat es nicht! Wie heißt es so schön: „Heimat ist, wo man auch abends Moin sagt." Übrigens gibt es ein Moin (manchmal anders geschrieben) auch in Luxemburg und in Holland, wo Platt gesprochen wird. Und sogar die Kaschuben in Polen sagen's gelegentlich. Vielleicht habt ihr auch schon mal die Doppelform gehört: Moin Moin. Die soll angeblich signalisieren, dass man besonders freundlich grüßt und ein Gespräch anzetteln will, also einen kleinen „Klönschnack". Andere Nordlichter behaupten aber steif und fest, dass ein lang gezogenes Moin immer reicht, denn: „Alles andere ist nur Gesabbel."

ALLZEITGRUSS

Ob morgens, mittags oder abends – ein freundliches Moin passt immer.

Essen & Trinken

MEERESBEUTE

Ohne fangfrischen Fisch geht an der Nordseeküste gar nichts.

Wenig überraschend dominieren entlang der Nordseeküste die Fischlokale. Selbst wenn ihr zu Hause keine Fischfans seid, solltet ihr ihn hier probieren, denn das Niveau ist wegen der starken Konkurrenz erstaunlich hoch. Die Nummer eins sind Matjes und andere Heringe, weitere Klassiker Seelachs, Scholle und Kabeljau. Oft gibt es sehr leckere Bratkartoffeln dazu. Wer etwas Leichteres bevorzugt, fragt nach gedünstetem Fisch und Salzkartoffeln. Vegetarier haben beim Italiener oder im modernen Café manchmal mehr Optionen als in der gutbürgerlichen Stube.

Essen & Trinken

Don't call me Semmel!

Fischbrötchen sind so etwas wie ein kulinarisches Heiligtum im Norden. Aber Kult hin oder her: Vor allem sind sie der perfekte Imbiss rund um die Nordseeküste. Wegen der hohen Erwartungen der hungrigen Kunden und der starken Konkurrenz werden die knusprigen Schrippen meist mit fangfrischem Fisch bestückt. Was kann aber in solch ein Fischbrötchen alles hinein? Da wäre der Klassiker Matjes: junge Heringe – mild salzig, weich und saftig. Der Bismarck ist ebenso ein Hering, aber in Essig und Gewürze eingelegt. Auch Rollmops, Brathering, Krabben oder sogar panierte Fischfilets kommen zwischen die Brötchenhälften. Dazu eine Handvoll Zwiebeln, manchmal ein paar Scheiben saure Gurken. Deckel drauf und reingebissen! Hier bleibt nichts im Hals stecken: Fischbrötchen sind immer frei von Gräten.

Drehen, drücken, ziehen

Ganz egal, ob im Hafen von Emden, Cuxhaven oder Husum: Direkt vom Kutter bekommt man nicht nur fangfrischen Fisch, sondern auch andere Meeresfrüchte. Und keine dieser Früchte ist so typisch Nordsee wie die kleine Krabbe: Krabbencocktail, Krabbenbrötchen, Krabbensalat, Krabben als Beilage – sie passen fast überall. Jetzt gibt's nur ein Problem: Echte Nordmänner und -frauen kaufen die kleinen Krebse unbearbeitet. Genau da kommt der nordische Nationalsport ins Spiel: Krabbenpulen. Das mit dem Sport ist kein Scherz, es werden sogar Wettbewerbe abgehalten. Aber ohne Zeitdruck kann es eigentlich jeder: Panzer aufbrechen, um ihn dann durch Drehen vorsichtig von beiden Seiten vom Fleisch abzuziehen. Allen, denen das zu viel Fummelei ist, bleiben Hunderte guter Fischlokale und -imbisse an der Küste und auf den Inseln, die fertig gepulte Nordseegarnelen im Angebot haben.

FEINER PINKEL

Kale heißt das neue Superfood in Hollywood für Stars und Sternchen, die ihren Körper mit Personal Trainern auf Zack halten. *Kale*, das ist Grünkohl. Mit Senf und Hafergrütze aufgekocht DAS Winteressen im Nordwesten. Weniger gesund ist der Pinkel, den man dazu verspeist: eine dicke, geräucherte Grützwurst. Dazu Kassler, Speck, Mettwürste, Kartoffeln. Das Ganze liegt schwer im Magen und die Küche riecht noch tagelang. Aber nichts wärmt schöner von innen.

Schlickerkram

Auf Amrum und Co. werdet ihr garantiert schwach bei der Friesentorte: Blätterteig mit viel Butter, dazu Pflaumenmus, Schlagsahne, Mandelblättchen und Puderzucker. Die Stimmung steigt höher als der Cholesterinspiegel. Und haltet Ausschau nach Klütje oder Mehlpütt, einem dampfgegarten Mehlkloß – mit Vanillesoße ein Genuss.

MENÜKARTE

Vorspeise

Krabbenrahmsuppe

Kartoffelsuppe
Mit Räucherlachsstreifen

Emder Matjesfilet
Auf Schwarzbrot serviert

Hauptgerichte

Hamburger Labskaus
Corned Beef, Kartoffeln, Rote Bete und Gurken gestampft, dazu Matjes und Spiegelei

Grünkohl mit Pinkel
Neben der geräucherten Grützwurst (Pinkel) gibt es weitere Fleischbeilagen und Kartoffeln

Pannfisch
Norddeutsches Resteessen mit Bratkartoffeln und Senfsoße

Gebratene Heringsfilets
Mit Speckbohnen und Bratkartoffeln

Backkartoffel
Mit Kräuterquark und Pilzen

Kartoffel-Gemüse-Gratin
Mit Käse überbacken

Desserts

Rote Grütze
Fruchtspeise aus roten Beeren, mit Vanillesoße serviert

Windbeutel
Mit Vanillesoße oder Schlagsahne gefülltes Brandteiggebäck

Groter Hans
Rosinenkuchen von der schleswig-holsteinischen Westküste

Getränke

Bommerlunder
Kümmelbranntwein aus der Flensburger Umgebung

Deichlimo
Schleswig-holsteinische Limonadenmarke, die vor allem an der Küste verbreitet ist

Pharisäer
Süßer Kaffee mit Rum und Schlagsahne im Becher, an der Nordsee besonders beliebt

Friesische Bontjesoop
Mit Rosinen und Zucker angesetzter Branntwein

Essen & Trinken

GEISTREICH TRINKEN

In Schleswig-Holstein ist man stolz auf das Bier mit dem Plopp, an der niedersächsischen Küste eher auf das Friesisch-Herbe. Und dazwischen gibt's noch eine Menge anderer guter Sorten wie das Dithmarscher aus dem hohen Norden. Wenn es richtig traditionell und gesellig wird, gehört meist ein guter Klarer dazu, z. B. Friesenkorn aus 100 % Roggen. Also dann: Prost! Oder wie es bekanntermaßen hier heißt: „Nich lang schnacken, Kopp in Nacken"!

Kleine Sprachhilfe

Bier mit Zitronenlimo bestellt man hier als *Alsterwasser* (obwohl der Begriff *Radler* mittlerweile auch geläufig ist), Reibekuchen nennt man *Kartoffelpuffer*, Brötchen heißen besonders rund um Hamburg gern auch *Rundstücke*, die *Buddel* ist eine Flasche. Und wenn ein ungeschickter *Döspaddel* mal etwas verschüttet, dann wird das ganze *aufgefeudelt*.

Tee amo!

Wenn man euch im Lokal einen Schwarztee mit Teebeuteln im Kännchen hinstellt, ist Folgendes zu tun: Unter Protest das Café verlassen und sofort die Teepolizei verständigen! Denn in Ostfriesland – aber auch im restlichen Nordseeraum – geht das so: Kanne vorwärmen, zwei bis drei Löffelchen Teeblätter rein, diese mit kochendem Wasser nur gerade übergießen, nach drei bis fünf Minuten auffüllen und durch ein Sieb in eine hübsche Teekanne abgießen. Wer nur einen Behälter verwenden will, führt ein mit Teeblättern gefülltes Sieb in die Kanne ein und nimmt es nach etwa fünf Minuten wieder heraus. Ganz authentisch müssen Kluntjes in die leere Teetasse, damit es knistert, wenn das heiße Getränk aufgegossen wird. Die dicken Kandiszuckerstücke lösen sich langsam auf und reichen für mehrere Tassen. Dazu kommt als Letztes ein kräftiges Wölkchen Sahne. Natürlich darf auch schwarz und bitter getrunken werden. Dann aber unbedingt mit süßem Gebäck dazu.

TEEZEREMONIE

Ihr Leib- und Magengetränk behandeln die Ostfriesen mit Leidenschaft.

Trend- & Funsport

SCHLAMM DRÜBER!

Schön matschig durchs Watt zu stapfen ist eine der größten Nordseefreuden.

Stand-up-Paddling

Wann? Mit der entsprechenden Kleidung rund ums Jahr.

Wo? Auf dem Meer sowie auf vielen Binnengewässern. Auf dem friesischen Festland ist das Angebot groß, z. B. in Wilhelmshaven, Hooksiel, Schillig und Dornumersiel, aber auch etwa auf der Insel Baltrum.

Wie? Anleitung und Equipmentverleih gibt's meist vor Ort. Doch wer einmal Blut geleckt hat, will ein eigenes SUP-Board, das nicht zu teuer und gut zu transportieren ist.

Extrem-Wattwandern

Wann? Frühjahr bis Herbst, seltener auch im Winter.

Wo? An der gesamten Nordseeküste. Besonders spannend ist eine komplette Wanderung vom Festland zu einer der Inseln, etwa von Cuxhaven nach Neuwerk oder von Neuharlingersiel nach Langeoog.

Wie? Mitzubringen ist Fitness, warme Klamotten für oben (auch im Sommer), unten kurz und praktisch, fest sitzende, wasserabweisende Turnschuhe und ganz viel Sonnenmilch.

Trend- & Funsport

Kitesurfen

Wann? Mit der richtigen Ausstattung das ganze Jahr über möglich.

Wo? In Schleswig-Holstein gilt St. Peter-Ording als Hotspot für Kiter, auch die Inseln Sylt, Amrum und Föhr sind beliebt. In Niedersachsen hat jede der Ostfriesischen Inseln hervorragende Plätze. Sogar die kleinste von ihnen, Baltrum, wartet mit einer tollen Kitesurf- und Segelschule auf.

Wie? Natürlich macht's mit eigener Ausrüstung am meisten Spaß, aber auf jeder Insel gibt es auch Equipment zum Ausleihen plus Kurse für Anfänger und Fortgeschrittene. Wenn du noch nie gesurft bist, dann schau dir als Vorbereitung im Netz ein paar Filmchen mit Erklärungen, Tipps und Tricks an. Und kontaktiere besonders in der Hochsaison rechtzeitig die Surfschulen, denn der Ansturm kann groß sein.

Wrack- und Schatztauchen

Wann? Besonders für Anfänger eher in der wärmeren Jahreszeit.

Wo? Geschätzt gibt es mehrere Tausend gesunkene Schiffe im gesamten deutschen Nordseeraum. Besonders Sylt ist berühmt fürs Wracktauchen. Am Oststrand von Hörnum geht's los – fünf Seemeilen vor der Küste liegt in nur 12 m Tiefe der 1944 havarierte Dampfer „Wik" auf Grund. Sein Wrack kann von Tauchern begangen werden. Auch in Helgoland verstecken sich unter Wasser einige tolle Schätze.

Wie? Tauchschulen mit Unterricht für Anfänger und Fortgeschrittene, Equipmentverleih und organisierten Ausflügen finden sich zahlreich an der ganzen Küste sowie auf allen größeren Inseln.

GLÜCKSELIG-KITE

In der steifen Brise des hohen Nordens nehmen die Drachen richtig Fahrt auf.

Die besten Touren an der deutschen Nordseeküste

BULLIPARADE

In den Dünen von Sylt und damit im siebten Camperhimmel gelandet.

Alle Touren im Überblick

Nordsee

**Insel-Traumstrände und Wattwanderungen im Nationalpark
Seite 48**

Von Norddeich nach Wilhelmshaven B

Von Oldenburg nach Norddeich A

③ ④ Norddeich

Emden

Fryslân
Leeuwarden Groningen

Nederland

**Aus dem Fahrrad-Eldorado Oldenburg ins Herz von Ostfriesland
Seite 22**

②

20 km

FAST UFERLOS

Schöner „Meerblick" vom Seesteg im Bad Zwischenahner Kurpark.

Tour

Stadt, Land, Insel
Von Oldenburg nach Norddeich

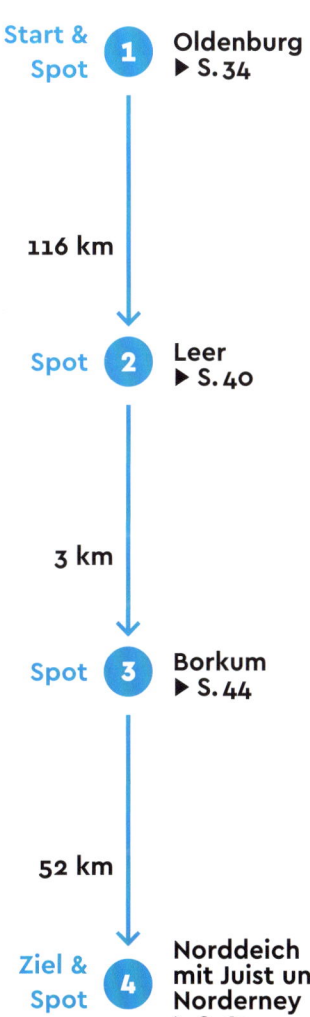

Los geht's in Oldenburg, einer modernen Großstadt, die sich ständig weiterentwickelt und doch gemütlich, übersichtlich und entspannt geblieben ist. Eine schöne Altstadt und dazu sehr viel Grün erwarten euch in der Fahrradmetropole, während der angrenzende Kurort Bad Zwischenahn mit Bummelmeile und „Meer" glänzt. Durchs Ammerland geht es ins Ostfriesische, wo mit Leer und Emden zwei Schwergewichte warten. Mit Borkum entdeckt ihr die größte Insel der Region, die von Nachtleben bis Natur pur samt enormem Sandstrand alles bietet. Im hübschen Hafenort Greetsiel ist endlich die Nordseeküste erreicht, an der entlang es weitergeht nach Norddeich.

Strecke 171 km

Reine Fahrzeit 3 Std. 30 Min.

Streckenprofil Gut ausgebaute Bundes- und Landstraßen, einige asphaltierte lokale Straßen

Empfohlene Dauer 7 Tage

Anschlusstouren
B C

FACTS

Tour im Überblick

A Tourenverlauf

Start & Spot 1 **Oldenburg**
Provinz und Weltstadt ▶ S. 34

13 km | Aus Oldenburg heraus nehmt ihr nicht die Autobahn, sondern die Nadorster Straße, die später Wilhelmshavener Heerstraße und ab dem Stadtrand dann Oldenburger Straße heißt, bis nach Rastede.

Rastede

Aus dem Oldenburgischen seid ihr jetzt schon im Ammerland gelandet. Das kleine, entspannte Städtchen glänzt vor allem durch sein klassizistisches **Schloss**, über viele Jahre Residenz der Grafen und Großherzöge von Oldenburg. Das kann zwar normalerweise nicht von innen besichtigt werden, ist aber schön anzuschauen und liegt inmitten eines riesigen, naturnah gestalteten und teils ganz wilden **Schlossparks.** Bei der großen Runde ums Gebäude kommt ihr sogar an einer Wiese mit einem Pferdeparcours des Reiterverbands Oldenburg vorbei. Schließlich steht ihr wieder am Parkplatz, wo der Weg startete. Werft auf der anderen Seite der Durchfahrtstraße *(Oldenburger Straße)* noch einen Blick in die nächste Parkanlage mit dem säulengeschmückten **Palais Rastede** *(Mi–Fr 14–17, So 11–17 Uhr | 4 € | Feldbreite 23 | Rastede | kkr-rastede.de)*, das ihr samt wechselnder Ausstellungen auch von innen besichtigen könnt.

ℹ *Schlosspark Rastede | Eintritt frei | Oldenburger Str. 202B | Rastede | rastede-touristik.de (Karte mit Wanderwegen zum Download)*

Sasso Gelateria Café-Bar
Nach dem großen Rundgang durch den Schlosspark habt ihr euch ein Eis verdient. Glücklicherweise liegt fast direkt beim Ausgang aus dem Schlossgelände ein Eiscafé mit selbst gemachtem *gelato*, das hervorragend schmeckt und mit seinen großen Kugeln zu fairen Preisen zum Genuss verführt.

ℹ *Tgl. 11–20 Uhr | Oldenburger Str. 232 | Rastede | Tel. +49 4402 35 53 | sasso-bar.9gg.de*

Optionaler Anschluss: Tour C

19 km | Die Raiffeisenstraße führt nach Wiefelstede, von wo es über die Oldenburger Landstraße und die Wiefelsteder Straße weitergeht bis

Von Oldenburg nach Norddeich

Spohle und dort links in die Petersfelder Straße, die in der Verlängerung Alpenrosenstraße heißt.

Rhododendronpark Hobbie

Der kleine Geheimtipp steht ein wenig im Schatten des berühmten Parks der Gärten (s. S. 36) in Bad Zwischenahn, auch nur einige Autominuten von hier entfernt. Der Clou in diesem Park ist aber, dass sich die Schau fast ausschließlich auf Rhododendren konzentriert, die im Ammerland allgegenwärtig scheinen. Besonders im Mai, wenn die meisten der Pflanzen blühen, ist die Region in eine einzigartige Farbenpracht getaucht. Viele Bauern und Hausbesitzer hegen und pflegen ihre Sträucher als mächtige, prächtige Hecken und auch bei den Baumschulen der Gegend stehen diese Heidekrautgewächse im Vordergrund. Vielleicht nehmt ihr euch ja eine der immergrünen Pflanzen mit nach Hause. Es gibt gut 1000 verschiedene Sorten und in diesem privat geführten Park werden sehr viele von ihnen präsentiert. Da einige Arten schon ab März blühen, während andere noch bis Juli oder sogar August ausschlagen, lohnt sich ein Besuch also nicht nur im Frühsommer. Auf naturbelassenen Wegen, teils durch kleine Waldabschnitte, verläuft eine ausführliche Rundtour.

i Tgl. 9.30–19 Uhr | zur Blütezeit 7,50 €, sonst Eintritt frei | Alpenrosenstr. 7 | Westerstede | hobbie-rhodo.de

AUGENWEIDE

Im Frühsommer präsentiert sich der Westersteder Rhododendronpark Hobbie knallbunt.

PROVINZCHARME

Nur keine Hektik, lautet die Devise in Westerstede, der Hauptstadt des Ammerlands.

8 km | Weiter geradeaus geht es über Alpenrosenstraße, Neuenburger Straße und Ammerlandallee in die Ammerländer Hauptstadt Westerstede.

Westerstede

Wenn ihr euer Shopping entspannt erledigen wollt, ist die Innenstadt von Westerstede keine schlechte Adresse. Das liebenswerte Städtchen präsentiert sich mit einer angenehmen, kleinen Fußgängerzone.

Restaurant Slavija

Sollte nach dem Spaziergang durch den Rhododendronpark Hobbie dieses nagende Hungergefühl da sein, könnt ihr kein besseres Restaurant erwischen als das Slavija mit deftiger internationaler Küche und deutlichem Balkaneinschlag. Die Steaks schmecken prima, die Portionen sind groß, die Bedienung ist freundlich, der Küchenchef schaut gern persönlich nach dem Rechten und ein kleiner Biergarten gehört auch noch dazu. Und da hier keine Touristenströme vorbeiziehen, sind zudem die Preise vergleichsweise moderat. Was will man mehr?

Tgl. 17.30–23, So auch 11.30–14.30 Uhr | Kuhlenstr. 36 | Westerstede | Tel. +49 4488 7 70 11 | slavija-wst.de | €€

Von Oldenburg nach Norddeich

9 km — Die Kuhlenstraße weiter geradeaus geht es bis ins Dorf Apen. Dort verfolgt ihr die sich schlängelnde Hauptstraße in Richtung Augustfehn.

Gardeur Outletstore

Kurz hinter Apen liegt linker Hand das Gelände der ehemaligen Bekleidungsfabrik Gardeur. Die Produktionshallen stehen noch, die Fertigung wanderte allerdings schon vor Jahren ins Ausland. Gardeur versichert aber, dass beim eigenen Werk in Tunesien hohe Nachhaltigkeitsstandards und faire Arbeitsbedingungen eingehalten werden. Die Qualität der Kleidung ist jedenfalls meist hochwertig. Übrig geblieben ist auf dem Fabrikgelände ein Outletshop.

ℹ *Mo–Fr 10–18, Sa 10–16 Uhr | Hauptstr. 400 | Apen | atelier-gardeur.de/outletstores*

Insider-Tipp: Mit wenig Geld auf dicke Hose machen

Neben makelloser neuer Ware sind hier besonders viele Teile mit leichten, oft kaum zu bemerkenden Fehlern deutlich heruntergesetzt. Stöbern und anprobieren lohnt sich also allemal.

23 km — Die Route geht immer weiter geradeaus: zunächst durch die Dörfer Vreschen-Bokel und Detern, dann die Burgstraße entlang und auf die B72 nach Norden. Im Dorf Siebestock lenkt ihr links in die Siebestocker Straße und fahrt bis zur Mühle Holtland. Die Grenze vom Ammerland nach Ostfriesland ist jetzt bereits überquert.

Mühle Holtland

Bis in die 1970er-Jahre drehten sich hier noch die Räder. Jetzt ist die Galerieholländer-Mühle mit ihrem zünftigen Reetdach hauptsächlich nur noch zum Bewundern da, obwohl sie wunderschön restauriert wurde und eigentlich auch funktionstüchtig wäre. Bei einer Besichtigung erfährst du etwas über Technik und Bauweise und genießt von der Galerie einen netten Rundblick auf die flache, grüne Umgebung. Sogar heiraten kann man hier bei rechtzeitiger Voranmeldung. Im kleinen Mühlencafé schmeckt der selbst gebackene Kuchen besonders gut.

ℹ *Mai–Sept. So 14–17 Uhr | Mühlenstr. 12 | Holtland | Tel. +49 4950 27 24 | urlaubsregion-hesel.de | Besichtigung auf Anfrage*

🅐 Tourenverlauf

9 km | Von der Mühle sind es 100 m bis zur Leeraner Straße (B436), auf der es nach links geht und dann immer geradeaus, bis kurz vor Leer links das Schloss Evenburg ausgeschildert ist, zu erreichen über die Daalerstraße.

Schloss Evenburg

Direkt vor den Toren Leers solltet ihr hier noch schnell eine Pause für einen ausführlichen Spaziergang im unglaublich gepflegten und geschniegelten **Schlosspark** einplanen, der als englischer Landschaftsgarten angelegt wurde. Auch das schmucke Wasserschloss selbst – eigentlich noch älter, aber im 19. Jh. komplett umgebaut – könnt ihr von innen besichtigen. Eine Dauerausstellung lässt euch auf sehr anschauliche Art in das Leben einer ostfriesischen Adelsfamilie vor 150 Jahren eintauchen. Viele Besucher, die den Namen Evenburg vorher noch nie gehört hatten, wundern sich, ein solch tipptopp erhaltenes, wirklich prächtiges Schloss mit einem ebenso herausragenden Park hier anzutreffen. Auch das **Café** am Eingang des Schlossparks bietet einige hübsche Sitzplätze für eine Stärkung mit Kaffee und Kuchen.

ℹ️ *Tgl. Mitte März–Okt. 10–18, Nov.–Anfang Jan. 11–17 Uhr | Park Eintritt frei, Schloss 5 € | Am Schlosspark 25 | Leer | evenburg.landkreis-leer.de*

35 km | Zurück zur B436 und dann links fahrt ihr auf der B70 an **Leer** vorbei und ab der Anschlussstelle Neermoor auf der A31 Richtung Emden.

Spot ② | **Leer**
Das ostfriesische Schmuckkästchen ▶ S. 40

3 km | Von Leer Richtung **Emden** (die sehenswerte Stadt ist als Ausflugsziel beim Spot Leer beschrieben, s. S. 41) nehmt ihr am besten die B70 nach Norden und dann ab der Anschlussstelle Neermoor die Autobahn A31 zum **Außenhafen Emden.** Vom Ende der Autobahn führen euch Niedersachsen- und Frisiastraße zu den Parkplätzen am Hafen oder direkt zur **Fähre nach Borkum.**

Emden Außenhafen: Fähre nach Borkum

ℹ️ *In der Hauptsaison ca. 6 x tgl., gezeitenunabhängig | Dauer: normale Fähre ca. 2 Std. 10 Min., Katamaran ca. 50 Min., jeweils plus*

Von Oldenburg nach Norddeich

Inselbahn in den Ort | Hin- und Rückfahrt pro Pers. ca. 42 €, Katamaranzuschlag ca. 11 €, Womo bis 6 m ca. 165 € | ag-ems.de

Spot 3

Borkum
Die Große unter den Ostfriesischen ▶ S. 44

31 km

Mit der Fähre am Außenhafen Emden angelangt, fahrt ihr nicht zurück auf die Autobahn, sondern nehmt die Larrelter Straße nach Westen Richtung **Rysum,** wo die weltweit älteste bespielbare Orgel steht. Die gesamte Gemeinde Krummhörn ist übrigens bekannt für ihre alten Kirchen mit denkmalgeschützten Orgeln. Weiter geht es immer auf der Hauptstraße in Küstennähe und kurz vor Krummhörn links nach Greetsiel.

Greetsiel

Ein echtes Highlight an der Festlandküste ganz im Westen der ostfriesischen Halbinsel ist dieses alte Fischerdorf. Sein historischer Ortskern ist ein Sammelsurium aus schmucken Gebäuden, deren Bauzeit teils ins Mittelalter zurückreicht. Besonders im Sommer stürmen Wochenendausflügler die Gassen für einen Bummel und auf der Suche nach einem freien Plätzchen in den Cafés und Restaurants. Alle Wege führen zum schönsten Punkt, dem kleinen Greetsieler **Hafen,** der schon gut sechs Jahrhunderte auf dem Buckel hat, mit seinen unzähligen Booten und Schiffen, darunter 25 legendäre und hübsche Krabbenkutter. Der Hafen liegt nicht direkt

STELLDICHEIN!

Vom Parkplatz sind's nur wenige Schritte ins historische Zentrum von Greetsiel.

ANKERPLATZ

Vom Greetsieler Hafen loslaufen ins tolle Naturschutzgebiet.

an der Nordsee, sondern am Sielzufluss des Leyhörner Sieltiefs, das sich wiederum durch ein Naturschutzgebiet und schließlich durch die Greetsieler **Schleuse Leysiel** ins Meer mogelt. Genau zu dieser Schleuse führt ein herrlicher Spaziergang aus Greetsiel, immer am einsamen Deich entlang und durch das wunderbare **Schutzgebiet Leyhörn.** Ihr könnt die gut 7 km hin – und nochmal so viel zurück – gehen oder radeln. Alternativ lässt sich auch noch ein Kilometer draufpacken, um auf der anderen Seite der Schleuse zurückzustapfen. Auf dem Hinweg macht ihr noch einen kleinen Abstecher zum markanten, gelb-rot gestreiften **Pilsumer Leuchtturm,** in dem man auch heiraten kann. Besonders begeistert sein werden Fans von Otto Waalkes, der im Filmklassiker „Otto – Der Außerfriesische" im Turm und in „Otto – Der Katastrofenfilm" in einer Hütte daneben wohnt.

i Pilsumer Leuchtturm | Öffnungszeiten s. Website | Eintritt frei, Spende erbeten | pilsumer-leuchtturm.de | kostenpflichtiger Parkplatz direkt beim Leuchtturm (GPS: 53.500815, 7.051282)

P Schulweg 1 | Greetsiel (GPS: 53.498903, 7.0984729): der beste Parkplatz fürs Zentrum, fußläufig zu Altstadt und Hafen gelegen sowie nicht überteuert und mit öffentlichem WC

📷 Den Pilsumer Leuchtturm muss man wegen Otto natürlich in lustiger Pose fotografieren – schräg, als hoppelnder Hase, als Ottifant oder mit dem Leuchtturm in einiger Entfernung zwischen den Fingerspitzen.

Von Oldenburg nach Norddeich

Eiscafé am Hafen

Eisliebhaber, selbst wenn sie gerade auf strenger Diät sind, haben hier eine Sondergenehmigung, so viel zu verzehren, wie sie wollen. So gut schmeckt der kalte Genuss in diesem Lokal, vor dem sich traditionell und ohne Ausnahme immer eine Schlange bildet. Die nach dänischer Tradition selbst gemachte Eiscreme gilt als eine der besten in ganz Ostfriesland. Dass der Laden in einem der historischen Häuschen mit tollem Hafenblick untergebracht ist, setzt dem Ganzen noch die Krone auf. Im ersten Stock gibt es zudem Sitzplätze mit Traumsicht durch die Panoramascheibe. Solltet ihr einen freien Platz erwischen, dann wäre es eine Sünde, dort nicht mit einem Eisbecher Platz zu nehmen.

Tgl. Sommer 10–22, sonst 10–18 Uhr | Sielstr. 17 | Krummhörn | Tel. +49 4926 9 18 00 | supermarkt-greetsiel.de | €€

Camping am Deich Nordsee

Ein wunderschön in Strand- und Nordseenähe gelegener Campingplatz zwischen Emden und Greetsiel. Nicht zu groß und genau deswegen sehr gemütlich und familiär-freundlich. Neben tipptopp sauberen Sanitäranlagen warten hier sogar eine bestens ausgestattete Küche und ein Saunabereich auf euch. Spielplatz und Badestrand Upleward liegen genauso in direkter Nachbarschaft wie der nette **Kiosk Watt'n Blick Upleward.** Auch Warmduscher kommen gegen eine kleine Gebühr auf ihre Kosten, wenn sie sich nach dem Baden im Salzwasser gründlich reinigen wollen.

Erbsenbindereistr. 3 | Krummhörn | Tel. +49 4923 5 25 | camping-am-deich.de | 280 Stellplätze

21 km — Die Greetsieler Straße nach Nordosten bringt euch in Richtung Norden. Biegt links in die Straße Am Leydeich, dann der Vorfahrtstraße folgend rechts auf die Westermarscher Straße und bald danach links in die Ziegeleistraße. In Itzendorf biegt diese scharf rechts ab, vorbei am **Womopark Norddeich** (s. S. 63), heißt jetzt Deichstraße und führt direkt nach Norddeich.

Norddeich mit Juist und Norderney
Buntes Inseltreiben und wildromantische Einsamkeit ▶ S. 60

Optionaler Anschluss: Tour B

Spot 1

Oldenburg
Provinz und Weltstadt

Oldenburg – das ist diese wunderbare Mischung: weltoffen, liberal, Universitätsstadt, zugleich gemütlich und im besten Sinne provinziell. Nirgendwohin hat man es weit, Hauptverkehrsmittel ist das Fahrrad. Fuß- und Radwege sind oft genauso breit wie die Autofahrbahn. Das Kulturangebot ist riesig – in der EWE Arena haben bis zu 8000 Menschen Platz – und die Entwicklung der Stadt dynamisch: So entsteht im Hafen gerade ein ganz neues Viertel. Der Kurort Bad Zwischenahn ist die perfekte Ergänzung: shoppen, bummeln und das Zwischenahner Meer genießen.

P *Das Parkhaus des Einkaufszentrums Schlosshöfe direkt am Altstadtrand ist nicht gerade günstig, aber bequem und geräumig (Mühlenstr., GPS: 53.139110, 8.216938 | Oldenburg | schlosshoefe-oldenburg.de). Im engen Bad Zwischenahn solltet ihr unbedingt auf dem großen, gebührenpflichtigen Platz am Hogen Hagen parken (Am Hogen Hagen 11, GPS: 53.182438, 8.014833 | Bad Zwischenahn).*

RUHE VOR DEM STURM

Abends wird die Wallstraße zur Oldenburger Partymeile.

Von Oldenburg nach Norddeich

AKTIVITÄTEN & SIGHTSEEING

1 Durch die Altstadt stromern
Loslegen könnt ihr am Markt mit dem prächtigen **Rathaus** und der **Lambertikirche** – außen neugotisch, innen klassizistisch. Überall in der historischen Fußgängerzone fallen euch schmuckvolle Fassaden ins Auge, aber die enge **Bergstraße** schießt in puncto Idylle den Vogel ab. Sie verbindet den Theaterwall, an dem ihr einen Blick auf die weiße Fassade des renommierten **Staatstheaters** (staatstheater.de) werfen solltet, mit der Langen Straße, die am **Lappan** endet, einem legendären Glockenturm samt Renaissancekuppel. Vis-à-vis geht die Wallstraße ab, die kleine Oldenburger Partymeile.

2 Schloss und Schlossgarten bewundern
Am Rande der Altstadt steht das knallgelbe Schloss – immerhin war Oldenburg mal ein Großherzogtum. Das **Landesmuseum für Kunst- und Kulturgeschichte** ist spannend, aber vor allem beschert es euch die Möglichkeit, das Schloss von innen zu sehen. Ein Höhepunkt ist das Schlendern im großen Schlossgarten mit Teich, Teepavillon sowie Obst- und Gemüsegarten. Während des **Oldenburger Kultursommers** (kultursommer-oldenburg.de) gibt's hier Livemusik und Theater. Gegenüber dem Parkeingang Gartenstraße/Schlosswall seht ihr als letzten Überrest der mittelalterlichen Stadtmauer den dicken und leicht schiefen **Pulverturm**. *Infos: Di–So 10–18 Uhr | Schloss, Prinzenpalais und Augusteum 6 € , inkl. Sonderausstellung 9 € | Schlosspl. 1 | Oldenburg | landesmuseum-ol.de*

3 Auf der Mühlenhunte an tollen Fassaden vorbeischippern
Vom Wasser aus wird Oldenburg noch schöner. Gegenüber dem Schloss mietet ihr euch bei der **Bootzeit** ein Bötchen und paddelt oder tretet die wunderbare Mühlenhunte entlang. Auf der einen Seite der fürstliche Schlossgarten, auf der anderen die altehrwürdigen Häuser der Elisabethstraße. Danach geht's vorbei am **OLantis-Schwimmbad** (s. u.) und am **Marschwegfußballstadion,** bis die Mühlenhunte in die richtige Hunte mündet. *Infos: April–Mitte Okt. Di–So 10–ca. 18 Uhr (je nach Wetter kürzer oder länger) | pro Stunde ab 12 € | Elisabethstr. 1A | Oldenburg | bootzeit-oldenburg.de*

4 Neoklassik im Grünen entdecken
Der säulengeschmückte **Alte Landtag** liegt nur ein paar Hundert Meter vor der Innenstadt, herrlich grün umgeben von den Dobbenteichen. Etwas weiter südlich tobt ihr euch aus im **Eversten Holz,** einem naturnah gestalteten Park mit Abenteuerspielplatz und Hundewiese. *Infos: Tappenbeckstr./Ecke Tripitzstr. | Oldenburg*

5 Schwimmen, saunieren und sich wohlfühlen
Pools, Abenteuerrutschen, ein Freibad und vor allem Wellness mit Massage, Kräutersaunen und sogar orientalischem Hamam- und Rasulbad findet ihr im **OLantis Huntebad**. *Infos: Öffnungszeiten s. Website |*

A Spot 1 · Oldenburg

Schwimmbad ab 4,50 €, Saunawelt ab 15 € | Am Schlossgarten 15 | Oldenburg | olantis.com

6 Schöne Aussicht vom Abfallhaufen genießen

Mitten im Wohnviertel Osternburg trefft ihr auf eine riesige Brachfläche: Das 48 ha große Gelände einer ehemaligen Mülldeponie nennt sich **Osternburger Utkiek** und seine Kuppe ist mit sage und schreibe 30 m der höchste Punkt Oldenburgs. Ganz im Hintergrund erspäht ihr die Türme und Dächer der City. Ein witziger Spaziergang durchs Niemandsland.

Insider-Tipp
Vom Müll zum Trödel
Und samstags ist beim Eingang Eidechsenstraße stöbern auf dem **Flohmarkt an der Utkiek** angesagt.

7 Durch Bad Zwischenahn bummeln

Entlang der verkehrsberuhigten Hauptstraße **Am Hogen Hagen** (später Peterstraße) reiht sich Boutique an Café. Auch die Bahnhofstraße ist voller Läden. Das Ganze endet am **Rathaus** und der **St.-Johannis-Kirche.** Unterwegs gibt's immer wieder Zugänge zum **Zwischenahner Meer.** Der **Kurpark** bietet viele Spazierwege sowie Brückchen, Bootsverleih, Spielplatz, Cafés, Strandbad, historische Mühle, **Freilichtmuseum** (ammerlaender-bauernhaus.de) und den **Spieker** (spieker-gaststaette.de), ein traditionelles Bauernhaus, wo noch Platt geschnackt wird. *Infos: Ca. 18 km von Oldenburg*

8 Eine Runde ums Zwischenahner Meer drehen

Niemand darf Bad Zwischenahn verlassen, ohne ums Zwischenahner Meer geradelt (ca. 1 Std.) oder gewandert (ca. 3 Std.) zu sein. Der bestens ausgeschilderte, etwa 12 km lange Rundweg driftet stellenweise ein wenig vom Ufer ab, führt aber durchgehend durch grüne Landschaft, vorbei am **Jachthafen** und immer wieder mit tollem Blick über die große Pfütze, immerhin der drittgrößte Binnensee Niedersachsens. *Infos: Ca. 18 km von Oldenburg*

9 Im Park der Gärten Blumen sprechen lassen

Das Dorf **Rostrup** am Zwischenahner Meer war 2002 Standort der ersten Nie-

REGENTAG – UND NUN?

10 Horst Janssens Kunst bestaunen

Der 1995 verstorbene norddeutsche Künstler war ein international ausgezeichnetes Multitalent: Zeichner, Grafiker, Fotograf, Illustrator und einiges mehr. Mit dem **Horst-Janssen-Museum** hat ihm die Stadt seiner Kindheit ein modernes Haus gewidmet, in dem ihr sein Werk genauso kennenlernt wie das Leben und die Gefühlswelt dieses sensiblen Genies. Mit Sonderausstellungen rund um das Thema Zeichnen. *Infos: Di-So 10–18 Uhr | 7 € | Am Stadtmuseum 4-8 | Oldenburg | horst-janssen-museum.de*

Von Oldenburg nach Norddeich

dersächsischen Landesgartenschau. Seitdem hat sich Deutschlands größte Mustergartenanlage zur herrlichen Dauerblumenschau entwickelt mit über 9000 Pflanzenarten auf 14 ha Fläche. Für Romantiker wird übrigens am Valentinstag außer der Reihe geöffnet. **Infos:** Mitte April–Anfang Okt. tgl. 9.30–18.30 Uhr | 12 € | Elmendorfer Str. 40 | Bad Zwischenahn (ca. 18 km von Oldenburg) | park-der-gaerten.de

ESSEN & TRINKEN

11 Ols Brauhaus am Hafen

Nicht nur die Lage mit Terrasse direkt am Oldenburger Hafen ist toll, sondern auch die riesige Auswahl regionaler und nachhaltig hergestellter Biere. Dazu gibt's norddeutsche Brauhausküche mit Hafensalat und Labskaus. **Infos:** Tgl. 9–24 Uhr | Stau 34 | Oldenburg | Tel. +49 441 2 61 89 | ols-brauhaus.de | €€

12 Café Villa Stern

Das Café gehört zum wunderschönen Boutiquehotel Villa Stern: gemütlich-elegantes Ambiente, Topkaffee, leckere, frisch gebackene Kuchen – und ein wunderbar freundlicher Service. Den Laden und das Hotel schmeißen Menschen mit Behinderungen ganz hervorragend. **Infos:** Tgl. 8–17.30 Uhr | Bremer Str. 41 | Oldenburg | Tel. +49 441 30 42 41 44 | hotelvillastern.de | €€

13 China-Restaurant Zwischenahn

Die supernetten Besitzer haben immer ein Lächeln auf den Lippen und scherzen mit den Gästen, gemütliche Einrichtung und absolut einwandfreie Speisen. Besonders empfehlenswert ist das große Abendbüfett. **Infos:** Di–So 12–15 u. 17.30–23 Uhr | Mühlenstr. 1 | Bad Zwischenahn (ca. 18 km von Oldenburg) | Tel. +49 4403 8 10 75 88 | €–€€

SAUERSTOFF TANKEN

Im Park der Gärten bei Bad Zwischenahn arbeitet die Natur für dich.

Spot 1 · Oldenburg

14 Eiscafé San Remo Bad Zwischenahn
Hier wird das beste *gelato* des kleinen Kurorts verkauft, auch die Eisbecher sind klasse. Draußen sitzend lasst ihr das bunte Treiben gemütlich an euch vorüberziehen. **Infos:** Tgl. 10–22 Uhr | In der Horst 6A | Bad Zwischenahn | Tel. +49 4403 62 34 58 | gelati-san-remo.de | €€

EINKAUFEN

15 Ammerländer Schinkendiele
Im schmucken Fachwerkhaus gibt's nicht nur hochwertige Fleisch- und Wurstspezialitäten, sondern auch eine große Auswahl regionaler Teesorten, Marmeladen und Liköre. Sogar Ammerländer Schwarzbrot liegt auf der Theke. **Infos:** Mo–Sa 8–18.30, So 11–18.30 Uhr | In der Horst 1 | Bad Zwischenahn | schinkendiele.de

Insider-Tipp
Immer wieder sonntags
Wie so viele Läden in Zwischenahn, inklusive einiger Supermärkte, ist auch die Schinkendiele sonntags geöffnet.

16 Guarantweed IRISH
Der Besitzer ist ein echter Liebhaber irischer Mode und verkauft fast nur Qualitätsklamotten, die man selten findet – manchmal sogar wirkliche Einzelstücke. Natürlich ist auch die Kundenberatung maßgeschneidert. **Infos:** Mo–Fr 10–13.30 u. 14.30–18, Sa 10–15 Uhr | Bergstr. 6 | Oldenburg

AUSGEHEN & FEIERN

17 Polyester Klub
Es gibt leckere Drinks und Essbares wie Poly-Pita oder Falafel-Toast, aber ins Polyester kommt man natürlich für

VERSCHNAUFPAUSE

Es muss nicht immer Camping sein, Womoreisenden reicht meist ein schlichter Stellplatz.

die rockige Musik, an Wochenenden meist auch live. Das Innere ist mit einer Spur abgewetztem Retrofeeling eingerichtet. *Infos: Mi–Sa 21–4 Uhr | Am Stadtmuseum 15 | Oldenburg | polyester-klub.de*

18 The Pub
In der Oldenburger Wallstraße konzentriert sich abends das Leben. Gut sind der Peter Pane Burgergrill, die klassische Kneipe Strohhalm, Charlys Musikkneipe, das Baldini's und The Pub. Letzterer ist ein mit viel Herzblut geführtes irisches Lokal, in dem die Musik sehr oft live spielt. *Infos: Mi, Do 17–24, Fr, Sa 17–2 Uhr | Wallstr. 19 | Oldenburg | Facebook: Thepubol*

STELL- & CAMPINGPLÄTZE

19 Für die ganze Familie
Der freundlich geführte Platz lässt nichts zu wünschen übrig. Das dicke Plus ist die Lage am Freizeitzentrum Hatten mit großem Freibad und Minigolfplatz. Auch die umliegenden Dörfer sind urig und hübsch anzusehen.

Campingplatz Hatten
€€ | Kreyenweg 8 | Hatten (ca. 20 km von Oldenburg)
Tel. +49 4482 6 77 | fzz-hatten.de
GPS: 53.026037, 8.334885
▸ *Größe: 30 Stellplätze*

20 Wohnmobilstellplatz am Badepark
Der gepflegte Stellplatz in unschlagbarer Lage zwischen Seeufer und Zentrum bietet sich auch für längere Aufenthalte an. Der Eintritt ins angrenzende Freibad ist in der Gebühr enthalten. Fahrradverleih im Hotel gegenüber.

Wohnmobilstellplatz am Badepark
€ | Am Badepark | Bad Zwischenahn
Tel. +49 4403 61 91 59 |
bad-zwischenahn-touristik.de
GPS: 53.186557, 8.000404
▸ *Größe: 50 Stellplätze*
▸ *Ausstattung: volle Versorgung*

Spot 2

Leer
Das ostfriesische Schmuckkästchen

Die beiden Städtchen Leer und Emden zählen zu den Highlights in Ostfriesland und gehören irgendwie zusammen. Und das nicht nur, weil der Zug in Richtung Inseln beide Orte nacheinander abfährt. Leer besitzt eine Altstadt wie aus dem Bilderbuch – mit teils sehr engen Gässchen, die sich zum historischen Hafen hin öffnen. Emden dagegen glänzt vor allem mit seinen Häfen, der hoch angesehenen Kunsthalle und natürlich seinen berühmten Söhnen: Henri Nannen, Wolfgang Petersen und Otto Waalkes sind allesamt Friesenjungs.

P *In Leer ist der als Stellplatz empfohlene P9 – Große Bleiche (s. S. 43) praktisch. In Emden findet sich meist ein Plätzchen an der Straße im Hafen- und Zentrumsbereich. Sonst im nahe gelegenen Parkhaus am Wasserturm (Abdenastr. 17, GPS: 53.367794, 7.198496 | Emden | stadtwerke-emden.de/stadtverkehr/parkhaus)*

VOLL LEER
Im Hafen der Ostfriesenstadt liegt immer etwas Schönes vor Anker.

Von Oldenburg nach Norddeich

AKTIVITÄTEN & SIGHTSEEING

1 Eine Zeitreise in die Altstadt von Leer unternehmen

Ganz viel Backstein, Fachwerk, gepflasterte Gässchen und eine Menge reich dekorierter Fassaden bilden das wunderschöne, weitgehend authentisch erhaltene Altstadtensemble rund um die Rathausstraße. Ein Highlight ist das **Rathaus** im Stil der deutsch-niederländischen Neorenaissance vom Ende des 19. Jhs. Steckt auf jeden Fall auch den Kopf ins Innere – allein das Treppenhaus bringt euch zum Schwärmen. *Infos: Mo 15–18, Di–Fr 9–12.30 Uhr | Eintritt frei | Rathausstr. 1 | Leer*

2 In Leer vom Hafen zum Museumsdampfer tingeln

Gleich neben dem Rathaus bildet der Waageplatz am Fluss Leda den Übergang zum **Museumshafen** mit seinen hübsch dekorierten, historischen Booten. Zur Adventszeit gibt's hier einen sehr schönen Weihnachtsmarkt. Macht einen gemütlichen Uferspaziergang in nordöstlicher Richtung an Jachten vorbei bis zum Dampfschiff **„Prinz Heinrich"** *(Wilhelm-Klopp-Promenade, GPS: 53.228616, 7.454750 | Leer | prinz-heinrich-leer.de)* von 1909. *Infos: Eintritt frei | Neue Str./Ecke Waagepl. | Leer | schipperklottje.de*

3 Um den kleinen Emder Binnenhafen schlendern

Am alten **Ratsdelft** schmücken einige Museumsschiffe das Gesamtbild. An Ende des Hafenbeckens geht's links in die Fußgängerzone, rechts steht das mächtige **Rathaus** aus den 1960er-Jahren. Auch eine kleine Grachtentour per Boot wird angeboten *(ag-ems.de)*. *Infos: Emden (ca. 34 km von Leer)*

4 Beim Otto Huus über die Straße hoppeln

Emden ohne Otto geht gar nicht. Darum steht gleich gegenüber dem Binnenhafen am Eingang zur Fußgängerzone **Dat Otto Huus** – ein Laden, zwei Räume mit Originalrequisiten aus seinen Filmen und Sketchen sowie ein kleines Kino. Besonders witzig: Am Fußgängerüberweg vor dem Haus sieht das grüne Ampelmännchen aus wie ein in typischer Hasenmanier hoppelnder Otto. *Infos: Mo–Fr 11–17, Sa 10–15 Uhr | 2 € | Große Str. 1 | Emden (ca. 34 km von Leer) | ottifant.de*

REGENTAG – UND NUN?

5 Kunst ohne Schnickschnack genießen

Henri Nannen, geboren in Emden, hinterließ der Nachwelt viel Bleibendes: eine Journalistenschule, einen bedeutenden Verlag (Gruner + Jahr) und die international hoch angesehene **Kunsthalle Emden** mit etwa 1500 Werken der Moderne. 650 davon hatte der Kunstfanatiker zur Gründung 1986 aus seiner eigenen Sammlung zur Verfügung gestellt. *Infos: Di–Fr 10–17, Sa, So 11–17 Uhr | 9 € | Hinter dem Rahmen 13 | Emden (ca. 34 km von Leer) | kunsthalle-emden.de*

Spot 2 · Leer

ESSEN & TRINKEN

6 Emder Heringslogger

Im Emder Binnenhafen steht diese hervorragende Imbissbude, an der ihr auch frischen Fisch kaufen könnt. Neben den vorzüglichen Fisch- und Krabbenbrötchen schmecken die Pommes richtig gut. **Infos:** Tgl. 10–18 Uhr | Am Ratsdelft/Auricherstr. | Emden | Tel. +49 171 4 86 90 13 | emder-heringslogger.de | €

Insider-Tipp: Für Kibbelinge hier lang! So heißen die Fischfilets, wenn man sie nach holländischer Tradition mundgerecht im Bierteig frittiert.

7 Feuerschiff Restaurant Amrumbank/Deutsche Bucht

Das über 100 Jahre alte Feuerschiff wurde zuletzt in der Werft frisch renoviert. Nun könnt ihr es entern, um gutbürgerliche Küche in urgemütlichem Ambiente zu genießen. Hervorragend sind vor allem die Fischgerichte wie der Emder Hafenteller mit Matjes und Rollmops. **Infos:** Tgl. 12–14 u. 17.30–21.30 Uhr | Georg-Breusing-Promenade | Emden | Tel. +49 4921 9 99 65 00 | feuerschiff-emden.de | €€

8 Jonny's Pizza

Der einfache Imbiss produziert am laufenden Band die beste Pizza von Leer. Zum Mitnehmen oder Genießen an einem der drei Tische in der Fußgängerzone mit Blick aufs Rathaus. **Infos:** Mi–Fr 11.30–22, Sa 13–22, So 16.30–22 Uhr | Rathausstr. 6 | Leer | Tel. +49 491 99 23 96 64 | jonnys-pizza.restaurant-king.de | €

9 Jimmy's Altstadt Café

So ist das in Leer: Pizza gibt's bei Jonny, guten Kaffee bei Jimmy. Auch in toller Altstadtlage, mit ausnehmend

FISHERMAN'S FRIENDS

Die drei Seebären sind im Emder Hafen auf ewig in ihren Klönschnack vertieft.

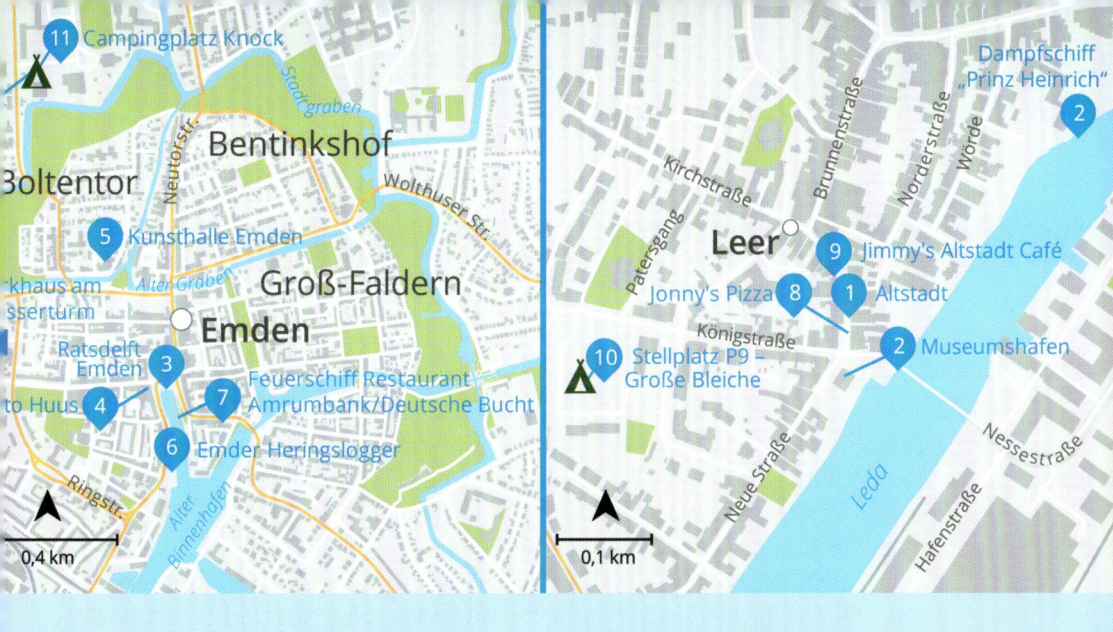

freundlichem Service, echtem Ostfriesentee und leckeren, selbst gebackenen Kuchen. Der gemütliche Pit Stop, um die Batterien wieder aufzuladen. **Infos:** Mo, Mi–Sa 11–18, So 13–18 Uhr | Rathausstr. 11 | Leer | Tel. +49 491 28 88 | Facebook: Jimmys Altstadt Café | €€

STELL- & CAMPINGPLÄTZE

10 Der ideale Cityparkplatz in Leer

So etwas gibt es auch nicht alle Tage: Ein Stellplatz mitten in einer attraktiven Stadt, nur knapp 300 m von Museumshafen, Rathaus und Altstadt – und dann noch völlig gratis. Eigentlich handelt es sich einfach um einen großen Parkplatz, aber in Wohnmobilen und Bussen darf hier ausdrücklich übernachtet werden. Bei starkem Betrieb kann´s eng werden, da die einzelnen Stellplätze nicht eindeutig gekennzeichnet sind.

Stellplatz P9 – Große Bleiche

€ | Große Bleiche 2 | Leer
GPS: 53.226166, 7.446729

▸ **Größe:** ca. 12 Stellplätze
▸ **Ausstattung:** 6 Stromstationen, ansonsten keine Versorgung, außer einem Bäcker gleich gegenüber

11 Erholung im äußersten Winkel bei Emden

Grüner geht´s nicht: 15 km westlich von Emden schmiegt sich der Platz an den Wasserlauf Knockster Tief, kurz bevor dieser die Ems erreicht, die bald darauf in die Nordsee mündet. So kann man von hier auch die Borkumfähren aus Emden auf ihrem Weg in die offene See beobachten. Der relativ kleine, saubere, freundliche und vor allem ruhige Ort mit geräumigen Stellplätzen senkt von Anfang an merklich euren Blutdruck nach einer anstrengenden Reise.

Campingplatz Knock

€€ | Am Mahlbusen 1 | Emden
(ca. 50 km von Leer)
Tel. +49 4927 5 67 | campingplatz-knock.de
GPS: 53.345773, 7.035807

▸ **Größe:** 60 Stellplätze
▸ **Ausstattung:** Kiosk, Brötchenservice, Aufenthaltsraum, Waschmaschinen, Trockner, kleiner Spielplatz, rollstuhlgerechte Sanitäreinrichtungen

Spot 3

Borkum
Die Große unter den Ostfriesischen

Börkum, wie es auf Platt heißt, liegt flächenmäßig unter den Ostfriesischen Inseln mit 30,74 km² klar vorn. Das echte Inselfeeling stellt sich schon bei der Anreise ein: Die dauert nämlich besonders lang, selbst mit dem „fliegenden" Katamaran. Und dann geht's noch in der alten Bimmelbahn über die Felder, bis endlich der Inselort erreicht ist. Das hübsche Dorf, die Promenade mit den vielen Bars und Restaurants sowie der gigantische Strand werden euch nicht enttäuschen.

P In Emden Außenhafen findet ihr riesige Parkplätze in direkter Umgebung des Anlegers, z. B. Micky's günstigen Inselparkplatz Borkum (An der Nesserlander Schleuse 23 | Emden | inselparkplatz-borkum.de | GPS: 53.345008, 7.190534). Auf Borkum selbst ist der Verkehr sehr begrenzt. Wer seinen Wagen mitnimmt, fährt zur Unterkunft oder seinem Camping und lässt das Fahrzeug für den Rest des Aufenthalts stehen.

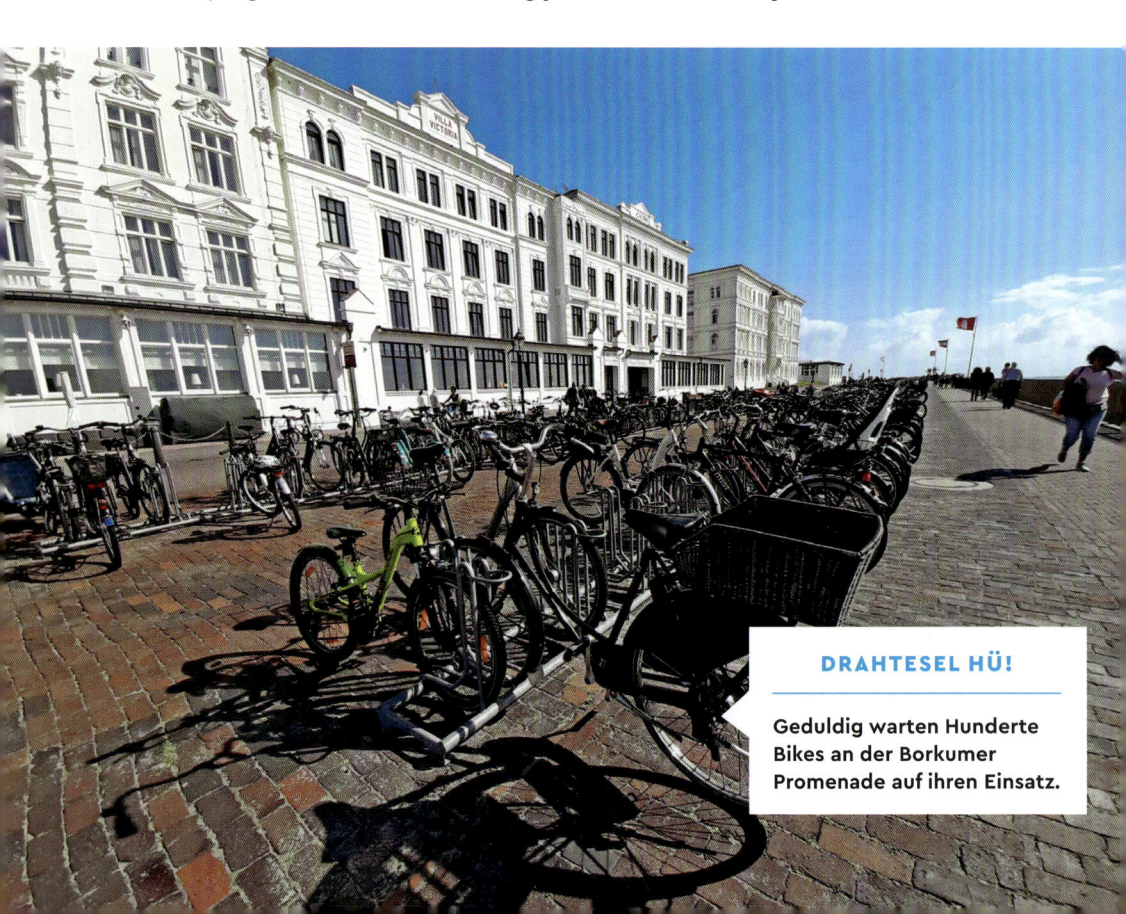

DRAHTESEL HÜ!

Geduldig warten Hunderte Bikes an der Borkumer Promenade auf ihren Einsatz.

Von Oldenburg nach Norddeich **A**

AKTIVITÄTEN & SIGHTSEEING

① Borkum-Stadt aus der Vogelperspektive erleben

Die betagte Borkumer Kleinbahn spuckt dich mitten im erstaunlich großen Ort aus: nicht ein, zwei Sträßchen mit Geschäften, Cafés und Läden, sondern ein ganzes Gewirr an Gassen – in Richtung Strand auf der einen und zum Alten Leuchtturm hin auf der anderen Seite. Mittendrin steht der **Neue Leuchtturm**, auch schon über 100 Jahre alt. Auf 308 Stufen geht's hinauf zum Aussichtspunkt mit herrlichem Blick auch über die Strandpromenade mit ihren schicken Gebäuden. *Infos:* Öffnungszeiten s. Website | 3 € | Strandstr. 28 | Borkum | borkum.de

② Zur wilden Ostspitze laufen

Im **Minidorf Ostland,** das sogar ein empfehlenswertes Café-Restaurant besitzt *(Ostland 4 | Borkum | cafe-ostland. de),* beginnt ein Rundwanderweg bis zur **Ostbake,** einem alten Signalturm. Gut 200 m südlich davon findet ihr die **Aussichtsdüne Sternklipp,** mit Traumblick über Land, Meer und besonders im Frühling und Herbst auf die Zugvögel.

③ In Seifenkisten über den Strand segeln

Die dreirädrigen Gefährte bekommen ein großes Segel verpasst und dann sausen sie – allein vom Wind angetrieben – über Borkums unfassbar breiten Sandstrand. In der **Strandsegelschule** werden dreistündige Schnupperkurse angeboten, an deren Ende ihr selbst fahren dürft. Die Preise sind ganz schön gesalzen, aber das absolut unvergessliche Erlebnis lohnt jeden Euro. *Infos: Kite- und Strandsegelschule World of Wind | 3 Std. 119 € | Nordstrand | Borkum | worldofwind.de*

④ Mit Albertus durchs Watt wandern

Albertus Akkermann – mehr Borkum geht nicht. Der sympathische und erfahrene Wattführer, der auf der Insel auch eine Unterkunft betreibt, zeigt euch das matschige Naturwunder wie kein anderer. *Infos: Haus Albertus Akkermann | Westerstr. 5 | Borkum | Tel. +49 4922 24 28 u. +49 172 4 00 70 94 | wattwanderung-borkum.de*

REGENTAG – UND NUN?

⑤ Wellness mit Blick auf die Nordsee

Bei Schietwetter könnt ihr hier den ganzen Tag verbringen, denn im **Gezeitenland** stehen euch außer klassischen Bädern auch Riesenrutsche, Saunalandschaft und Fitnessbereich zur Verfügung. Der Clou: In allen Becken ist Salzwasser, damit sich echtes Meeresfeeling einstellt. Wenn die Sonne wieder lacht, genießt auch den hübschen Außenbereich und die Dachterrasse mit Liegestühlen. *Infos: Mo–Fr 14–18.30, Sa, So 12–18 Uhr | 2 Std. 7,50 € | Goethestr. 27 | Borkum | borkum.de/gezeitenland*

Spot 3 · Borkum

Insider-Tipp
Live aus dem Watt
Der Wattführer Albertus Akkermann greift häufig sogar zum Akkordeon und untermalt das Wandererlebnis mit traditioneller Friesenmusik.

ESSEN & TRINKEN

6 Milchbude StrandFlair
Unterhalb der Promenade gehören zu dieser Holzbude mit Selbstbedienung und lockerer Chill-out-Atmosphäre auch ein paar Liegestühle am Strand. Sehr leckere Drinks und Cocktails sowie ein paar Imbiss-Snacks ergeben genau die richtige Mischung: Füße hoch und genießen. *Infos:* Tgl. 11–19 Uhr (im Sommer länger) | Bürgermeister-Kieviet-Promenade | Borkum | Facebook: Strandflairborkum | €

7 Café Sturmeck
Wenn ihr die Strandpromenade weiter nach Nordosten geht, verwandelt sie sich in einen Dünenpfad. Ein paar Schritte rechts vom Weg liegt ein Café auf einer hohen Düne. Bei Traumblick lässt man sich hier vom Wind zerzausen, bestellt Bier mit Currywurst oder Kaffee und Kuchen im Warmen hinter der Scheibe. *Infos:* Di–So 10–21 Uhr | Hindenburgstr. 144 | Borkum | Tel. +49 4922 12 22 | sturmeck.de | €–€€

8 Black Pearl
Das Borkumer Nachtleben hat es in sich. Bester Beweis ist dieses Lokal, das vom Frühstück über Mittag- und Abendessen bis zum Absacker in Form von Cocktails, Whisky oder Rum bis nach Mitternacht überzeugt. Sehr hundefreundlich! *Infos:* Tgl. 10–1 Uhr | Bismarckstr. 18 | Borkum | Tel. +49 4922 9 32 66 80 | Facebook: Black Pearl Borkum | €€

IMMER GERADEAUS
... führt der Weg vom mobilen Zuhause direkt in die Dünen von Borkum.

EINKAUFEN

9 Dat Börkumer Sanddornhus

Borkum und Sanddorn, das ist eine eingeschworene Gemeinschaft. Kein Zufall, dass Konfitüren, Liköre, Tees und zahllose andere Souvenirs aus der gesunden, orangenen Frucht das Mitbringsel Nummer eins sind. *Infos: Mo–Fr 10–18.30, Sa 10–16, So 10–14 Uhr | Franz-Habich-Str. 14 | Borkum | Tel. +49 4922 9 32 69 00 | sanddornhus.com | €€*

STELL- & CAMPINGPLÄTZE

10 Campen auf Tuchfühlung zum Inselstädtchen

Ziemlich zentral und nur etwa 1 km vom Strand liegt dieser saubere, gut geführte Platz gegenüber dem Backsteinwasserturm, in den bald Wassermuseum und Infozentrum einziehen sollen. Die Stellplätze sind teils recht eng, dafür sind die Duschen großzügig. Kinderfreundlich eingerichtet mit schönen Spielgelegenheiten und preislich sehr akzeptabel.

Insel-Camping Borkum

€€ | Hindenburgstr. 114 | Borkum Tel. +49 4922 10 88 | insel-camping-borkum.de GPS: 53.593519, 6.675967

▸ **Größe:** *ca. 220 Stellplätze*
▸ **Ausstattung:** *Spielplatz, Minimarkt, Waschmaschinen, Trockner, Babywickelraum, Brötchenservice, Kochgelegenheit*

11 Die ruhigere Alternative im Inselinneren

Die klare Wahl für alle, die hauptsächlich auf die Insel kommen, um abzuschalten, die Natur zu genießen, die salzige Luft tief einzuatmen und sich den Wind durchs Haar wehen zu lassen. Mitten auf den Feldern steht dieser alte Bauernhof mit Campingwiesen gut 1 km vom Strand entfernt. Alles geht sehr familiär zu, freundlich und gemütlich. Sehr faire Preise.

Campingplatz Klaas Aggen

€–€€ | Ostland 1 | Borkum Tel. +49 4922 22 15 | borkum-aggen.de GPS: 53.602757, 6.727521

▸ **Größe:** *ca. 10 Stellplätze (30 Dauerplätze)*
▸ **Ausstattung:** *Grill, Bolzplatz, Spielplatz, Brötchenservice, Waschmaschine, kein Bodenablass für Grauwasser, aber Chemie-WC-Entsorgung*

WOMO AM WATT

Auf dem Stellplatz Dornumersiel liegen die Inseln Langeoog und Baltrum direkt vor deiner Haustür.

Tour B

Ostfriesische Inselherrlichkeit
Von Norddeich nach Wilhelmshaven

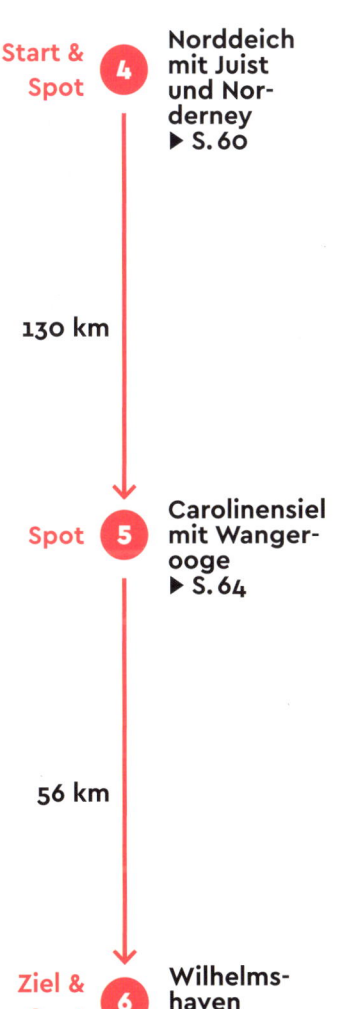

Start & Spot — ④ **Norddeich mit Juist und Norderney** ▶ S. 60

130 km

Spot — ⑤ **Carolinensiel mit Wangerooge** ▶ S. 64

56 km

Ziel & Spot — ⑥ **Wilhelmshaven** ▶ S. 68

Diese Tour beschert euch sechs herrliche Ostfriesische Inseln – davon ist nur Norderney mit dem Womo befahrbar, aber die anderen lassen sich auch per Tagesausflug gut genießen. Auf den Inseln findet ihr fantastische Dünenlandschaften und endlose, feinkörnige Sandstrände, die man auf dem Festland vermisst und an denen sich sogar große Touristenströme schnell verlaufen. Dazu kommen die putzigen Inselorte mit ihrem speziellen Backsteincharme. Aber auch das Festland hat's hier in sich mit buntem Treiben in historischen Häfen und der Bierstadt Jever.

FACTS

Strecke 186 km

Reine Fahrzeit 5 Std.

Streckenprofil Meist kleinere Asphaltstraßen in Küstennähe, teils recht eng

Empfohlene Dauer 9 Tage

Anschlusstouren A C

Tour B im Überblick

Nordsee

Bensersiel mit Langeoog
Dornumersiel
Neßmersiel mit Baltrum

Norderney
Juist
Langeoog
Baltrum
Nesse
Gründeich

Nationalpark Niedersächsisches Wattenmeer

Hagermarsch
Reersum
Utgast
Arle
Utarp
Esens
Terheide
Blomberg
Ogenbargen
Spekend

Norddeich mit Juist und Norderney
Seite 60

④ Norden
Hage
Schloss Lütetsburg

Neuwesteel
Osteel
Rechtsupweg
Marienhafe
Engerhafe
Neu Hauen
Jennelt
Wirdum
Georgsheil
Aurich
Osterfeld

Manslagt
Uttum
Loppersum
Hinte
Suurhusen
Timmel
Strack

Rysum
Emden
A 31

Ostfries

7 km

Tour-Highlights

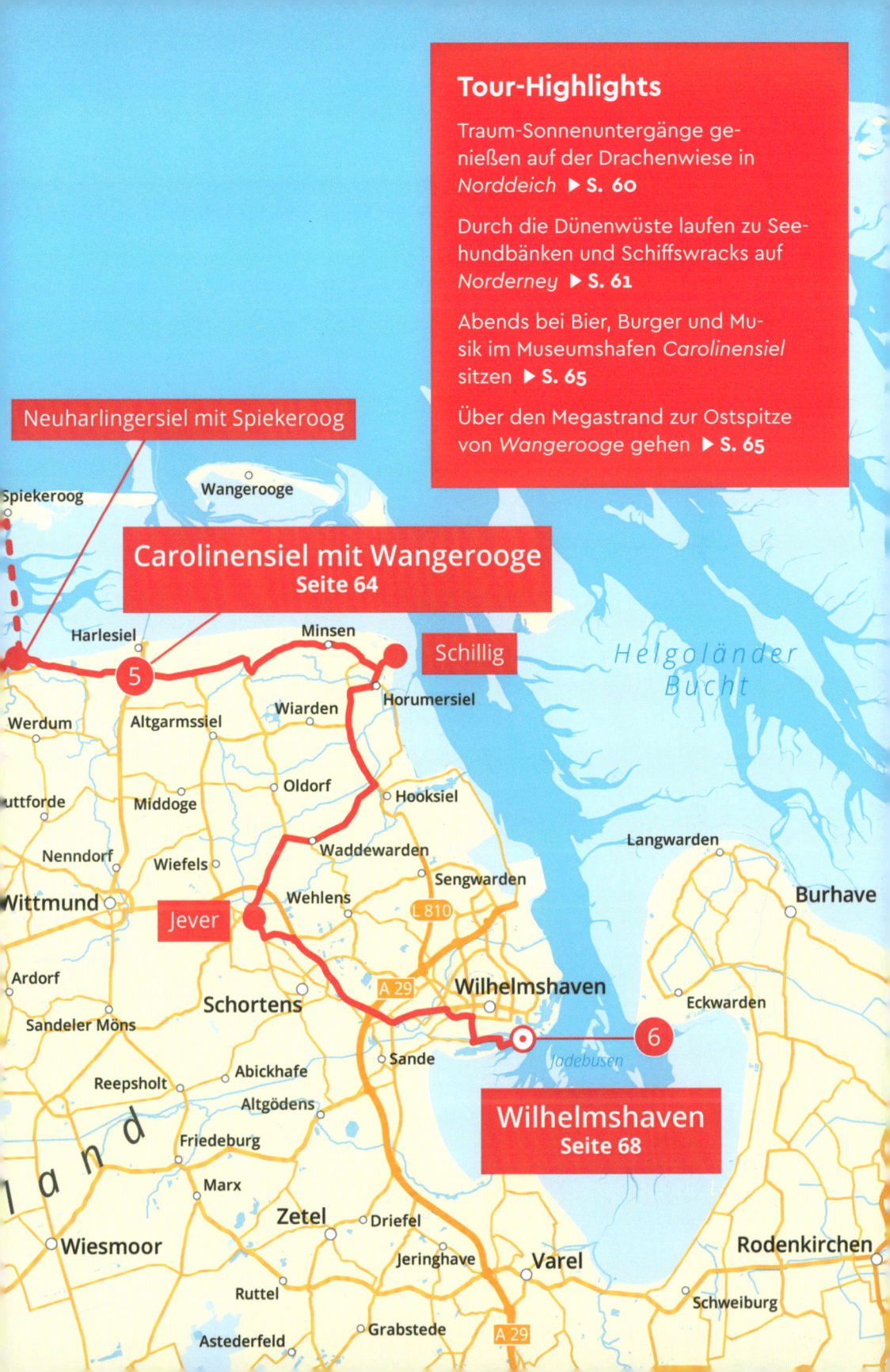

Traum-Sonnenuntergänge genießen auf der Drachenwiese in *Norddeich* ▶ **S. 60**

Durch die Dünenwüste laufen zu Seehundbänken und Schiffswracks auf *Norderney* ▶ **S. 61**

Abends bei Bier, Burger und Musik im Museumshafen *Carolinensiel* sitzen ▶ **S. 65**

Über den Megastrand zur Ostspitze von *Wangerooge* gehen ▶ **S. 65**

Neuharlingersiel mit Spiekeroog

Carolinensiel mit Wangerooge
Seite 64

Jever

Wilhelmshaven
Seite 68

B Tourenverlauf

LOS, GEHT'S!

Start & Spot 4

Norddeich mit Juist und Norderney
Buntes Inseltreiben und wildromantische Einsamkeit ▶ S. 60

9 km | Aus Norddeich kommend nehmt ihr die Hauptstraße (B72) nach Norden. Nahe der B72, direkt östlich von Norden, liegt das Dorf **Lütetsburg.** Folgt den Wegweisern zum Schloss.

Schloss Lütetsburg

Das Wasserschloss wurde 1960 aus Backstein auf dem Fundament seines abgebrannten Vorgängers erbaut. Trotzdem sieht es toll aus: umgeben von einem Graben, zugänglich nur über eine Brücke und bereichert durch einen herrlichen **Schlosspark,** ein englischer Landschaftsgarten im frühromantischen Stil, zu dem übrigens auch eine Golfanlage gehört.

ℹ️ *Schlosspark | tgl. Mai–Sept. 8–21, sonst 10–17 Uhr | 2 € | Landstr. 39 | Lütetsburg | schlosspark-luetetsburg.com*

Insider-Tipp: Klütje, kann man das essen?

*Im gemütlichen **Schlossparkcafé Lütetsburg** (tgl. März–Okt. 12–18 Uhr | Tel. +49 4931 9 30 64 69 | schlossparkcafe-luetetsburg.de | €€) gibt's die ostfriesische Spezialität Klütje (auch Mehlpütt genannt): ein dampfgegarter Hefekloß mit Vanille und Birne oder einfach Zimt und Zucker.*

29 km | Weiter geht es auf der B72 bis nach Aurich.

Aurich

Aurich gehört – neben Emden und Leer – zu den drei großen Städten Ostfrieslands. Wobei „groß" hier bedeutet: 42 000 Menschen. Also geht alles sehr entspannt und ruhig zu. Die Innenstadt mit der weitläufigen Fußgängerzone in Norderstraße, Osterstraße und Burgstraße solltet ihr nicht links liegen lassen. Es gibt ein paar echte historische Leckerbissen wie die **Gaststätte Zur Börse** (Di–Fr 17–22, Sa 11–14.30 u. 18–22 Uhr | Burgstr. 50 | Aurich | Tel. +49 4941 6 16 20 | twardokus.de) von 1823, die **Fürstliche Hofapotheke** (Burgstr. 11 | Aurich | hof-apotheke-aurich.de), die Alte Kanzlei von 1530, heute **Historisches Museum** (Mitte Febr.–Mitte Dez. Di–So 11–17 Uhr | 3,50 € | Burgstr. 25 | Aurich | museum-aurich.de) und das **Hansteinsche Haus** (Ecke Burgstr./Hafenstr. | Aurich) aus dem 17. Jh. Im Café

Von Norddeich nach Wilhelmshaven

und Weinbistro **Hafen5 Kaffeerösterei und Kontor** *(Mo–Sa 9–22, So 10–18 Uhr | Hafenstr. 5 | Aurich | Tel. +49 4941 6 04 80 60 | auricherkaffee.de | €€)* wird zum selbst gerösteten Kaffee ein unschlagbar gutes Frühstück serviert. Kaufen kann man die aromatischen Bohnen hier natürlich auch, ganz klar ein besseres Souvenir als Postkarten und Schlüsselanhänger. Mit Zinnenturm schmuckvoll gekrönt zeigt sich das **Auricher Schloss** aus dem 19. Jh. gleich außerhalb der Fußgängerzone. Während hier das Landgericht residiert, wird der Marstall samt Arkadengang am Schlossplatz gegenüber von der Oberfinanzdirektion Niedersachsen genutzt. Nur ein paar Hundert Meter hinter dem Schloss steht die größte Kornwindmühle Ostfrieslands mit dem **Mühlenfachmuseum Stiftsmühle Aurich** *(Ostern–Mitte Okt. Do–So 12–16 Uhr | 2,50 € | Oldersumer Str. 28 | Aurich | aurich-tourismus.de)*, in dem ihr alte Geräte und Maschinen eigenhändig ausprobieren könnt. In dieser wunderschönen Mühle befindet sich auch die herrlich altmodisch eingerichtete **Teestube Kluntje** *(Do–So 14–17 Uhr | Oldersumer Str. 28 | Aurich | Tel. +49 4941 6 05 55 88 | teestube-kluntje.de)*, die euch ostfriesische Teekultur serviert – inklusive Sahne und den namensgebenden Kandiszuckerstücken, die sich leise knisternd im heißen Getränk auflösen.

P *Der kleine Parkplatz Ecke Am Ellernfeld/Julianenburger Straße (GPS: 53.466436, 7.478935) liegt nah bei Schloss und Altstadt.*

30 km | Aus Aurich führt die B210 nach Nordosten. Kurz hinter dem Stadtgebiet biegt ihr links in die Dornumer Straße, fahrt vorbei am hübschen Badesee

HOBBYSKIPPER

Im Auricher Hafen am Ems-Jade-Kanal darfst du dir auch ohne Führerschein ein Motorboot ausleihen.

LOGENPLÄTZE

Strandkörbe gibt's auf Baltrum en masse. Wer es einsamer mag, folgt dem Holzsteg.

Tannenhausen und weiter über Westerholt nach Dornum. Dort lenkt ihr links in Richtung Norden und sehr bald wieder rechts nach Neßmersiel.

Neßmersiel mit Baltrum

Vom netten Küstenbadeort mit Sandstrand starten Schiffe zur Insel **Baltrum**, die fast an der Ostspitze ihrer großen Schwester Norderney klebt. Von der Fähre seht ihr das alte Schiffswrack am Ostende von Norderney, aber vor allem die Seehundbänke. Also: Kamera raus, Zoom angeschmissen und schon habt ihr die sympathischen Klopse vor der Linse. Aber auch Baltrum selbst ist nicht nur übersichtlich, sondern auch wunderschön. Sogar Kitesurfen und Stand-up-Paddeln lässt es sich hier hervorragend (surfschule-baltrum.de). Der Strand wird gen Osten immer breiter. Ansonsten ist der Inselort so richtig schön schnuckelig mit seinen kleinen Backsteinhäusern. Witzig zu beobachten: wie die Wohnhäuser zum Ufer hin mit Mauern und wasserundurchlässigen Toren vor Sturmfluten geschützt sind.

Fähre Neßmersiel–Baltrum | in der Hauptsaison 2–3 x tgl. (Zeiten sind tideabhängig) | Hin- und Rückfahrt ca. 30 € | baltrum-linie.de | Fahrzeit ca. 30 Min.

29 km Parallel zur Küste geht's auf der Störtebekerstraße einige Kilometer nach Osten bis Dornumersiel.

Von Norddeich nach Wilhelmshaven B

Dornumersiel

Dies ist einer der wenigen Sielorte an der ostfriesischen Küste ohne Fährverbindung zu einer Insel. Dafür ist der Hafenbereich ganz hübsch. Eine nette Ecke für Spaziergänge, ausdrücklich auch mit Hunden. Gleich nebenan liegt der große **Camping am Nordseestrand** *(Am Nordseestrand 1 | Dornum | GPS: 53.680401, 7.481106 | Tel. +49 4933 3 51 | dornum.de | 200 Stellplätze | €€)* mit schöner Aussicht aufs Wasser. Sauber und ordentlich geführt, 4 Minuten Duschen pro Tag sind im Preis enthalten, vor allem aber auch der Besuch des **Meerwasserfreibads** gleich nebenan. Bäume und Schatten gibt's nicht, aber die positiven Aspekte wie die Lage direkt am Deich, einen Kiosk mit Bäcker auf dem Gelände und die schönen Kinderspielplätze wiegen deutlich schwerer. Der benachbarte **Wohnmobilstellplatz Nordseeblick** ist auch super gelegen, allerdings mit 19 € plus Strom und Wasser nicht ganz billig.

9 km | Und weiter geht's auf der Störtebekerstraße ostwärts bis Bensersiel.

Bensersiel mit Langeoog

In Bensersiel läuft alles recht entspannt ab. Auf der gegenüberliegenden Seite des Hafenbeckens, einmal nett um den **Jachthafen** herumspaziert, findet ihr einen Badestrand und an der Spitze einen Aussichtspunkt, an dem alle Schiffe vorbeituckern. Der Ort ist kein schlechter Standort für Tagesausflüge zu den anderen Sielorten und zu den Inseln. Nirgendwohin ist es weit. Wer beim Deichspaziergang mit Blick auf die großen Pötte und Fähren nach Langeoog hungrig geworden ist, sollte in die **Fischerstuben Bensersiel** *(Mo, Di, Do, Fr 15–20.30, Sa, So 11.30–20.30 Uhr | Hauptstr. 15 | Bensersiel | Tel. +49 4971 9 24 99 00 | fischerstuben-nordsee.de | €€)* einkehren. Egal, was du hier bestellst: Wenn es aus der Nordsee kommt, ist's ein Hit. Und erst die knusprigen Bratkartoffeln! Bensersiel punktet zudem mit guten Campingplätzen, allen voran der lebhafte **Strand- und Familiencampingplatz Bensersiel** *(Am Strand 8, GPS: 53.680401, 7.481106 | Bensersiel | Tel. +49 4971 91 71 21 | bensersiel.de | 400 Stellplätze | €€–€€€)* mit einigen Stellplätzen auf dem Sandstrand. Aber auch alle anderen Positionen haben absolute Traumlage am Wasser, neben dem Hafen, in Spazierentfernung zum Fährterminal. Mit sauberen Sanitärhäuschen, gastronomischer Versorgung, Abenteuerspielplatz und Meerwasserfreibad. Allerdings nicht hundefreundlich.

B Tourenverlauf

Insider-Tipp
Ab ins Körbchen!

Besonders cool: Zum Campingplatz gehören einige Schlafstrandkörbe auf kleinen Holzplattformen, in die man sogar zu zweit reinpasst.

Hauptgrund, in diesen Hafenort zu kommen, ist jedoch die Fährverbindung zur autofreien Insel **Langeoog** mit ihrem einzigartigen, 14 km langen und dazu noch feinsandigen Strand. Eine Strand- und Dünentour vom Inselort zur Ostspitze, dem sogenannten **Osterhook,** ist ein Erlebnis, das im Gedächtnis bleibt – aber mit rund 22 km und ca. 4 Std. 30 Min. Wanderzeit nichts für gänzlich Untrainierte, entspannter geht es mit dem Rad. Nehmt dabei auch den Naturlehrpfad Osterhook samt Aussichtsplattform *(GPS: 53.749023, 7.627873)* mit, von wo ihr rastende Seevögel, Seehunde und Kegelrobben auf ihren Bänken erspähen könnt.

ℹ️ *Fähre Bensersiel–Langeoog | in der Hauptsaison bis zu 8 x tgl. (tideunabhängig, weil Fahrrinne vorhanden) | Hin- und Rückfahrt ca. 30 € (Achtung: Hunde zahlen fast so viel wie Erwachsene) | langeoog. de | Fahrzeit ca. 1 Std., Achtung: Tickets müssen in der Regel persönlich am Fährterminal abgeholt werden.*

5 km — Weiter geht's Richtung Südwesten über die Bensersieler Straße, an deren Ende du die historische **Peldemühle** passierst, in der man die Ausstellung des **Heimatmuseums „Leben am Meer"** *(Öffnungszeiten s. Website | 4 € | Bensersieler Str. 1 | Esens | leben-am-meer.de)* bestaunt.

Esens

Das nette Städtchen liegt nicht auf jeder Touristenroute, ist aber mit vielen Einkaufsmöglichkeiten praktisch für alle, die seit Tagen nur in den kleinen Küstenorten waren. Zudem gibt's in der angenehm geräumigen Fußgängerzone gleich eine Handvoll richtig guter Restaurants. So kommt im sympathischen **Rafas** *(Do–Di 17.30–22, Sa, So auch 11.30–14 Uhr | Herdestr. 5 | Esens | Tel. +49 4971 9 24 80 30 | esens-restaurant.de | €–€€)* hervorragende Balkanküche auf den Teller, im **Zeus** *(Di–So 17–22, So auch 12–14 Uhr | Jücherstr. 5 | Esens | Tel. +49 4971 6 04 94 14 | zeus-restaurant-esens. de | €€)* wäre sogar der Göttervater vom Olymp glücklich und in der gutbürgerlichen **Hopfenlaube auf dem Marktplatz** *(Mi–Mo 11–14 u. 17.30–21 Uhr | Am Markt 18 | Esens | Tel. +49 4971 78 18 | hopfenlaube-esens.de | €€)* schmecken die Fischgerichte ausgezeichnet. All diese Lokale haben auch schöne Terrassen bzw. Sitzplätze an der frischen Luft. Im **Teekontor**

Von Norddeich nach Wilhelmshaven **B**

Ostfriesland Backenköhler (*Herdetor 19 | Esens | teekontor-ostfriesland.de*) wirst du zwischen Hunderten Sorten des ostfriesischen Nationalgetränks freundlich und fachkundig beraten. Als Souvenirs gibt's hier auch Teegeschirr, Liköre und zahlreiche Sanddornpodukte. Um die Ecke, im gemütlichen **Café Tante Tuddel** (*Herdestr. 16 | Esens | Facebook: Tante Tuddel*) könnt ihr viele leckere Tees direkt probieren.

P *Am Herdetor, am Eingang zur Fußgängerzone, findet ihr einen großen, ideal gelegenen Parkplatz (GPS: 53.646379, 7.608035).*

9 km | Aus Esens folgt ihr der Neuharlingersieler Straße nach Nordosten in den gleichnamigen Ort.

Neuharlingersiel mit Spiekeroog

Der **Kutterhafen** von Neuharlingersiel mit seinem bunten Treiben wird auf beiden Seiten eingerahmt von leicht erhöht stehenden, hübschen Backsteinhäuschen. Sicher ist es einer der schönsten Hafenorte entlang der ostfriesischen Küste. Und die Insel **Spiekeroog,** die im Rahmen eines Tagesausflugs schnell erreicht ist, sticht deutlich heraus: Im Gegensatz zur typischen Backsteinarchitektur der übrigen sechs Ostfriesischen Inseln stehen hier deutlich ältere Gebäude im Vordergrund. Etwas modischer, ein wenig anheimelnder, einen Tick eleganter ist es hier. Die älteste **Kirche** aller Inseln steht auf Spiekeroog (*Süderloog 9*) und besitzt genau wie das **Alte Inselhaus** (*heute ein gutes Restaurant: tgl. Café: 15–17, Restaurant:*

AU BACKE!

Der Weg zum FKK-Strand ist auf Langeoog kunstvoll ausgeschildert.

ALT UND JUNG

Der Fischer schaut sinnend aufs Wasser, während sein Sohn die Besucher des Hafens von Neuharlingersiel im Blick hat.

18–22 Uhr | Süderloog 4 | Spiekeroog | Tel. +49 4976 4 73 | altes-inselhaus. de | €€–€€€) ein historisches Schwimmdach, auf dem sich vor Jahrhunderten die Menschen bei einer Sturmflut ans Festland retten wollten. Einen großartigen, riesig breiten Strand gibt's hier selbstverständlich auch.

ℹ️ Fähre Neuharlingersiel–Spiekeroog | in der Hauptsaison 7–10 x tgl. (Zeiten sind tideabhängig) | Hin- und Rückfahrt ca. 47 €, bei Rückfahrt am selben Tag ca. 30 € | spiekeroog.de | Fahrzeit ca. 50 Min.

10 km | Weiter geht's auf der Cliener Straat und dann geradeaus an der Küste entlang nach Osten bis Carolinensiel.

Spot 5 — **Carolinensiel mit Wangerooge**
Lange Abende im Hafen und Insel-Traumstrand ▶ S. 64

17 km | Noch einmal führt die Route weiter nach Osten über die Bahnhofstraße und immer weiter geradeaus, in Friederikensiel dann links nach Schillig.

Schillig

Das westliche Ende der ostfriesischen Halbinsel, ganz oben in der Ecke, wird vom Sackgassenort Schillig gebildet. Beim großen Parkplatz ist Schluss und es geht nur noch zu Fuß weiter zu den großen Stränden.

Von Norddeich nach Wilhelmshaven **B**

Der nächstgelegene heißt **Strandbad Schillig in der Düne** und ist der perfekte Aussichtspunkt: Die Schiffe nach Wilhelmshaven tuckern vorbei und auch einige Inseln sind bei klarer Sicht zu erkennen. Bei Ebbe kann man an dieser Stelle auch gut ein paar Schritte ins recht trittfeste Watt hinauslaufen. Über einen Kilometer weiter westlich findet ihr den romantischen und wunderbar ruhigen **Naturstrand** *(GPS: 53.712013, 8.004428)* mit Sonnenuntergangsgarantie im Hochsommer.

21 km | Fahrt nun südlich, durch Horumersiel und an der Küste entlang in Richtung Hooksiel, direkt vor dem Ort aber rechts nach Jever auf der L812.

Jever

Deutschlandweit berühmt ist Jever durch sein Bier. Also kein Wunder, dass hier das **Friesische Brauhaus zu Jever** im Vordergrund steht. Belasst es auf keinen Fall beim kurzen Blick auf die riesigen Türme, die fast an Manhattan erinnern, sondern nehmt teil an den gut gemachten Brauereiführungen: Rundgang durch Produktion und Abfüllung sowie natürlich Verkostung *(Besichtigung nur nach Voranmeldung: Sa 1,5 Std. nur Brauereimuseum, Mo–Fr 2 Std. inkl. Braustätte | 9,50 € | Elisabethufer 18 | Jever | Tel. +49 4461 1 37 11 | jever.de)*. Es gehört schon etwas dazu, ausgerechnet in Jever eine eigene kleine Konkurrenzbrauerei zu betreiben: Die **Altstadtbrauerei Marienbräu** *(Di–Sa 17–23, So 10–14 Uhr | Apothekerstr. 1 | Jever | Tel. +49 4461 74 49 90 | marienbraeu.de | €€)* tut genau das und serviert zum Selbstgebrauten deftiges Essen mit modernem Touch. Sie liegt gleich um die Ecke in der hübschen historischen **Fußgängerzone** von Jever, auf deren anderer Seite das noble, sehenswerte **Schloss samt Garten und Museum** *(Mitte Mai–Mitte Okt. tgl., sonst Di–So, 10–18 Uhr | 6 € | Schlosspl. 1 | Jever | schloss museum.de)* wartet. Ein paar Schritte wert steht die alte **Schlachtmühle** *(Hooksweg 9A | Jever | schlachtmuehle.de)* mit Reetdach, nur einen Steinwurf von der Brauerei entfernt. Auch Bierhasser müssen in diesem Städtchen also unbedingt eine Pause einlegen.

18 km | Aus Jever führt die B210 über Schortens nach Wilhelmshaven.

Ziel & Spot **6**

Wilhelmshaven
Maritime Schwergewichte am Jadebusen ▶ S. 68

Optionaler Anschluss: Tour C

59

Spot 4

Norddeich mit Juist und Norderney
Buntes Inseltreiben und wildromantische Einsamkeit

Insbesondere der Deich mit dem Badestrand und die Mole samt Fähranleger machen Norddeich aus. Hier gibt's tolle Sonnenuntergangsmotive, wenn der Himmel über der Drachenwiese bunt beflaggt ist. Doch der Hafenort ist vor allem Startpunkt für Inselausflüge: Juist – putzig, ruhig, entspannt und mit herrlichen Riesenstränden an beiden Enden. Norderney – lebhaft, mit Autos, Bussen und Feiernden, aber auch einem fast endlosen Wanderweg durch die Wildnis bis zur Ostspitze.

P Parkplätze in Norddeich an der B72 (P 1: GPS 53.62186, 7.16216 | P 2: 53.62011, 7.16779) oder Badestraße (P3: GPS 53.61886, 7.15720) besser im Voraus buchen (5,50 €/Tag | reederei-frisia.de). Shuttlebus zum Anleger 1 €/Pers., zu Fuß ca. 5–10 Min.

MEER IN SICHT

Von der Norderneyer Aussichtsdüne ist die Welt rundum schön.

Von Norddeich nach Wilhelmshaven B

AKTIVITÄTEN & SIGHTSEEING

1 Robben in die Augen blicken

In der **Seehundstation Nationalparkhaus** in Norddeich könnt ihr gerettete Robben durch Glasscheiben auch unter Wasser beobachten. Die Eintrittsgelder kommen der Station zugute. *Infos: Tgl. 9–17 Uhr | 10 € | Dörper Weg 24 | Norden | seehundstation-norddeich.de*

2 Gigantisches Gerippe im Waloseum bestaunen

Der Knaller im Museum ist das präparierte Skelett eines 15 m langen Pottwalbullen. Die Ausstellung „Unterwasserwelten erleben" ist äußerst spannend aufgemacht. Auch lebendige Heuler und Fische sind im Aquarium zu bewundern. *Infos: Tgl. 9–17 Uhr | 10 € | Osterlooger Weg 3 | Norden | seehundstation-norddeich.de*

3 Die Insel Juist erkunden

Trotz unzähliger Geschäfte und Lokale ist der von Backsteinhäusern dominierte **Inselort** richtig gemütlich. An der Westspitze dieser autofreien Insel, dem **Billriff**, stapft man einfach nur im endlosen Sand herum und sieht mit etwas Glück ein paar Robben. Schön ist auch der **Otto-Leege-Pfad** mit Aussichtsplattform östlich des Inselzentrums. An der Ostspitze von Juist, dem sogenannten **Kalfamer**, gibt es neben dem ruhigen Dünenweg und dem einsamen Strand eine Aussichtshütte. *Infos: Fähre Norddeich–Juist | in der Hauptsaison 2 x tgl. (Zeiten sind tideabhängig) | Hin- und Rückfahrt ca. 38 € | reederei-frisia.de | Fahrzeit ca. 90 Min.*

4 Auf Norderney durch die Dünen wandern

Außer Borkum ist dies die einzige Ostfriesische Insel mit Autoverkehr. Dementsprechend geht es hier etwas lebhafter zu. Vom Anleger gelangt man zu Fuß oder per Bus ins Ortszentrum. Busse (es gibt mehrere Betreiber) bringen dich auch zur **Weißen Düne** mit schönem Strand und Dünenspazierweg und zum **Leuchtturm** (April–Okt. tgl. 14–16, bei schönem Wetter ab 11 Uhr | 3,50 €). *Infos: Fähre Norddeich–Norderney | in der Hauptsaison bis zu 14 x tgl. (Zeiten tideabhängig) | Hin- und Rückfahrt ca. 23 €, Fahrzeug über 5 m zusätzlich ca. 100 € | reederei-frisia.de | Fahrzeit ca. 1 Std.*

Insider-Tipp: Abgewrackt
Eine tolle Wanderung führt vom Leuchtturm zum

REGENTAG – UND NUN?

5 Was heißt hier Watt?

Gleich beim Fähranleger dürft ihr im modernen **Nationalpark-Infozentrum Watt Welten** das Leben im Wattenmeer erkunden und, damit das Erlebnis unvergesslich wird, auch Hand anlegen. Zudem gibt es Aquarien, ein Kino und ein kleines Quiz. Wenn der Regen sich verzogen hat, genießt noch den Blick von der Dachterrasse. *Infos: März–Sept. tgl., sonst Di–Sa 10–17 Uhr | 7 € | Am Hafen 2 | Norderney | nationalparkhaus-wattenmeer.de*

Spot 4 · Norddeich mit Juist und Norderney

Ostende der Insel, wo auf dem riesigen Strand Reste eines Schiffswracks liegen und Sandbänke, auf denen sich Robben sonnen (Hin- und Rückweg ca. 15 km).

ESSEN & TRINKEN

6 Zum Backfisch Norddeich Mole
Freundlicher Service, große Portionen, kleine Preise und ganz, ganz viel Fisch: riesige panierte Filets, Muscheln, Kibbelinge, Krabbenbrötchen. Der Imbiss hat ein paar Tische drinnen und auch draußen. **Infos:** *Di-So 10.30-20 Uhr | Norddeicher Str. 231 | Norden | Tel. +49 4931 9 59 88 99 | €*

7 Hafenrestaurant Juist
Der Schwerpunkt liegt ganz klar auf Fischgerichten und Meeresfrüchten wie den Juister Wattaustern, die Zubereitung lässt keine Wünsche offen. Nur für Vegetarier sieht es mager aus. Weitere Toplokale auf Juist sind das Café-Bistro **Meeresleuchten** *(Do-Di 10-20 Uhr | Friesenstr. 11 | meeresleuchten-juist.de | €€)* sowie **Domäne Bill** ganz im Westen *(Do-Di 11-17 Uhr | Domäne Bill 1 | Facebook: Domäne Bill Juist | €)*. **Infos:** *Fr-Mi 11-14 u. 17-24 Uhr | Am Hafen 1 | Juist | Tel. +49 4935 13 63 | Facebook: Hafenrestaurant Juist | €€*

8 Meine Meierei Norderney
Es herrscht eine superherzliche Atmosphäre, auch Hunde sind willkommen im Lokal am östlichen Ortsrand. Einige bayrische Tupfer wie Leberkäs bereichern die überschaubare Speisekarte: Suppen, Käseteller, etwas vom Grill, Kuchen und Süßes. Nur der Kaffee ist nicht so doll. **Infos:** *Di-So 11-22 Uhr | Lippestr. 24 | Norderney | meine-meierei.de | €€*

GUTE LAUNE GETANKT?
Dann nichts wie los zum Inseltrip auf Norderney!

EINKAUFEN

⑨ Hein und Hutsie
In dem sympathischen Klamottenladen neben dem Kaiser-Wilhelm-Denkmal dominieren Sportswear und Outdoor-Spezialisten – was man eben so auf Norderney braucht. **Infos:** Mo–Sa 9.30–18, So 10.30–14 Uhr | Bismarckstr. 8 | Norderney | Tel. +49 4932 92 71 40 | norderneyboutique.de

STELL- & CAMPINGPLÄTZE

⑩ Inselcamping in Dünenlage und Strandnähe
Hier geht alles sehr familiär zu. Der hilfsbereite Besitzer ist bemüht, den Gästen einen angenehmen Aufenthalt zu garantieren. Schon die Lage ziemlich weit im Osten der Insel ist natürlich toll – zwar etwas ab vom Inselort, aber ein perfekter Ausgangspunkt für Weiße Düne, Strand und Wanderung zur Ostspitze. Zum nächstgelegenen Strand kommt ihr locker zu Fuß auf einem Dünenweg. Einen Imbiss mit einwandfreier Currywurst und Pommes findet ihr auf dem Platz.

Campingplatz Eiland Norderney
€€ | Am Leuchtturm 10 | Norderney
Tel. +49 4932 21 84 | camping-eiland.de
GPS: 53.71269, 7.24489

▶ **Größe:** ca. 120 Stellplätze
▶ **Ausstattung:** Waschmaschinen, Wäschetrockner, Geschirrabwaschraum, Lebensmittelkiosk, Brötchenservice, Babywickelraum

⑪ Womopark mit Logenplatz am Watt
Von der Nordsee trennen euch nur etwa 200 m und eine flache Wiese. Es ist deutlich mehr als ein reiner Parkplatz, denn Duschen, WC und Strom sind im Angebot mit drin. Wegen der begrenzten Zahl an Stellplätzen ist eine Reservierung unbedingt zu empfehlen. Etwa 3 km am Deich entlang bis Norddeich Mole.

Womopark Norddeich
€–€€ | Deichstr. 24A | Norden
Tel. +49 4931 9 18 64 78 | womopark-norddeich.de
GPS: 53.602188, 7.1345

▶ **Größe:** 44 Stellplätze, Brötchenservice, Lebensmittelkiosk, Waschmaschine und Trockner gegen Gebühr, Abwaschmöglichkeit

Spot 5

Carolinensiel mit Wangerooge
Lange Abende im Hafen und Insel-Traumstrand

Mit Wangerooge endet im Osten der Reigen der idyllischen und imposanten Ostfriesischen Inseln mit ihren Traumstränden, Aussichtsdünen und putzigen Ortskernen. Einen würdigen Schlusspunkt setzt die autofreie Insel, die im Zentrum und an der Promenade eine Menge Restaurants, Cafés und sogar ein paar Kneipen mit Nachtleben vorweisen kann. Highlight ist aber der Megastrand Richtung Ostspitze. Und in Carolinensiel sitzt, isst, trinkt und flaniert man herrlich im historischen Hafen.

P *An der Mühlenstr./Kirchstr. in Carolinensiel gibt es einige Straßenparkplätze. Ansonsten ist der kostenpflichtige, aber recht günstige Parkplatz an der Bahnhofstr. (400 m vom Museumshafen) die beste Wahl (GPS: 53.691157, 7.806091).*

WILDER OSTEN

Insel-Highlight: die große Strandwanderung zum Ostanleger auf Wangerooge.

Von Norddeich nach Wilhelmshaven B

AKTIVITÄTEN & SIGHTSEEING

❶ Im Hafen von Carolinensiel die Zeit vergessen

Der Ortskern selbst besteht nur aus ein paar Sträßchen. Das Leben spielt sich aber rund um den **Museumshafen** ab. Die Harle ist hier ganz breit, alte Schiffe liegen vor Anker, der Raddampfer „Concordia II" pendelt nach Harlesiel und zu beiden Seiten des Hafenbeckens buhlen Restaurants, Cafés und eine Eisdiele um die Gunst der Touristen.

❷ In Harlesiel den Schiffen zuwinken

Richtung Meer geht es von Carolinensiel nach Harlesiel immer am Flüsschen Harle entlang: Zu Fuß ist das ein wunderschön entspannter Spaziergang, für den man nur etwa eine halbe Stunde braucht. Die Harle fließt hinter dem Jachthafen dann durch die Schleuse in den eigentlichen **Hafen** von Harlesiel. Links vorn findet sich ein Sandstrand, an dem auch Hunde willkommen sind.

❸ Wangerooges herrlichen Strand erwandern

Wenn ihr zum **Ostanleger** spaziert, einem ehemaligen Landungssteg, von dem nur noch wenige Holzpfähle zeugen, wird etwa auf halber Höhe der Strand zu einer gigantischen Sand- und Dünenlandschaft. Am Ende gibt's von der Düne eine fantastische Aussicht. Um die Ostpitze herum gelangt ihr, vorbei an der **Jever-Aussichtsplattform** *(GPS: 53.783901, 7.945739)*, durchs Inselinnere zurück.

> **Insider-Tipp**
> **Achtung: Kopf einziehen!** Biegt auf dem Rückweg vor dem Flugplatz (Siedlerstr. 39A | inselflugplatz.de) links ab – die tieffliegenden Maschinen rattern direkt über euch hinweg.

❹ Alten Leuchtturm erklimmen

Die altmodisch-ulkige Inselbahn bringt euch vom Fährhafen Wangerooge vorbei an riesigen Salzwiesen und dem einsam in den Himmel ragenden Westturm in den betriebsamen, aber entspannten Ortskern. Im Alten Leuchtturm am Bahnhof könnt ihr heiraten oder einfach die Aussicht genießen. *Infos: Mo–Fr 10–13 u. 14–17, Sa, So 10–12 u. 14–17 Uhr |*

REGENTAG – UND NUN?

❺ Wie kommt das Trinkwasser auf die Insel?

Die Inselnatur und die Tierwelt werden im **Nationalparkhaus Wangerooge** gut erklärt, besonders für Kinder. Den Garten des Rosenhauses schmückt das Skelett eines auf der Insel gestrandeten Pottwals. Und auch wer das Watt schon in- und auswendig kennt, erfährt noch etwas Neues: nämlich, wie die Wasserversorgung auf der Insel funktioniert. *Infos: Mitte März–Okt. Di–Fr 9–13 u. 14–18, Sa, So 10–12 u. 14–17 Uhr, sonst kürzer | Eintritt frei, Spende willkommen | Friedrich-August-Str. 18 | Wangerooge | nationalparkhaus-wattenmeer.de*

Spot 5 · Carolinensiel mit Wangerooge

Museum u. Aussichtsturm 3 € | Zedeliusstr. 3 | Wangerooge | leuchtturm-wangerooge.de

ESSEN & TRINKEN

6 Speicher
Die Burger mit den hausgemachten Pommes sind der Hit – zusammen mit den tollen Sitzplätzen draußen über dem historischen Hafen von Carolinensiel. Vielleicht schnappt ihr euch ein Plätzchen im Strandkorb, während abends ein Musiker gleich nebenan auf der Gitarre zupft. *Infos:* Fr–So 12–21, Mo–Mi 14–21 Uhr | Am Hafen West 7 | Carolinensiel | Tel. +49 4464 94 25 53 | cafe-speicher.de | €–€€

7 Puppen-Café
Das supergemütliche Café in einem kleinen, alten Häuschen am historischen Hafen serviert die besten Windbeutel weit und breit. Auch die Ostfriesentorte ist ein Genuss – idealerweise mit einem echten Ostfriesentee. *Infos:* Do–Di 12–17.30 Uhr | Am Hafen West 12 | Carolinensiel | Tel. +49 4464 4 29 | Facebook: Puppen-Café | €€

8 Giftbude, die Cocktailbar
Currywurst, Pommes, Burger und Schnitzel schmecken hervorragend, aber die meisten Gäste kommen wegen der Cocktails und Drinks, die sind absolut erste Sahne. Die Musikauswahl macht zusätzlich gute Laune. *Infos:* Mi–Mo 17–24 Uhr | Obere Strandpromenade 27 | Wangerooge | Tel. +49 4469 6 53 90 34 | strandlust-wangerooge.de | €€

EINKAUFEN

9 Deichwork
Die sportliche Kleidung mit dem Vintagelabel "1804" wird auf der Insel

MÖWENGESCHREI WECKT DICH

... am Campingplatz Harlesiel, damit du pünktlich die Fähre nach Wangerooge erreichst.

entworfen. Nicht billig, dafür hochwertig verarbeitet und mit Fair-Wear-Zertifikat. Zu kaufen gibt's das Ganze nicht online, sondern nur hier. *Infos: Mo–Sa 10–12 u. 16–18, So 10–12 Uhr | Zedeliusstr. 22 | Wangerooge | Tel. +49 4469 9 46 98 27 | deichwork.de | €€–€€€*

STELL- & CAMPINGPLÄTZE

10 Von den Logenplätzen die Schiffe begrüßen

Die Wohnmobile und Busse stehen praktisch auf der Hafenmole von Harlesiel Spalier, fast wie ein Begrüßungskommando für die Fähren. Eine bessere Aussicht kann man sich kaum vorstellen. Es schadet natürlich auch nicht, dass der kleine Strand von Harlesiel, das **Meerwasserfreibad** und der hübsche Spazierweg die Harle entlang nach Carolinensiel ebenfalls vor der Tür liegen.

Wohnmobilstellplatz an der Mole 🐾 😊 ✺

€ | Am Harlesiel 20 | Harlesiel Tel. +49 4464 94 93 98 | campingplatz-harlesiel.de GPS: 53.709926, 7.809322

▸ **Größe:** *56 Stellplätze*
▸ **Ausstattung:** *Duschen, Strom, volle Versorgung*

11 Die All-inclusive-Alternative am Harlesieler Hafen

Der Campingplatz ist nicht mit den Logenplätzen des Molenstellplatzes vergleichbar, liegt aber direkt am Hafen, wenige Gehminuten von Strand, Watt, Jachthafen und Fähranleger entfernt. Der große Platz ist sauber und einwandfrei geführt, mit zahlreichen Dauercampern. Mit Hund darf man nicht auf allen Wegen spazieren. Und: Wind- und Sonnenschutz gibt's hier natürlich eher weniger.

Campingplatz Harlesiel 🐾 😊 ✺

€€ | Schwerinsgroden | Carolinensiel Tel. +49 4464 94 93 98 | campingplatz-harlesiel.de GPS: 53.706982933565, 7.8038763999938

▸ **Größe:** *260 Stellplätze*
▸ **Ausstattung:** *Barrierefreie Sanitäranlagen, Aufenthaltsraum, Kochmöglichkeit, Brötchenservice, Hundewiese, Imbiss, Gasflaschentausch, Waschmaschinen, Trockner, Babywickelraum, Spielplatz, Volleyball*

Spot 6

Wilhelmshaven
Maritime Schwergewichte am Jadebusen

Wilhelmshaven hat durch den Jade-Weser-Port einen Schub erhalten – der Containerhafen ist riesig, auch wenn die Kapazitäten noch längst nicht ausgeschöpft sind. Das Stadtzentrum ist trotzdem sehr beschaulich geblieben. Anschauen müsst ihr die Backsteinpromenade am Südstrand, die Museumsschiffe und die historische Kaiser-Wilhelm-Brücke. Toll ist der Womostellplatz auf dem Deich. Danach geht´s in den idyllischeren Hafen von Varel und nach Dangast. Das putzige Sackgassendörfchen ist der südlichste Nordseekurort Niedersachsens und auch bei den Einheimischen sehr beliebt für einen Sonntagsausflug.

WILHELMSHAVENS WAHRZEICHEN

Die Kaiser-Wilhelm-Brücke, einst Europas größte Drehbrücke, überspannt den Großen Hafen.

Von Norddeich nach Wilhelmshaven B

AKTIVITÄTEN & SIGHTSEEING

1 Preußischen Schick am Südstrand abschreiten
Die Landzunge zwischen der fast 120 Jahre alten **KW-Brücke** und dem Helgolandkai nennt sich Maritime Meile und glänzt mit mächtiger Backsteinarchitektur, Lokalen mit Wasserblick, **Marinemuseum** (s. u.) und **Wattenmeer Besucherzentrum**. *Infos: Wiedereröffnung des Besucherzentrums 2021 | Südstrand 110B | Wilhelmshaven | wattenmeer-besucherzentrum.de* **Parken:** *Unterm Südstrand, südwestlich der KW-Brücke, GPS: 53.512302, 8.134484*

2 Im Vareler Hafen auf die große Schleuse steigen
Hübsch aufgereiht liegen alte Schiffe neben neuen. Dazu kommen eine Handvoll Fischlokale. Ein paar Hundert Meter weiter mündet der Hafenbereich in die Schleuse, von der der Blick weit aufs Wattenmeer geht. Auf dem Deich erreichst du nach ca. 7 km Dangast (s. u.). *Infos: Am Hafen | Varel (ca. 33 km von Wilhelmshaven)*

3 In Dangast den Tag verbummeln
Der süße Ort liegt halb versteckt unter alten Bäumen direkt am Wasser. Das **Kurhaus Dangast** von 1800 ist heute ein beliebtes SB-Restaurant. *Infos: Fr–So, Fei 9–20 Uhr | An der Rennweide 46 | Dangast (ca. 32 km von Wilhelmshaven) | Tel. +49 4451 44 09 | kurhausdangast.de | €–€€* **Parken:** *Parkplatz am Nordseebad Dangast, GPS: 53.450109, 8.118830*

> **Insider-Tipp: Sch(l)ickes Festival**
> Das **Watt en Schlick Fest** in Dangast bietet ein Wochenende voll Musik, Theater und anderem Gaudi wie dem Schlickrutsch-Wettbewerb auf Holzschlitten im Watt (s. S. 183).

4 Von der Wildwasserbahn den Giraffen zuwinken
Der **Jaderpark** garantiert vor allem für Kinder eine Riesenportion Spaß – mit den verschiedensten Tierarten, die in großzügigen Gehegen und Tropenhäusern unter guten Bedingungen leben, und mit zahlreichen Attraktionen von Achterbahn über Bootsrutsche bis zur Spielscheune mit Kletterlabyrinth. *Infos: Ende März–Okt. tgl. 9–18, Nov.–März Schulferien tgl., sonst Sa, So 10.30–17 Uhr | 19,50 € | Tiergartenstr. 69 | Jaderberg (ca. 40 km von Wilhelmshaven) | jaderpark.de*

REGENTAG – UND NUN?

5 In der Enge des U-Boots weiteratmen
Wilhelmshaven war nicht nur zu Kaisers Zeiten, sondern auch in der Nazi-Ära ein wichtiger Marinestandort. Diese nicht rühmliche, aber sehr interessante Geschichte wird im **Deutschen Marinemuseum** toll präsentiert. Im Hafen könnt ihr sogar drei ausgediente Kriegsschiffe von innen erkunden. *Infos: Tgl. April–Okt. 10–18, sonst 10–17 Uhr | 12,50 € | Südstrand 125 | Wilhelmshaven | marinemuseum.de*

B · Spot 6 · Wilhelmshaven

ESSEN & TRINKEN

6 Restaurant Artischocke
Das auf mehrgängige Menüs mit französischem Akzent spezialisierte Lokal ist das beste der Stadt, ohne preislich dabei durch die Decke zu gehen. **Infos:** Di–Sa 12–14.30 u. 18–23 Uhr | Peterstr. 19 | Wilhelmshaven | Tel. +49 4421 3 43 05 | artischocke-whv.de | €€

7 Stellaz BBQ
Nicht ganz am Wasser gelegen, aber tolle Burger, hausgemachte Pommes, leckere Salatdressings und ultralangsam im Smoker gegarte Grillgerichte machen das wett. Das Fleisch stammt aus tiergerechter Haltung. **Infos:** Do–Di 17.30–22 Uhr | Edo-Wiemken-Str. 53 | Dangast (ca. 32 km von Wilhelmshaven) | Tel. +49 4451 8 08 10 92 | stellaz.de | €€

8 Hafen Schnecke
Das sympathische Restaurant-Café mit Biergarten direkt am Ufer ist der beste Platz, um den Vareler Hafen in Ruhe zu genießen – ob für einen frischen Fischteller oder ein Pils zwischendurch. **Infos:** Mi–So ab 9 (Küche bis 20) Uhr | Am Hafen 18 | Varel (ca. 33 km von Wilhelmshaven) | Tel. +49 174 1 50 51 12 | Facebook: Hafen Schnecke | €–€€

EINKAUFEN

9 Bahlsen Outlet Varel
Krümelmonster und Naschkatzen finden hier günstige Knabbervorräte, die nicht mehr 100 % in Form sind: Mängel an der Verpackung, nahes Verfallsdatum etc. **Infos:** Mo–Fr 9–18, Sa 9–16 Uhr | Christiansburg 5D | Varel (ca. 33 km von Wilhelmshaven) | thebahlsenfamily.com

POLEPOSITION

Auf dem Parkplatz Fliegerdeich schläft man direkt am Jadebusen.

STELL- & CAMPINGPLÄTZE

🔟 Auf dem Deich in Wilhelmshaven

Dieser Platz ist etwas Besonderes: Er liegt mitten in der Stadt, auf der Landzunge des Südstrands, wenige Schritte von der Flaniermeile am Wasser entfernt und in Sichtweite der historischen KW-Brücke. Allerdings ist es ein reiner Parkplatz ohne jegliche Versorgung.

Parkplatz Fliegerdeich (Wohnmobile) 🐾😊☀️

€ | Südstrand 80 | Wilhelmshaven
Tel. +49 4421 91 30 00 | wilhelmshaven-touristik.de (Suche: „Parkplatz Fliegerdeich")
GPS: 53.51012, 8.127743

▶ Größe: 54 Stellplätze
▶ Ausstattung: kein Strom, kein Wasser

1️⃣1️⃣ Premiumblick auf der Schleuseninsel

Auch dieser Stellplatz glänzt mit einer hervorragenden Lage direkt am Wasser, nur ein paar Hundert Meter vom Südstrand. Professionell und nett geführt. Zudem gibt es hier Stromanschlüsse, eine Ver- und Entsorgungsstation und sanitäre Anlagen samt Duschen.

Wohnmobilstellplatz Schleuseninsel 🐾😊☀️

€ | Schleusenstr. 43 | Wilhelmshaven
Tel. +49 174 2 31 48 29 | wohnmobilstellplatz-wilhelmshaven.de
GPS: 53.515098, 8.152567

▶ Größe: ca. 30 Stellplätze
▶ Ausstattung: Brötchenservice

1️⃣2️⃣ Auf der Wiese am Strand

Familiär und freundlich geführt, direkt am Jadebusen gelegen und in Spazierentfernung zu allen Attraktionen des kleinen Kurorts Dangast. Die Anlage ist sauber, gepflegt und voll ausgestattet, die Stellplätze sind großzügig.

Campingplatz Rennweide Dangast 🐾😊☀️

€€ | Edo-Wiemken-Str. 60 | Dangast (ca. 32 km von Wilhelmshaven)
Tel. +49 4451 31 61 | rennweide.de
GPS: 53.4495, 8.116397

▶ Größe: ca. 200 Stellplätze
▶ Ausstattung: Imbiss, Bäcker, Kiosk, Spielplatz, Behindertendusche und -WC, eigener Strand, Waschmaschinen, Trockner

LEGENDÄR

... sind die Bremer Stadtmusikanten, aber in echt kleiner, als man denkt.

Tour C

Die Küste zwischen Weser und Elbe
Von Wilhelmshaven nach Hamburg

Start & Spot	6	Wilhelmshaven ▶ S. 68
98 km		
Spot	7	Bremerhaven ▶ S. 84
80 km		
Spot	8	Bremen ▶ S. 88
137 km		
Spot	9	Cuxhaven ▶ S. 94
120 km		
Ziel & Spot	10	Hamburg ▶ S. 110

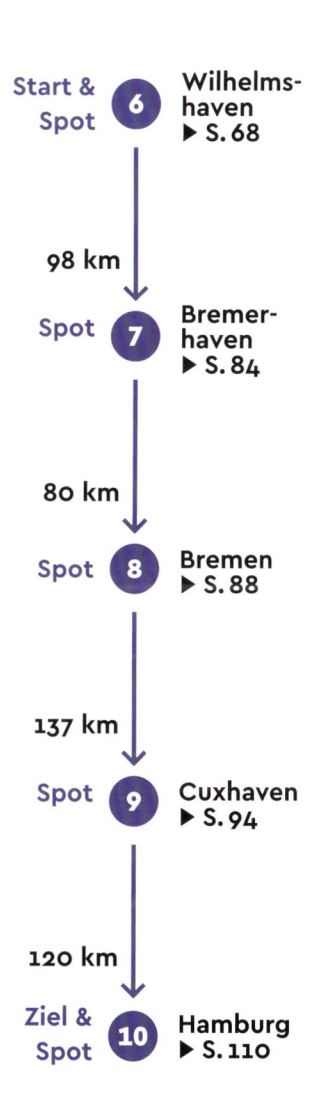

Die Tour startet am östlichen Jadebusen, einem der ruhigsten Winkel der deutschen Nordseeküste, und führt dann per Fähre über die Weser. Das Land zwischen diesem Fluss und der Elbe gehört immer noch zu Niedersachsen und glänzt vor allem mit drei wichtigen Städten: dem weltbekannten Bremen, Cuxhaven, wo die Schiffe nach Helgoland ablegen, und Bremerhaven, das sich in jüngster Zeit mit seinen modernen Erlebnismuseen zu einem Topziel gemausert hat. Per Elbfähre geht's dann in Richtung Millionenstadt Hamburg.

FACTS

Strecke 435 km

Reine Fahrzeit 10 Std. 30 Min.

Streckenprofil Rund um den Jadebusen teils kleinere lokale und Dorfstraßen, sonst größere Straßen, alles asphaltiert. In Ferienzeiten muss an Weser- und Elbfähre mit Wartezeiten gerechnet werden.

Empfohlene Dauer 6 Tage

Anschlusstouren A B D

Tour C im Überblick

Tour-Highlights

Am Leuchtturm von *Eckwarderhörne* die abgelegenste Ecke der Nordsee erkunden ▶ S. 76

Im Klimahaus in *Bremerhaven* ein deutsches Topmuseum erforschen ▶ S. 85

Abhängen zwischen Hippies und Hipstern im *Bremer Ostertorviertel* ▶ S. 89

Von Cuxhaven durchs Watt zur *Insel Neuwerk* stapfen ▶ S. 95

Nach *Helgoland* schippern, der einzigen deutschen Hochseeinsel ▶ S. 95

C Tourenverlauf

LOS, GEHT'S!

Start & Spot **6**

Wilhelmshaven
Maritime Schwergewichte am Jadebusen ▶ S. 68

Optionaler Anschluss: Tour **A**

50 km — Über die B210 und die A29 kommt ihr nach **Varel** (s. S. 69), von wo aus ihr so eng wie möglich den Jadebusen umkreist. Zuerst nehmt ihr dazu die Straße 437 ostwärts, biegt dann links ab in die Bäderstraße, vorbei am **Campingplatz Rennweide Dangast** (s. S. 71), weiter durchs Dorf Norderschweiburg und am Deich entlang bis zum Wegweiser nach rechts Richtung Seelfelder Mühle.

Seefeld

Ein paar Häuser gibt's hier, einen ziemlich schwächlichen Handyempfang und ein richtiges Prachtexemplar einer Mühle. Die **Galerieholländerwindmühle**, so die offizielle Bezeichnung, schmückt seit 1875 die Gegend und war gut 100 Jahre lang kommerziell im Einsatz. Inzwischen ist sie Denkmal und Veranstaltungsort im Landkreis Wesermarsch. Werft einen Blick ins Mühlencafé im Inneren – und bleibt vielleicht auf ein Kaffeepäuschen mit frisch gebackenem Kuchen *(Café: tgl. 10–18, Mühlenführung: Do 15 Uhr | Hauptstr. 1 | Stadland | Tel. +49 4734 12 36 | seefelder-muehle.de)*.

Insider-Tipp
So müsste jeder Tag beginnen ...

Der absolute Knaller im urigen Café in der Seefelder Mühle ist das außergewöhnlich gute Frühstücksbuffet, das man auf keinen Fall verpassen sollte.

19 km — Von der Mühle kehrt ihr zur Deichstraße am Jadebusen zurück. Hinter dem Dörfchen Iffens folgt ihr den Wegweisern nach Eckwarderhörne.

Eckwarderhörne

Am flach abschüssigen Strand mit Liegewiese könnt ihr zu herrlichen Wattspaziergängen inklusive Mega-Sonnenuntergang starten. Surfer lieben diesen Ort wegen seiner perfekten Windverhältnisse. Wie eine Rakete wirkt der rote **Leuchtturm Oberfeuer Preußeneck** *(Öffnungszeiten Turm u. Dokumentationszentrum s. Website | 2 € | Zum Leuchtfeuer 120 | Butjadingen | oberfeuer-preusseneck.de)*. Doch die denkmalgeschützte Metallkonstruktion von 1962 ist festverankert in der Erde und hebt kei-

Von Wilhelmshaven nach Hamburg

nesfalls gleich ab. Steigt dem etwa 45 m hohen Turm auf die Spitze, lasst euch die Haare zerzausen und genießt das Panorama auf Wilhelmshavens riesigen Containerhafen Jade-Weser-Port. Im Sommer bringt euch übrigens eine **Personen- und Fahrradfähre** (Zeiten s. Website | Hin- und Rückfahrt 9 € | reederei-warrings.de) rüber nach Wilhelmshaven.

8 km | Auf der Straße Hofswürden, so nah wie möglich am Wasser entlang, ist in wenigen Minuten Tossens erreicht.

Tossens

Das Nordseebad blitzt und glitzert nicht gerade, aber in der Einfachheit liegt auch ein gewisser Charme, auch was das tendenziell niedrigere Preisniveau angeht. Ein ungestörtes Bummelerlebnis garantiert die Nordseeallee mit unzähligen Geschäften, Cafés und Restaurants. Genau das Richtige für eine erfrischende Pause mit selbst gemachtem Eis oder für eine knusprige Pizza mit Bierchen am Abend ist hier die **Pizzeria & Eiscafé San Remo** (tgl. 11–22, im Sommer teils bis 23 Uhr | Zum Groden 1 | Butjadingen | Tel. +49 4736 1 03 07 71 | €€). Wo die Nordseeallee auf den Deich trifft, gibt's beim **Pier 35 – Betti´s F(r)ischbrötchen** (tgl. 8–18 Uhr | Nordseeallee 35 | Butjadingen | Tel. +49 421 6 58 89 05), einem tollen Imbiss mit Sitzplätzen in Strandkörben, alles, was das Fischliebhaberherz begehrt: die namensgebenden Brötchen, aber auch echt friesische Kibbelinge, Krabbensuppe

GEHEIMTIPP

Kein Glamour, dafür preiswerte Gemütlichkeit zeichnet den Campingpark in Tossens aus.

NORDSEE-FEELING

Auf geht's! Am Krabbenkutterhafen Fedderwardersiel in Butjadingen starten die Ausflugsfahrten.

und natürlich Krabbenbrötchen. Hinter dem großen Deich liegt der Friesenstrand. Dieser macht mit abgetrenntem Babybereich und großem Spielplatz besonders Familien viel Freude. Ein Stückchen dahinter dürfen sich dann auch die Hunde im Sand austoben. Direkt am Friesenstrand findest du auch Tossens einzigen Campingplatz: **Knaus Campingpark Tossens** *(Zum Friesenstrand 1, GPS: 53.578053, 8.243639 | Butjadingen | Tel. +49 4736 2 19 | knauscamp.de | 36 Stellplätze, teils mit Strom)* ist allerdings mehr ein Stellplatz mit einfachen Sanitäranlagen. Aber die perfekte Lage und der schöne Kinderspielplatz machen einiges wett.

6 km | Aus Tossens führt die Butjadinger Straße über Ruhwarden und Langwarden in den Küstenort, nach dem die Halbinsel benannt ist.

Butjadingen

Eine Besonderheit hier ist der Badesee **Nordsee-Lagune** *(Mai–Sept. tgl. 10–18 Uhr | Familieneintritt ohne Gästekarte inkl. Strandkorb 25 € | Am Deich 21A | Butjadingen | butjadingen.de/nordseelagune)* mit gefiltertem Nordseewasser. Eine gute Alternative bei Ebbe, wenn die Nordsee statt Wellen nur Watt zu bieten hat. Wer doch eher Lust hat auf „the real thing", muss nur ein paar Hundert Meter weiter gehen zum **Badestrand Burhave.** Hier springt ihr in die unverfälschte Nordsee. Empfehlenswert ist dort auch das **Strandcafé Rondell** *(Am Deich 25 | Butjadingen)*.

15 km | Immer schön am Deich entlang kommt ihr schließlich zur Weserfähre.

Von Wilhelmshaven nach Hamburg

Weserfähre

Die Schiffe legen in **Nordenham (Blexen)** ab und bringen euch nach **Bremerhaven.** Sollte die Fähre nicht fahren können, gibt es seit 2004 eine kostenlose Alternative: den **Wesertunnel** südlich von Nordenham.

Blexen Fähranleger | Mo–Fr tagsüber 2–3 x stdl., abends 1 x stdl. bis ca. 22 Uhr, So ganztägig 1–2 x stdl. bis ca. 20/21 Uhr | Womo mit 5 m Länge inkl. Fahrer einfache Fahrt 10,60 € | weserfaehre.de

Spot 7 — Bremerhaven
Aus dem Nichts zu einem Topreiseziel ▶ S. 84

50 km

Die Route führt auf der Straße 6 in südlicher Richtung aus Bremerhaven hinaus und dann direkt am Stadtrand rechts in die Hauptstraße (L121). Diese schlängelt sich ein wenig durchs Niemandsland und überquert dann die Straße 437 kurz vor dem **Wesertunnel.** Weiter geht es auf der Bütteler Straße und dann die erste rechts, über den Fluss Lune, durchs Dorf Neuenlande und durch die einsamen Marschgebiete nahe der Weser, weiter durch Sandstedt bis Neuenkirchen. Dort biegt ihr rechts ab in die Landstraße nach Rekum und folgt der Ausschilderung zum Bunker Valentin.

Denkort Bunker Valentin

Mitten in der einsamen Landschaft steht ein klotziger alter U-Boot-Bunker aus der Zeit des Nationalsozialismus. Heute ist dies vor allem ein Gedenkort, der u. a. daran erinnert, dass hier zahllose Zwangsarbeiter unter elendsten Bedingungen schufteten und litten. Der Rundgang durch die mächtigen Bunkerruinen ist sehr informativ und komplett gratis. Sogar kostenlose Audioguides werden angeboten, aber auch eine Führung lohnt sich durchaus. Selbst wenn schon geschlossen ist, könnt ihr kurz heranfahren und zumindest einen Blick von außen auf die Gebäude werfen.

Di–Fr, So 10–16, Führung (90 Min.): Fr 11 u. 13.30 Uhr | Eintritt frei, Führung 7 € | Rekumer Siel | Bremen | denkort-bunker-valentin.de

30 km

Jetzt lenkt ihr euer Gefährt wieder Richtung Süden auf der Rekumer Straße, durch Farge, wo übrigens die Weserfähre nach Berne ablegt.

C Tourenverlauf

In Farge stoßt ihr auf die größere Straße 74 und schließlich in Blumenthal auf die 270 durch **Bremen-Vegesack,** wo sich ein Stopp anbietet (s. S. 90). Kurz vor der Autobahn-Anschlussstelle geht es nach rechts in die Bremerhavener Heerstraße, die im weiteren Verlauf mehrmals ihren Namen ändert, aber euch trotz ein paar Schlangenlinien auf dem kürzesten Weg ins Bremer Stadtzentrum bringt.

Spot 8

Bremen
Die relaxte Hansestadt ▶ S. 88

67 km

Nehmt die Straße 6, dann die Autobahn A27 bis zur Anschlussstelle Bremen-Nord und anschließend die Straße 74 vorbei an Osterholz-Scharmbeck durch einsame Moorlandschaften bis nach Bremervörde.

Bremervörde

Das Städtchen an der Oste ist ein staatlich anerkannter Erholungsort mit Kurklinik. Am schönsten ist der **Vörder See** nördlich des Stadtkerns, der sich bilderbuchartig in die Landschaft kuschelt – perfekt für einen Spaziergang oder ein Stündchen im **Tretboot** *(Kiosk mit Imbiss, Tretbootverleih u. Minigolf am Vörder See | GPS: 53.491208, 9.148225 | Tel. +49 4769 2 31).* An der Nordspitze des Sees gibt's einen **Aussichtsturm** *(GPS: 53.497524, 9.166371).* Am naturbelassenen Nordufer des Vörder Sees liegt auch die ruhige **BBG WohnMobilStation** *(Fresenburg 8 | Bremervörde | GPS: 53.495067, 9.150796 | Tel. +49 1525 6 75 71 81 | bbg-wohnmobilstation.9gg.de | ca. 40 Stellplätze mit voller Versorgung)* mit parzellierten Stellplätzen auf Rasengitter sowie Grill- und Spielplatz. Rad- und Wanderwege starten vor der Womotür. Sogar Brötchenservice und Duschen (Schlüssel in der Rezeption) sind im Angebot.

30 km

Aus Bremervörde bringt euch die Straße 71 nach Westen, dann die 495 nach Nordwesten. In Ebersdorf biegt ihr links und steuert am **Langen Moor** vorbei nach Bad Bederkesa.

Bad Bederkesa

Der nächste kleine Kurort auf der Route hat ebenfalls einen hübschen See zu bieten. Ein Stopp lohnt sich vor allem für das **Museum Burg Bederkesa** *(Di-Fr 10-12 u. 13-17, Sa, So 10-17 Uhr | 3 € | Amtsstr. 17 | Bad*

Von Wilhelmshaven nach Hamburg C

Bederkesa | burg-bederkesa.de): Schon von außen sieht die mittelalterliche Burg mit ihrem Zwiebelturm toll aus. Die archäologische Ausstellung zeigt 2000 Jahre alte Fundstücke von Skeletten und Gräbern, die sich im moorigen Boden gut erhalten haben. Wenn euch eher nach Wellness zumute ist, springt in der **Moor-Therme Bad Bederkesa** (Neueröffnung 2021 nach Renovierung, Öffnungszeiten u. Preise s. Website | Berghorn 13 | Bad Bederkesa | moor-therme.de) ins Solebad und die klassischen Schwimmbecken oder erholt euch zwischen Sauna und Massagen. Nah an See und Burg kommen im **Schlemmer CaRé** (Fr–Di 11–22, Mo, Di, Fr mit Mittagspause von 14.30–17.30 Uhr | Seebeckstr. 6 | Bad Bederkesa | Tel. +49 4745 63 50 | schlemmer-care.de | €€) ganz zeitgemäß regionale und saisonale Gerichte auf den Tisch. Gutbürgerliche Küche und freundlicher Service. Hunde sind willkommen. Auch für einen Kaffee mit selbst gebackenem Kuchen solltet ihr vorbeischauen.

40 km | Nehmt zunächst die Fickmühlener Str. (L119), fahrt schließlich unter der Autobahn hindurch und dann rechts in die L135 durch Holßel und Midlum und immer weiter geradeaus bis zur Straße 73.

Spot 9 **Cuxhaven**
Weitblick, Watt und Wanderungen ▶ S. 94

WENIGER IST MOOR

Burg Bederkesa zeigt 2000 Jahre alte Fundstücke, die sich im sumpfigen Umland gut erhalten haben.

PLANBAR GLÜCKLICH

Glückstadt wurde auf dem Reißbrett rund um seinen Marktplatz entworfen.

54 km | Die Straße 73 verlässt Cuxhaven in östlicher Richtung, führt vorbei an Otterndorf, dann nach Süden bis Hemmor. Dort zweigt links die Straße 495 nach Wischhafen ab, die schließlich direkt vor der Elbfähre endet.

Fähre Glückstadt–Wischhafen

An dieser Stelle ist die Elbe schon so richtig schön breit – breiter als in Hamburg. Die Überfahrt auf der Autofähre dauert daher fast eine halbe Stunde. Ihr könnt aussteigen und vom seitlichen Oberdeck die Aussicht auf Natur und Industrie genießen. Man stellt sich an und wartet, bis man an Bord gelassen wird. Normalerweise dauert das nicht länger als eine halbe Stunde, im Sommerreiseverkehr können es aber schlimmstenfalls auch mal ein oder zwei Stunden werden.

i Ca. 5–22.30 Uhr, im Sommer alle 20 Min., sonst meist alle halbe Stunde | 2 €/Pers., Fahrzeug 5–6 m Länge 10 € | elbfaehre.de

3 km | Die Fähre legt im Norden von Glückstadt an, ihr landet automatisch auf der Straße 495 und nehmt dann nach rechts die Straße Am Neuendeich ins Stadtzentrum.

Von Wilhelmshaven nach Hamburg C

Glückstadt

Vom halbrunden, großen **Marktplatz** mit seinen historischen Gebäuden flaniert ihr über die Große Deichstraße zum kleinen Glückstädter **Binnenhafen** (nicht an der Elbe). Hier ist das Traditionslokal **Zur alten Mühle** *(Mi–Mo 11.30–21 Uhr | Am Hafen 54 | Glückstadt | Tel. +49 4124 18 07 | restaurant-zur-alten-muehle.de | €€)* mit gutbürgerlicher Küche und ausgezeichneten Fischgerichten die richtige Adresse, wenn die Warterei auf die Fähre und die Elbeüberquerung euch hungrig gemacht haben sollten. Ob Muscheln oder Pannfisch – alles schmeckt hier gut.

42 km | Die Straße 431 führt aus Glückstadt östlich nach Elmshorn und dann südlich über Uetersen nach Wedel.

Wedel-Schulau

Bevor es nach Hamburg hineingeht, macht ihr Halt am **Willkomm-Höft am Schulauer Fährhaus.** Das Gelände am Elbestrand wurde zur Flaniermeile samt Café-Restaurant und Biergarten ausgebaut. Jedes aus Hamburg ein- oder auslaufende Schiff wird hier über Lautsprecher begrüßt und verabschiedet. Dazu erklingt die Hymne des Landes, dessen Fahne das Schiff trägt. Bei kleineren Schiffen wird zumindest die jeweilige Flagge „gedippt".

i Parnaßstr. 29 | Wedel | schulauer-faehrhaus.de

Wohnmobilstellplatz Wedel
Einfacher Parkplatz neben dem **Freibad Wedel,** nicht weit vom Willkomm-Höft. Keine Duschen und nur öffentliche Toiletten bis 20 Uhr. Aber für eine Nacht unterwegs oder für alle, die nur einmal kurz nach Hamburg hineinschauen möchten, ist es in Ordnung (10 Min. zu Fuß zur S-Bahn).

i Am Freibad 1 | Wedel | Tel. +49 4103 70 70 | wedel.de | ca. 50 Stellplätze mit Stromversorgung

21 km | Aus Wedel nehmt ihr den Tinsdaler Weg in den Hamburger Stadtteil Blankenese und dann die berühmte Elbchaussee ins Herz der Stadt.

Ziel & Spot 10 **Hamburg**
Moin, tschüss und richtig viel dazwischen ▶ S. 110

Optionaler Anschluss: Tour D

83

Spot 7

Bremerhaven
Aus dem Nichts zu einem Topreiseziel

Um die Stadt machten sogar Nordseeenthusiasten viele Jahre lang eher einen Bogen. Klar, hier mündet die Weser in die Nordsee und für Schiffefreaks war es schon immer spannend, die großen Pötte zu beobachten. Aber die Arbeiterstadt Bremerhaven war einfach so gar nicht sexy. Das hat sich radikal geändert. Mit Klimahaus und Deutschem Auswandererhaus kamen zwei Topadressen hinzu, den Zoo am Meer gibt's schon länger. Und auch das Hafenviertel selbst wird gerade mit Hunderten Neubauten komplett modernisiert. Ein Stopp hier ist inzwischen obligatorisch.

P *Wer sowieso zum Klimahaus will, nutzt am besten direkt das zugehörige Parkhaus Havenwelten (Herrmann-Heinrich-Meier-Str. 1, GPS: 53.543604, 8.574092 | Bremerhaven | staewog.de).*

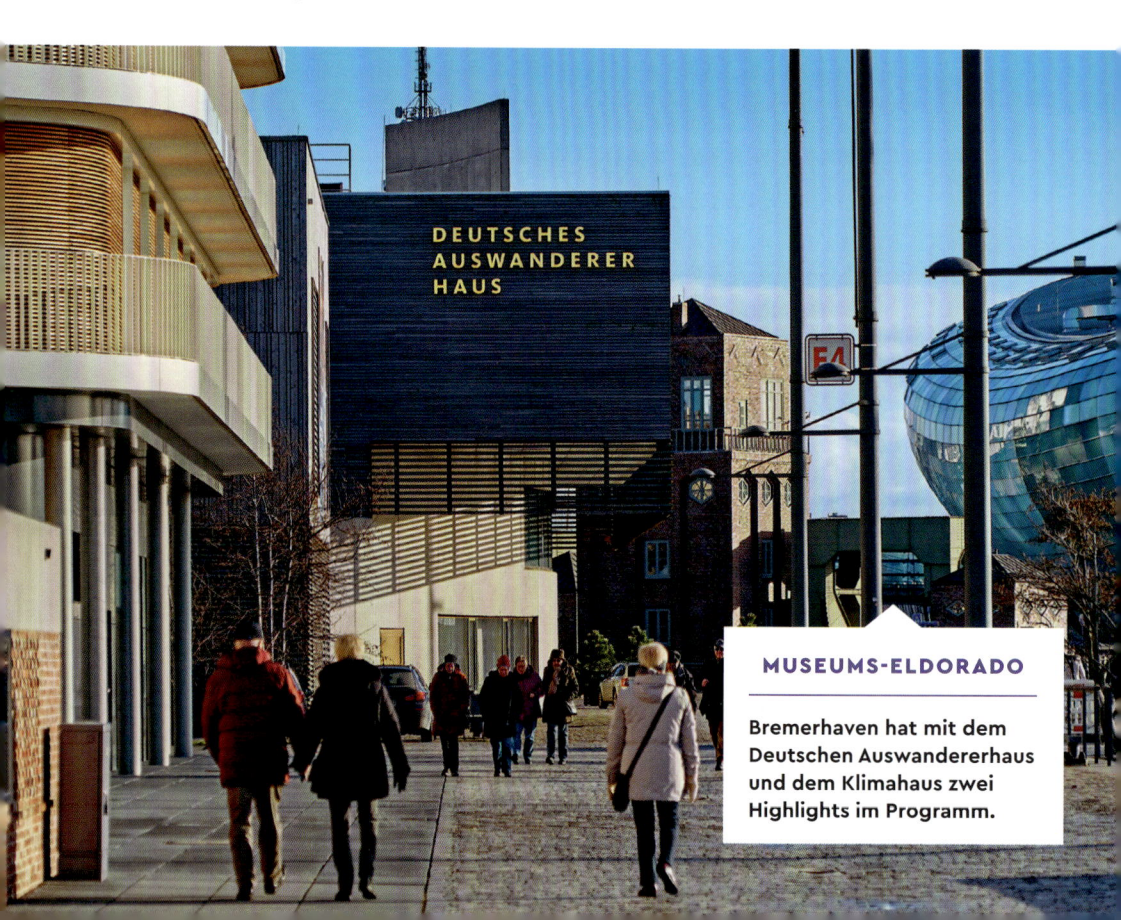

MUSEUMS-ELDORADO

Bremerhaven hat mit dem Deutschen Auswandererhaus und dem Klimahaus zwei Highlights im Programm.

Von Wilhelmshaven nach Hamburg

AKTIVITÄTEN & SIGHTSEEING

1 Im Klimahaus um die Welt reisen

Bob Geldorf eröffnete 2009 das herausragende Klimahaus Bremerhaven 8° Ost, das sich Topthemen unserer Zeit widmet: Klima, Klimawandel und Wetter. Es bietet keine langweilige Theorie, sondern eine aufregende Reise über alle Kontinente und durch alle Klimazonen. Im Raum, der die Eiswelt repräsentiert, herrschen tatsächlich Minusgrade, in der Tropenwelt gerät man ins Schwitzen, am Helikoptersimulator wirst du zum Piloten und Hunderte Tiere erlebst du in naturnaher Umgebung. Natürlich ist der Besuch hier auch ein Fest für Kinder. *Infos: Tgl. Juli, Aug. 10–18, Sept.–Feb. 9–18, sonst 12–18 Uhr | 17,50 € | Am Längengrad 8 | Bremerhaven | klimahaus-bremerhaven.de*

Insider-Tipp: Nachts im Museum — *Auch Abendführungen werden angeboten, manchmal sogar mit Übernachtung in der Ausstellung.*

2 Durch den Überseehafen schippern

Die klassische **Hafenrundfahrt** dauert nur eine gute Stunde, aber die sollte jeder Bremerhavenbesucher einmal gemacht haben. Alles rund um den Hafen wird während der Tour kompetent und sehr humorvoll präsentiert. Selbst wenn ihr euch nichts merkt – lustig ist's auf jeden Fall. Bei gutem Wetter macht es natürlich doppelt Spaß. Tickets gibt es direkt neben dem Auswandererhaus. *Infos: Sommerhalbjahr 9 x tgl., sonst 2–3 x tgl. | 11,50 € | H.-H.-Meier-Str. 4 | Bremerhaven | hafenrundfahrt-bremerhaven.de*

3 Tiere direkt an der Nordsee bestaunen

Draußen am Neuen Hafen, wo die Weser in die Nordsee mündet, wenige Schritte vom Klimahaus, wird euch dieser kleine, aber überaus sympathische **Zoo am Meer** freudig überraschen. Der Schwerpunkt liegt auf spannenden Seekreaturen in Salzwasseraquarien und auf nordischen Tierarten in Gehegen. Bitte warm anziehen: Wenn nicht gerade Sommer ist, pfeift der Wind hier ganz schön kalt! *Infos: Tgl. April–Sept. 9–19, März, Okt. 9–18, sonst 9–16 Uhr | 9 € | H.-H.-Meier-Str. 7 | Bremerhaven | zoo-am-meer-bremerhaven.de*

4 Auf die Sail City Aussichtsplattform rauschen

Das ganze Hafenviertel wird seit einigen Jahren komplett umgekrempelt, unter anderem entstehen moderne Apartmentkomplexe. Auf die Stadt, den gesamten Hafen, die Wesermündung und natürlich die Nordsee habt ihr einen Premiumblick von der Aussichtsplattform Sail City des **Atlantic Hotels,** mit 140 m das höchste Gebäude der Stadt. Der Aussichtspunkt liegt allerdings „nur" auf 86 m Höhe in der 20. und 21. Etage. *Infos: Tgl. April–Sept. 9–21, sonst 10–17 Uhr | 4 € | Am Strom 1 | Bremerhaven | bremerhaven.de („Aussichtsplattform" suchen)*

Spot 7 · Bremerhaven

REGENTAG – UND NUN?

5 Dem Schicksal der Emigranten nachspüren

Neben dem Klimahaus ist das **Deutsche Auswandererhaus** das zweite Must-see-Museum der Stadt. Hier kommt Nostalgie auf, aber auch Mitgefühl für die Abertausenden Auswanderer, die im Laufe des 19. Und 20. Jhs. ihre Heimat zurückließen, um die weite Reise ins gelobte Land Amerika anzutreten. Bremerhaven war oft der letzte deutsche und europäische Ort, den sie jemals sahen. Eine tolle Idee ist, dass jeder Besucher den Namen eines konkreten Emigranten zugewiesen bekommt, um dann ganz konkret dessen Erlebnisse Schritt für Schritt nachzuverfolgen. *Infos: Tgl. März–Okt. 10–18, sonst 10–17 Uhr | 15,80 € | Columbusstr. 65 | Bremerhaven | dah-bremerhaven.de*

ESSEN & TRINKEN

6 Sascha´s Leuchtfeuer

Selten findet man so leckere Steaks wie bei Sascha. Das kommt der Grillperfektion wirklich nahe. Ein echter Tipp sind auch die Süßkartoffelpommes als Beilage. Das Lokal liegt nahe dem touristischen Neuen Hafen, aber gerade weit genug entfernt, um euch zum Insider zu machen. Die Begeisterung der Betreiber für ihre Arbeit teilt sich sofort durch die angenehme Atmosphäre mit. *Infos: Di–Sa 17–23 Uhr | Schleswiger Str. 11 | Bremerhaven | Tel. +49 471 50 43 35 66 | saschasleuchtfeuer.de | €€*

7 Motato

In diesem Restaurant dreht sich alles um die Kartoffel. Aber ihr müsst jetzt nicht glauben, dass die Auswahl dadurch klein wäre: Die Palette an kreativen Ideen für Gerichte ist schier unendlich. Fast Food einmal anders und vor allem von guter Qualität. Besonders freundlicher, unkomplizierter Service und ausnehmend leckeres Essen, dazu wirklich günstig. Auch mit vegetarischen und veganen Positionen. *Infos: Mo–Sa 12–14.30 u. 17–20 Uhr | Langener Landstr. 270 | Bremerhaven | Tel. +49 471 48 17 78 71 | motato.de | €–€€*

8 Grete´s – Café am Kai

Hier wird noch selbst gebacken. Kaffee und Kuchen sind klasse, die Aussicht auf die Schiffe im Hafenbecken komplettiert den guten Eindruck. Wer etwas Herzhaftes braucht, wird auch versorgt, vor allem mit frisch zubereiteten vegetarischen und veganen Burgern, die keinen Wunsch offenlassen. *Infos: Di–So 12–18 Uhr | Fischkai 57 | Bremerhaven | Tel. +49 471 6 21 13 | fischkai57.chayns.net/Gretes*

EINKAUFEN

9 Mein Outlet & Shopping-Center

Was alles in diesen Neuen Hafen passt: die besten Museen, viele Lokale und auch noch ein sehr geschmackvoll aufgemachtes Outlet-Einkaufszentrum. Kürzlich umbenannt und umgestaltet, hat das Center noch nicht alle Lokale vermietet. Trotzdem ein gutes Shoppingerlebnis, auch wenn es mehr kleine, schicke Mall als Outlet ist. *Infos:* Mo-Sa 10-19, So 9-18 Uhr | Am Längengrad 12 | Bremerhaven | Tel. +49 471 92 69 07 90 | mein-outlet-shopping.de

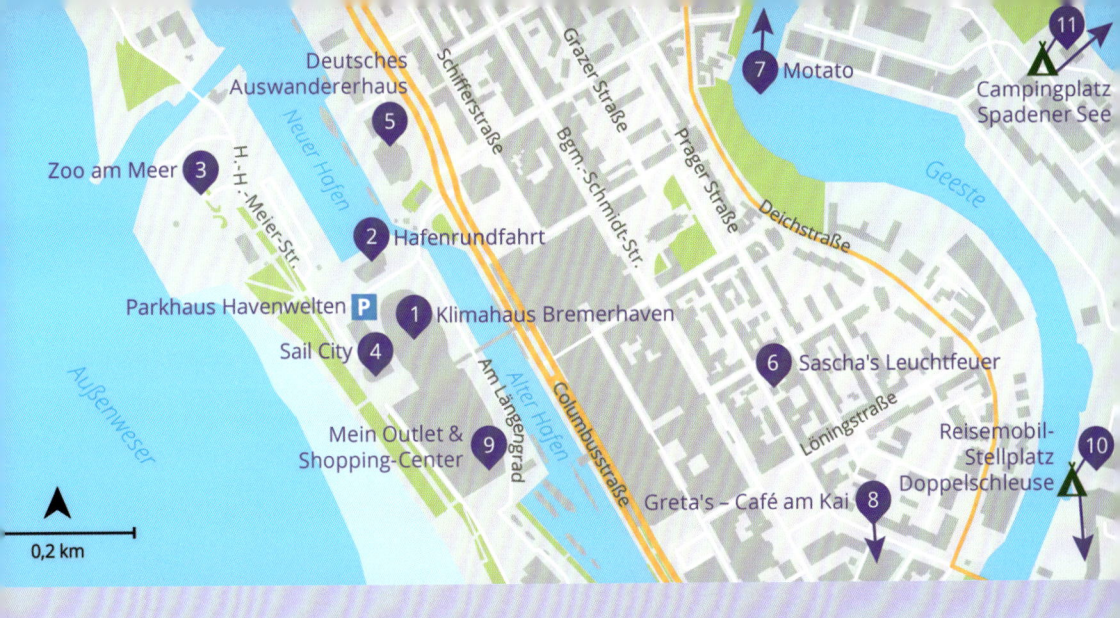

STELL- & CAMPINGPLÄTZE

10 Mittendrin an der Schleuse

Vor allem die Lage macht den Unterschied: Nur etwa 1 km bis zum Klimahaus und den anderen Höhepunkten des Neuen Hafens. Von der Doppelschleuse schaut ihr hinüber aufs andere Weserufer im niedersächsischen Nordenham. Die Abfertigung ist unkompliziert, denn man zahlt seinen Stellplatz einfach per Kabel am Automaten. Nicht überall gibt es Stromsäulen, die sanitären Anlagen sind nur tagsüber geöffnet und die Schleuse ist nicht mucksmäuschenstill.

Reisemobil-Stellplatz Doppelschleuse 🐾👶❄️

€ | An der Neuen Schleuse 15 | Bremerhaven
Tel. +49 471 80 93 61 51

GPS: 53.532111, 8.576553
▸ *Größe:* 63 Stellplätze
▸ *Ausstattung:* Brötchenservice, Platzwart

11 Ganz entspannt am Badestrand übernachten

Großer Campingplatz 8 km vom Neuen Hafen mit allen Bremerhavener Highlights. Der Platz ist in „Minidörfer" aufgeteilt, was ihn übersichtlich macht. Wenn möglich, schnappt euch einen Stellplatz nahe dem Spadener See. Zum Camping gehört auch ein eigener Badestrand am See, auf dem ihr sogar Wasserski fahren könnt. Trotz der Größe ist es hier ruhig und entspannt, die Stellplätze sind großzügig angelegt.

Campingplatz Spadener See 🐾👶❄️

€€ | Seeweg 2 | Schiffdorf
Tel. +49 471 30 83 64 56 | campingplatz-spadener-see.de
GPS: 53.574657, 8.648302

▸ *Größe:* 330 Stellplätze
▸ *Ausstattung:* Spielplatz, Strand, Gaststätte, Waschraum mit Babywanne, Wassersport, Aufenthaltsraum, Brötchenservice, Waschmaschinen, Trockner

Spot 8

Bremen
Die relaxte Hansestadt

Ob Stadtmusikanten, Roland, Werder oder die Weser – diese Stadt hat ein sehr starkes Profil und ist trotzdem nicht gerade überlaufen von Touristen. Dabei gibt es nahe dem Zentrum einige außergewöhnlich reizvolle Viertel – von historisch bis modern. Und ganz besonders rund um den Fluss ist alles im Fluss: Er ist der Protagonist in dieser stolzen, entspannten und liebenswerten Hansestadt. Nicht nur, weil die Fußballarena auch direkt über der Weser thront.

P *Am Ostertorsteinweg findet sich meist ein Plätzchen am Straßenrand. Für die Altstadt liegt das Breparkhaus Pressehaus sehr günstig (Langenstr. 31, GPS: 53.076805, 8.804736 | Bremen | brepark.de)).*

KILOMETER NULL

In der Hansestadt Bremen führen alle Wege zum Marktplatz.

Von Wilhelmshaven nach Hamburg

AKTIVITÄTEN & SIGHTSEEING

1 Multikulti im In-Viertel erleben

Eingeweihte nennen es nur „das Viertel" – das **Ostertor** hat alles, was das Leben in einer weltoffenen und modernen Großstadt lebenswert macht: einen alternativen Touch, eine bunte Szene, Künstler und Lebenskünstler, Hippies, Hipster und viel Kultur. Rund um den **Ostertorsteinweg** versüßen euch unzählige Imbisse, Bistros, Restaurants und Cafés mit Spezialitäten aller Kontinente das Bummelerlebnis. Schaut euch auch Nebenstraßen wie etwa die **Weberstraße** an und entdeckt dort hübsche Wohnhäuser mit Gärtchen, Cafés, unzählige Fahrräder, Graffitiwände und kleine Kultureinrichtungen.

2 Durch die urigsten Gassen der Stadt bummeln

Nah am Weserufer liegt der **Schnoor** (plattdeutsch für „Schnur"), dieser herrliche Ministadtteil mit schmucken Mittelaltergässchen, Dutzenden Lokalen und Boutiquen. Alle Abriss- und Neubaupläne wurden erfolgreich verhindert, sodass sich das ganze Ensemble seinen Charme fast komplett erhalten konnte. Besonders reizvoll: die Straße Schnoor, nach der das Viertel benannt ist.

Insider-Tipp
Auf eine Kugel zu Super-Mario
Gönnt euch ein fantastisches *gelato auf die Hand* im **Mini-Eiscafé Mario** (Stavendamm 11 | Bremen).

3 Foto mit Stadtmusikanten knipsen

Vor dem schlappe 600 Jahre alten Bremer **Rathaus** schiebt die legendäre **Rolandstatue** Wache, während gegenüber die **Bürgerschaft,** das Landesparlament des winzigen Bundeslandes, tagt. Unübersehbar dazwischen die mächtige Fassade des romanischen Doms **St. Petri.** Und dann gibt's ja noch die Bremer Stadtmusikanten. Der Bildhauer Gerhard Marcks gab 1953 seiner Bronzeplastik eher bescheidene Dimensionen: Fast gedrängt an die Rathauswand stapelt sich das Quartett am Schoppensteel 1 übereinander. Trotzdem will jeder ein Foto machen und den Esel streicheln. Das soll Glück bringen.

4 Durchatmen im Grünstreifen am Stadtgraben

Sehr entspannend ist die alte Bremer Stadtbefestigung aus dem 17. Jh., **Wallanlagen** genannt, angeschmiegt an den sich schlängelnden Stadtgraben. Auf der anderen Seite liegt das Zentrum mit Rathaus, Roland und Stadtmusikanten. In den Wallanlagen gibt's Denkmäler, Skulpturen (u. a. die riesige Steinhäuservase), das gute Restaurant **Kaffeemühle** *(Am Wall 212 | muehlebremen.de)* und ein extra als hübsches Fotomotiv angelegtes Blumenfeld.

5 Dem Werdercharme erliegen

Lächerliche 2 km von der Stadtmitte entfernt liegt das berühmte **Weserstadion** superidyllisch am Fluss. Der riesige Parkplatz macht's noch praktischer. Ihr könnt an der Arena entlanglaufen, das **Wuseum**

Spot 8 · Bremen

(kleines Museum mit viel Werdernostalgie) und den **Fanartikelladen** besuchen. Der grüne Uferweg eignet sich auch für einen ausgedehnten Spaziergang ins Zentrum. *Infos:* Do, Fr 14–17, Sa 12–15 Uhr | Franz-Böhmert-Str. 1 | Bremen | werder.de

6 Im Muschel-Ufo experimentieren

Allein das komplett abgefahrene Gebäude des **Science Center Universum Bremen** ist die Anreise wert: Je nach Perspektive sieht das Wissenschaftsmuseum aus wie eine gigantische Muschel, ein Wal oder ein Ufo. In der Ausstellung darf man anfassen und experimentieren, Kinder und Erwachsene sind begeistert. *Infos:* Di–Fr 9–17, Sa, So 10–18 Uhr | 16 € | Wiener Str. 1A | Bremen | universum-bremen.de

7 Den Spieltrieb rauslassen im Mystery House

Während die Uhr herunterickt, müsst ihr im **Escape Room** Aufgaben lösen – z. B. aus dem Gefängnis ausbrechen oder eine Bombe entschärfen. Das Ganze wird gut erklärt und sehr realistisch dargestellt. *Infos:* Mo–Fr 13–22, Sa, So 10–22 Uhr | z. B. Bombenentschärfung für 2 Pers. 56 € | Im Hollergrund 3 | Bremen | mystery-house.de/bremen

8 In Worpswede Künstlern über die Schulter schauen

Im 30 km entfernten Künstlerdorf lässt's sich schön flanieren zwischen alten Villen, Museen, Cafés und Restaurants. Der Landschaftsmaler Otto Modersohn, dessen Frau Paula Modersohn-Becker noch berühmter wurde als er, gründete die **Künstlerkolonie** Ende des 19. Jhs. Aber nicht alles hier ist Rückblick – es gibt auch eine Menge Ausstellungen und Workshops mit brandneuer Kunst. *Infos:* Dauerausstellung Große Kunstschau | tgl. 10–18 Uhr | 8 € | Lindenallee 5 | Worpswede | worpswede-museen.de

9 Auf der Maritimen Meile in Vegesack schlendern

Schön ist in diesem Stadtteil die Weserpromenade mit dem Stadtgarten und ein paar historischen Schiffen. Auch ein Spaziergang im Vegesacker **Hafen** rund um Rohrstraße und Alte Hafenstraße ist lohnenswert. Mitten aus dem Ortskern geht eine Fähre hinüber nach **Lemwerder** mit seiner großen Werft.

REGENTAG – UND NUN?

10 Naturkunde aktuell

Der Klassiker unter den Bremer Museen hält auch nach Jahren noch sein Niveau – weil er mit der Zeit geht. Das **Übersee-Museum** beleuchtet im altehrwürdigen Gebäude auch drängende Probleme unserer Zivilisation wie den Umweltschutz. Die ständige Ausstellung konzentriert sich auf Amerika, Asien, Afrika und Ozeanien, Sonderschauen ergänzen das Angebot. So konnten Besucher zuletzt ein virtuelles Riff hautnah erleben. *Infos:* Di–Fr 9–18, Sa, So 10–18 Uhr | 7,50 € | Bahnhofsplatz 13 | Bremen | uebersee-museum.de

Von Wilhelmshaven nach Hamburg

ESSEN & TRINKEN

11 Jan Tabac
Krönender Abschluss nach einem Spaziergang durch Vegesack. Abends genießt man entspannt die edle Auswahl an Whiskys und Weinen. Die kreativen und hochwertigen Menüs sind jeden Cent wert. *Infos:* Di–Sa 18–23 Uhr | Weserstr. 93 | Bremen-Vegesack | Tel. +49 421 69 89 11 30 | jan-tabac.de | €€–€€€

12 Vengo die Gemüseküche
Im freundlichen Veggierestaurant lasst ihr das bunte Treiben am Ostertorsteinweg vorüberziehen, während ihr Spezialitäten aus aller Welt genießt. Besonders lecker: indische Currys und frisch gepresste Säfte. *Infos:* Mo–Sa 11–22 Uhr | Ostertorsteinweg 91 | Bremen | Tel. +49 421 98 78 52 43 | vengo-bremen.de | €–€€

13 Tandour
Tausendmal mehr als ein Imbiss: seit Jahren eine Bremer Institution. Fast alle Einheimischen werden euch versichern, dass der tamilische Betreiber die besten Rollos der Stadt macht – gerollte Fladenbrote mit Hähnchen-, Schweinefleisch-, Falafelfüllung. *Infos:* Tgl. 11–5 Uhr | Sielwall 5 | Bremen | Tel. +49 421 70 27 50 | €

Insider-Tipp
Feuer frei im Rollo!
Probiert unbedingt die scharfe Sauce: richtig schön „hot"!

14 Kalles im Viertel
Die Betreiber des Minicafés, das die selbst gerösteten Bohnen auch in der Tüte verkauft, nehmen ihren Job so ernst, dass das Verhältnis von Milch zu Kaffee mit einer Waage abgemessen wird. *Infos:* Mi–Sa 11–17 Uhr | Weberstr. 5 | Bremen | Tel. +49 1520 9 11 49 12 | kalleskaffee.de | €€

EINKAUFEN

15 Waterfront Bremen
Nördlich des Zentrums, wo langsam die Industrieanlagen des Hafens begin-

FÜR GENIESSER

Kalles im Ostertorviertel: zwei Hocker, ein winziger Innenraum und Weltklassekaffee.

Spot 8 · Bremen

nen, wurde vor über zehn Jahren ein hypermodernes Einkaufszentrum direkt ans Weserufer gebaut. Hier findet ihr so ziemlich alle gängigen Mode-, Schmuck- und Schuhmarken sowie einen Haufen anderer Geschäfte und Boutiquen. Auch ein Foodcourt mit den üblichen, aber auch einigen ortstypischen Imbissen ist vorhanden. Wenn schon Shoppingmall, dann macht's hier auf jeden Fall Spaß. *Infos:* Mo–Fr 10–20 Uhr | AG-Weser-Str. 3 | Bremen | waterfront-bremen.de

16 Kauf Dich Glücklich Bremen

Der Gegensatz zum Einkaufszentrum: In dieser liebevoll gestalteten und mit viel Kreativität und Herzblut eingerichteten Boutique im Ostertorviertel (es gibt noch einige weitere Filialen) könnt ihr nach Herzenslust stöbern und auf Schatzsuche gehen. Die Klamotten, die hier angeboten werden, könnte man als Szeneschick bezeichnen. Auch für Männer ist einiges dabei. Und ein kleines Café im Laden gibt's auch – für den Espressokick zwischendurch. *Infos:* Mo–Sa 10.30–20 Uhr | Ostertorsteinweg 25 | Bremen | kaufdichgluecklich-shop.de/bremen

AUSGEHEN & FEIERN

17 Perlen & Primaten Bar

Und noch einmal muss das In-Viertel Ostertor erwähnt werden. Wo sonst kann man besser in entspannter Atmosphäre unbeschwert in die Bremer Nacht hineinfeiern? Auf der Karte dieser echten Cocktailbar findest du eine gute Mischung aus klassischen Drinks und kreativen Neuschöpfungen. Die Fachkräfte hinterm Tresen wissen ganz genau, wie gemixt werden muss, und versprühen gleichzeitig gute Laune. *Infos:* Mo–Sa ab 19 Uhr | Ostertorsteinweg 83 | Bremen | perlenundprimaten.de

18 Aladin Music Hall

Gut 8 km vom Zentrum entfernt gibt es beim Clubklassiker gleich zwei Einrichtungen unter einem Dach: Im **Aladin** brin-

FÜR IMMER GRÜN-WEISS

Fußballfans parken ihre Womos gern am Flussufer nahe dem Weserstadion.

gen Rockkonzerte die Wände und Fußböden zum Vibrieren, sogar Iron Maiden hat hier schon gespielt. Und im **Tivoli** gibt es Diskfoabende, Mottopartys und ein Restaurant. Erfrischend auch hier der eher rockige Tanzsound entgegen dem allgemeinen Trend zu House Music. *Infos: I. d. R. Fr, Sa ab 21 Uhr | Hannoversche Str. 11 | Bremen | aladin-bremen.de*

STELL- & CAMPINGPLÄTZE

19 Der bequeme Citystellplatz

Eigentlich nur ein einfacher Stellplatz, aber einer der besten. Vom Zentrum aus auf dem anderen Flussufer, aber nicht weit vom Schuss, fast gegenüber dem Ostertor. Dazu ist es ruhig, rundum viel Grün und in Spazierentfernung einen Sandstrand sowie die Sielwallfähre, die dich über die Weser bringt. Über die Autobrücke sind es nur 2 km in die Stadtmitte. Der Platz ist mit vielen Bäumen angenehm und bietet Stromanschlüsse gegen Münzeinwurf. Ein Sanitärhäuschen samt Duschen (gegen einen kleinen Aufpreis) ist auch vorhanden.

Reisemobil-Stellplatz am Kuhhirten

€ | Kuhhirtenweg | Bremen
Tel. +49 173 9 85 00 92 | stellplatz-bremen.de
GPS: 53.065156, 8.818856

▶ **Größe:** ca. 50 Stellplätze
▶ **Ausstattung:** Strom, Duschen

20 Stadtnah, aber in wilder Natur

Gut 15 km nordöstlich vom Herzen der Innenstadt, direkt an der Grenze zu Niedersachsen und ganz wunderbar im Grünen – ein Arm des Flusses Wümme fließt direkt vor der Haustür. Lauf- und Radwege gibt es in der Umgebung en masse. Hier genießen viele Dauercamper ihr Leben, aber auch für eine Nacht heißen dich die freundlichen Besitzer willkommen. Saubere Sanitäranlagen und eine ideale Poleposition für die Weiterfahrt nach Bremervörde und Cuxhaven. Das Künstlerdorf Worpswede ist auch ganz in der Nähe.

Campingplatz am Hexenberg

€ | Am Hexenberg 2 | Bremen
Tel. +49 421 27 37 31
GPS: 53.125833, 8.981117

▶ **Größe:** 20 Stellplätze
▶ **Ausstattung:** Grillplatz

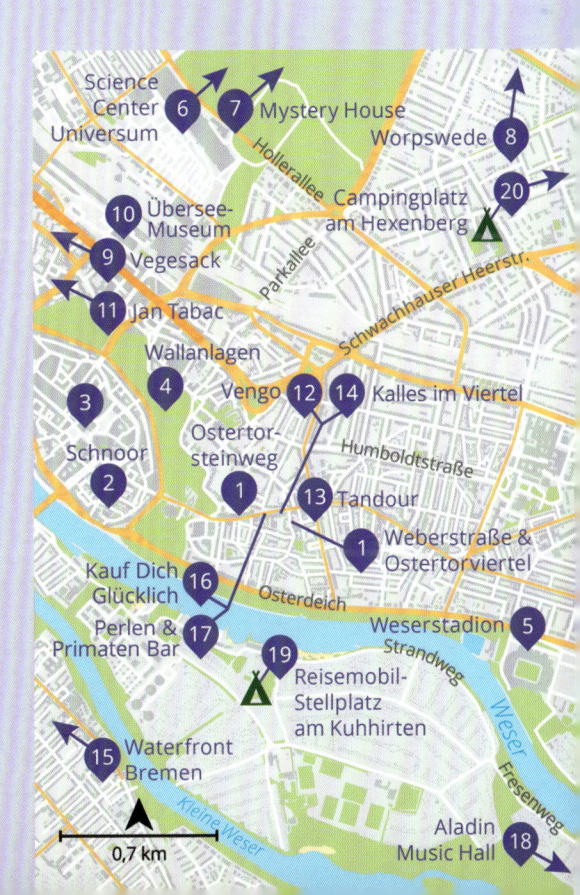

Spot 9

Cuxhaven
Weitblick, Watt und Wanderungen

Von hier will man vor allem weg! Aber nicht, weil es in Cuxhaven schlecht wäre, sondern einfach nur, weil es so viele tolle Ausflugsziele gibt: die äußerste Landzunge an der Elbmündung, die Insel Neuwerk und – noch viel weiter weg – Deutschlands einzige Hochseeinsel, das felsige und wunderschöne Helgoland. Aber auch die Cuxhavener Luft solltet ihr schnuppern, etwa im alten Fischereihafen, der sich langsam zu einer Art Gastromeile entwickelt. Oder an der Alten Liebe, einem ehemaligen Pier mit Meerespanorama zum Durchatmen.

P *Für kürzere Stehzeiten ist der Parkplatz beim Hafen perfekt (Bei der Alten Liebe 13 | Cuxhaven | GPS: 53.871481, 8.708264).*

WATT WAGEN

Noch bevor es Schiffsverbindungen zur Insel Neuwerk gab, fuhr man mit dem Pferdegespann dorthin.

Von Wilhelmshaven nach Hamburg

AKTIVITÄTEN & SIGHTSEEING

1 Von der Alten Liebe ins Weite blicken

An der Kaimauer des Piers Alte Liebe werben die Ausflugsschiffe um Fahrgäste für Inseltrips und Seehundtörns. Von der kleinen **Aussichtsplattform** mit zwei Etagen und Bronzestatue geht der Blick auf die großen Pötte, den Leuchtturm und die weite Nordsee: Da kommt Fernweh auf.

2 Mega-Wattwanderung

Im Sommer marschiert ihr die 10 bis 12 km von Cuxhaven zur kleinen Insel **Neuwerk** in 3 bis 3,5 Stunden. Kurios: Das Eiland gehört mit seinen 30 Einwohnern offiziell zur 120 km entfernten Hansestadt Hamburg. Nur für Sportliche. Zurück geht's per Schiff oder mit dem Pferdewagen. *Infos:* wattwandernneuwerk.de | cuxhaven-neuwerk.de | cassen-eils.de |

3 In Helgoland auf die roten Klippen steigen

Ideal ist Helgoland mit Übernachtung, z. B. mit dem Zelt im Sand auf dem **Campingplatz** *(helgoland.de/uebernachtungsmoeglichkeiten/camping)* des Nachbarinselchens Helgoland-Düne, aber auch Tagesausflüge sind sehr beliebt. Richtig spannend wird's bei einer Wanderung hinauf in den nördlichen Teil der Felseninsel. Vom äußersten Punkt im Nordwesten, Lange Anna, habt ihr den tollsten Blick auf die roten Felsen und das Meer. Herausragend ist auch der gesamte Klippenrandweg, an dem ihr seltene Vogelarten wie Trottellumme, Basstölpel und Eissturmvogel beobachten könnt. *Infos:* Helgolandfähre der Reederei Cassen Eils | Hin- und Rückfahrt pro Pers. ab ca. 60 € | cassen-eils.de *Parken:* Am Fährhafen 4 | Cuxhaven (GPS: 53.875069, 8.699298)

4 Auf der Landzunge zum Ende der Elbe spazieren

Das eigentliche Wahrzeichen Cuxhavens ist die **Kugelbake** auf einem Landzipfelchen oberhalb der Stadt, am absoluten Endpunkt der Elbe. Die Bake ist ein 30 m hohes Seezeichen aus Holz. Allein der Spaziergang auf dem schmalen Landstreifen bis zur Bake ist den Miniausflug wert. Unterwegs gibt es auch einen Strand, einen Hundestrand und eine kleine Festung (Fort Kugelbake).

REGENTAG – UND NUN?

5 Die Faszination eines Orkans erleben

Das **Wrack- und Fischereimuseum Windstärke 10** könnte ein klassisches Museum über die Geschichte der Seefahrt in der Region sein – sicher interessant genug. Wie der Name aber schon verrät, ist hier alles ein wenig spannender aufbereitet mit alten Booten und Schiffsteilen zum Anfassen. Videos und Tonaufnahmen lockern das Erlebnis weiter auf. So haben auch Kinder ihren Spaß, für die es zudem ein Spielzimmer und spezielle Führungen gibt. *Infos:* Mi-So 11–17 Uhr | 9,50 € | Ohlroggestr. 1 | Cuxhaven | windstaerke10.net

Spot 9 · Cuxhaven

ESSEN & TRINKEN

6 Fischereihafen Lloyd's
Im alten Fischereihafen hat sich der industrielle, raue Charme der Gegend erhalten, obwohl schon eine Menge ehemaliger Werksgebäude zu Kneipen und Restaurants umfunktioniert wurden. Im Lloyd's geht es entspannt zu bei einer guten Auswahl hervorragender Fischgerichte. *Infos: Mi–So 11.30–14.15 u. 17–20.30 Uhr | Neufelder Str. 11 | Cuxhaven | Tel. +49 4721 39 90 84 | fischrestaurant-cuxhaven.de | €€*

7 Alte Nordsee-Kantine
Wer es noch unkomplizierter mag, setzt sich in diesen einfachen Fischimbiss im Hafen. Die Besitzerin ist supernett, die Atmosphäre am Nordseekai so authentisch, wie sie nur sein kann, und die Tellergerichte so schlicht wie günstig. Wenn ihr gerade keinen Hunger habt, geht einfach auf einen guten Kaffee vorbei. *Infos: Fr–Mo 10–18 Uhr | Nordseekai 1 | Cuxhaven | alte-nordsee-kantine.9gg.de | €*

8 Die Kiste
Bis tief in die Nacht könnt ihr hier die Abenteuer des Tages Revue passieren lassen – bei ein paar Bierchen oder einem der gekonnt gemixten und bezahlbaren Cocktails. Die Krönung ist das tolle Abendessen, das in ausgelassener Atmosphäre serviert wird. Der ganze Stolz des Ladens sind die Tapasvariationen. Die Lage inmitten der alten Industriegebäude im Hafen rundet das Cuxhavenerlebnis ab. *Infos: Mo–Sa 17–3 Uhr | Kapitän-Alexander-Str. 60 | Cuxhaven | Tel. +49 4721 4 23 70 15 | die-kiste.info | €€*

Insider-Tipp
Live Is Life
An Abenden, an denen Musiker vor Ort spielen, geht die Post ab.

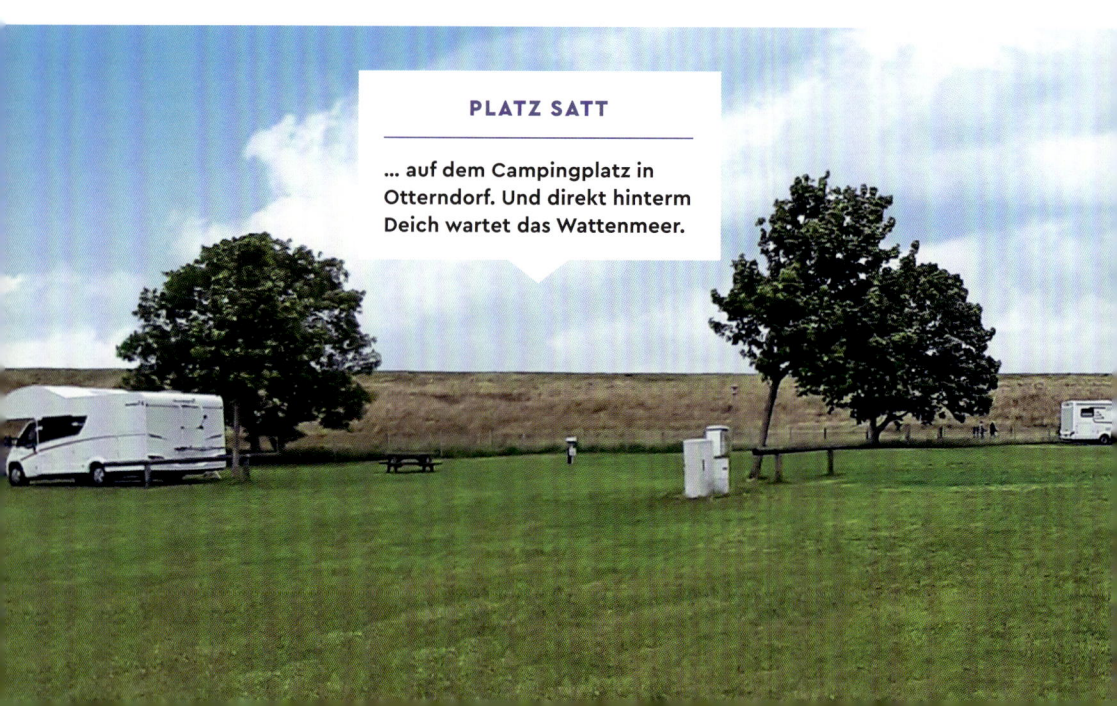

PLATZ SATT
… auf dem Campingplatz in Otterndorf. Und direkt hinterm Deich wartet das Wattenmeer.

Von Wilhelmshaven nach Hamburg

EINKAUFEN

9 Fischmarkt Cuxhaven

Nach Cuxhaven kommen und keinen Fisch kaufen geht gar nicht. Der Fischmarkt läuft nur alle drei Wochen, aber wenn's passt, schlendert durch das muntere Treiben mit Karussell, Musik und Flohmarkt. Und gönnt euch ein frisches Fischbrötchen auf die Hand. *Infos: 3. So im Monat 9–17 Uhr | Alter Fischereihafen | Cuxhaven | fischmarktcuxhaven.de*

STELL- & CAMPINGPLÄTZE

10 Der Alles-inklusive-Platz in Traumlage

Cuxhaven ist voller Campingplätze, die völlig in Ordnung sind, aber sehr städtisch und wenig entspannend. Es lohnt sich also, die 17 km nach Otterndorf zu fahren: Der kommunal geführte Platz ist groß, grün, übersichtlich, mit topmodernen Sanitäranlagen, Teil eines Ferienparks inklusive See und gleichzeitig am Nordseestrand gelegen. Das 4 km entfernte hübsche Otterndorf wartet mit diversen Lokalen auf, darunter das **Medem Grillhaus** *(Facebook: Medemgrillhaus)*, der beste Imbiss weit und breit.

Campingplatz See Achtern Diek Otterndorf

€€ | Am Campingpl. 3 | Otterndorf
Tel. +49 4751 29 33 | campingplatz-otterndorf.de
GPS: 53.825809, 8.877666

▸ **Größe:** 170 Stellplätze
▸ **Ausstattung:** Restaurant, Spielplatz, Wäscheraum, Geschirr-Abwasch, Kochen, Nordsee-Badestrand, Wassersport

11 Im alten Fischereihafen an der Schleuse schlafen

Wenn schon in der Stadt campen, dann unbedingt mitten im historischen Fischereihafen. Es ist nichts weiter als ein einfacher Parkplatz in toller Lage mit Stellplätzen an der sehenswerten Schleuse oder direkt am Wasser.

Wohnmobilparkplatz zur Schleuse

€ | Präsident-Herwig-Str. 21 | Cuxhaven
Tel. +49 4721 20 19 50 | wohnmobilparkplatz-zur-schleuse.de
GPS: 53.866657, 8.709692

▸ **Größe:** 20 Stellplätze
▸ **Ausstattung:** Wasser und Abwasser vorhanden, aber keine WCs, Stromsäulen nicht für jeden Platz (deswegen manchmal etwas Kabelsalat)

NOBEL, NOBEL

Rund um die Binnenalster wird die Millionenstadt Hamburg ganz schick.

Tour D

Weltstadt und Waterkant
Von Hamburg nach Büsum

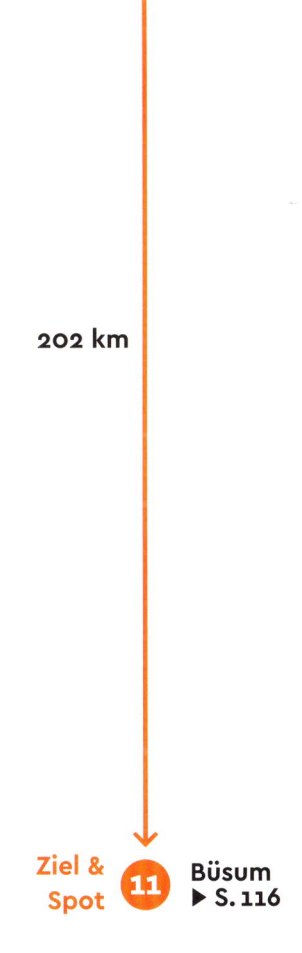

Start & Spot	10	Hamburg ▶ S. 110
202 km		
Ziel & Spot	11	Büsum ▶ S. 116

Nicht erst seit dem Bau von HafenCity und Elbphilharmonie ist Hamburg zum Pflichtstopp auf jeder Reiseroute geworden, die nur halbwegs in der Nähe der Millionenstadt vorbeiführt. Auch mit dem Wohnmobil ist ein Hamburgabenteuer absolut kein Problem. Ganz im Gegenteil: Der Campingplatz am Elbstrand ist ein Erlebnis an sich. Beim Cruisen durch Schleswig-Holstein wird es dann im besten Sinne provinziell: kleine, hübsche Städtchen, die tolle Seehundstation in Friedrichskoog und schließlich Büsum mit seiner schnieken Fußgängerzone und den Topstränden.

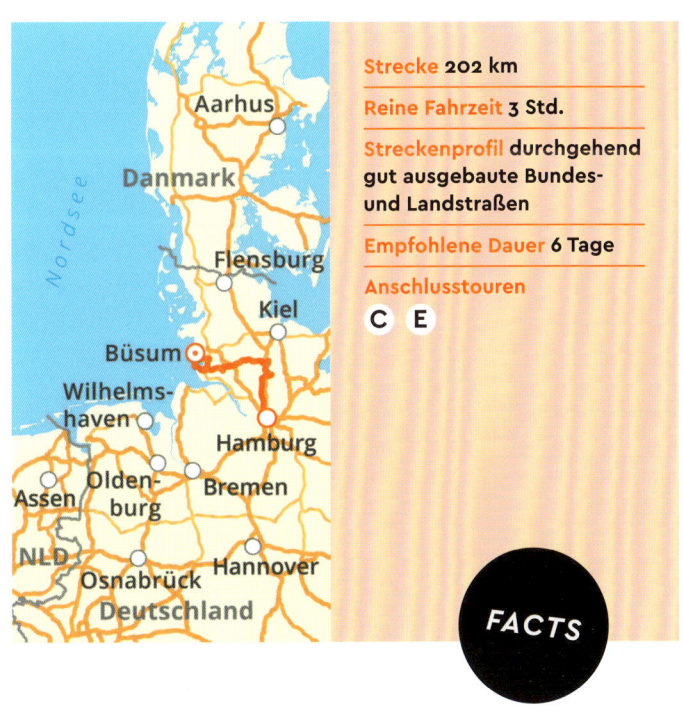

FACTS

Strecke 202 km

Reine Fahrzeit 3 Std.

Streckenprofil durchgehend gut ausgebaute Bundes- und Landstraßen

Empfohlene Dauer 6 Tage

Anschlusstouren
C E

Tour D im Überblick

Tour-Highlights

Zum Date mit geretteten Seehunden in der *Station Friedrichskoog* auftauchen ▶ S. 106

Im Lastenaufzug hinabfahren zum alten *Elbtunnel in St. Pauli* ▶ S. 112

Mit frisch gezapftem Bier am Strand sitzen im *ElbeCamp Hamburg* ▶ S. 115

Auf dem Grasstrand sonnenbaden in *Büsum* ▶ S. 117

D Tourenverlauf

LOS, GEHT'S!

Start & Spot **10** | **Hamburg**
Moin, tschüss und richtig viel dazwischen ▶ S. 110

50 km | Aus dem Zentrum Hamburgs, z. B. aus St. Pauli, nehmt ihr die Ausfallstraße Nr. 4 in nordwestlicher Richtung. Sie verläuft durch Altona, Stellingen und Eidelstedt, verlässt dann das Stadtgebiet der und führt in ländlichere Gegenden. Durch Quickborn und einige weitere Dörfer kommt ihr nach **Bad Bramstedt,** das landschaftlich schön im Holsteiner Auenland liegt und als Moorheilbad anerkannt ist. Über die Bimöhler Straße geht es aus Bad Bramstedt zur Bundesstraße 7 in Richtung Neumünster, dann aber unter der Bundesstraße hindurch ins Dorf **Bimöhlen** und weiter auf der Wieder Straße, die später nur noch Weide heißt, zum ausgeschilderten Wildpark Eekholt.

Wildpark Eekholt

Das mit 67 ha riesige Gelände mit Wäldern, Wiesen und Mooren feierte 2020 sein 50-jähriges Bestehen. Einen Haufen Tiere, von putzig bis Respekt einflößend, könnt ihr hier aus der Nähe betrachten, wobei es sich nicht um einen Zoo handelt, sondern um ein Gelände mit großzügigen Gehegen. Natürlich kann jeder frei herumlaufen und den Park erkunden, aber die mit Herzblut und Engagement durchgeführten Führungen lohnen sich. Über 100 Tierarten sind zu bestaunen, darunter Dachse, Marder, Damwild, Fischotter, Heidschnucken, Mäusebussarde, Schwarzstörche, Seeadler, Waschbären, Rotwild, Wölfe und Zwergesel. Auch das Restaurant **Kiek ut Stuben** auf dem Gelände ist zu empfehlen.

ℹ️ *Tgl. 9–20, Einlass nur bis 18 Uhr | 10 € | Eekholt 1 | Großenaspe | wildpark-eekholt.de*

20 km | Vom Wildpark lenkt ihr euer Gefährt zurück zum Dorf Bimöhlen und auf der Bimöhler Straße über Großenaspe weiter Richtung Neumünster. Später heißt diese Landstraße Neumünsterstraße, passiert beim Dorf Boostedt den Militärstützpunkt TrÜbPl und zielt am Ende direkt ins Zentrum von Neumünster.

Neumünster

Zum Titel Großstadt fehlen dem Ort genau in der Mitte zwischen Nord- und Ostsee knapp 20 000 Einwohner. Und auch touristisch steckt er

Von Hamburg nach Büsum

ein bisschen zwischen Baum und Borke. Dabei liegt er landschaftlich sehr schön eingebettet im Grünen und die Innenstadt ist auch erstaunlich reizvoll. Macht auf jeden Fall einen Zwischenstopp im Zentrum zum Spazierengehen und Shoppen. Am Platz rund um die Straße Großflecken gibt es eine Menge Kaufhäuser und Geschäfte. Von Großflecken geht ihr links am hübschen Teich namens Schwale mit Springbrunnen entlang. Der Fußweg führt in zehn Minuten am Ufer zur Mühlenbrücke und Lütjenstraße, einer kleinen Fußgängerzone mit sehr hübschen, historischen Häusern, teilweise im Fachwerkstil, perfekt für ein Eis auf die Hand oder eine Kaffeepause. Die Lütjenstraße geht dann wieder über in Großflecken und der Kreis ist geschlossen.

P Entlang der Straße Großflecken im Herzen Neumünsters findet sich meist mühelos ein Parkplatz, sonst in einem der zentrumsnahen Parkhäuser.

📷 An der Mühlenbrücke (GPS: 54.070940, 9.984394), wo die Lütjenstraße beginnt, könnt ihr mit Weitwinkel das Ensemble der historischen Fachwerkhäuser im Minizentrum der Stadt besonders gut festhalten. Kaum einer wird euch glauben, dass es in Neumünster so hübsch ist.

SELBSTBEWUSST

Das neugotische Rathaus ist wie ein Ausrufezeichen hinter dem Namen Neumünster.

REISELUST

Wenn der Nistkasten schon Rollen hat, sitzt bestimmt ein Zugvogel drin.

Café Fräulein Frieda
In diesem liebevoll gestalteten Lokal gibt's superkreatives Frühstück, selbst gemachten Süßkram wie Torten und Kuchen sowie ein paar herzhafte Gerichte, darunter einiges für Vegetarier. Eine besonders sympathische Auszeit vom Herumfahren durch Schleswig-Holstein. Auch einige Tisch draußen.

i Mo-Fr 9-18, Sa 9-14 Uhr | Lütjenstr. 7 | Neumünster | Tel. +49 4321 9 64 88 94 | Facebook: Fräulein Frieda | €€

McArthurGlen Designer Outlet Neumünster
Im Shoppingparadies am Stadtrand findet ihr hier eine Menge der derzeit angesagtesten internationalen Designermarken. Nicht alles ist günstiger als üblich, aber es lassen sich doch immer ein paar echte Schnäppchen entdecken: von Klamotten über Haushaltswaren bis hin zu Uhren. Das Gelände mit überdachtem Parkplatz ist angelegt wie ein kleines Dorf, sodass man fast vergisst, dass man im Einkaufszentrum steht, und sich eher wie in einer Filmkulisse vorkommt. Verschiedene Imbisse und Cafés erwarten euch natürlich auch vor Ort, denn ihr sollt ja möglichst lang bleiben!

i Mo-Do 10-20, Fr, Sa 9-21, So 12-17 Uhr | Oderstr. 10 | Neumünster | mcarthurglen.com

Von Hamburg nach Büsum **D**

Familien-Campingplatz Forellensee
Zur Nordsee ist es zu weit, aber wenn es euch nach Neumünster verschlägt und ihr nicht mehr so weit fahren wollt, dann ist dieser Platz eine einwandfreie Zwischenstation. Direkt am Stadtrand im Grünen gelegen, sehr gepflegt und kinderfreundlich, macht er definitiv gute Laune. Eigener Zugang zu einem kleinen See. Flexible Rezeption: Im Gegensatz zu vielen anderen Campings kann man hier auch ohne Weiteres noch spät anreisen.

i Humboldredder 5 | Padenstedt | Tel. +49 4321 8 26 97 | familien-campingplatz.de | 210 Stellplätze mit Vollversorgung | ganzjährig

55 km Aus Neumünster verläuft die Straße 430 immer nach Westen über Hohenwestedt und Schenefeld bis zur B23, die ihr aber nur kreuzt und dann weiter fahrt auf lokalen Straßen durch **Wacken** (wo jedes Jahr im August das berühmte Heavy-Metal-Festival dröhnt) bis Burg (Dithmarschen).

Burg (Dithmarschen)

Das kleine Städtchen inmitten der landschaftlich schönen Region Dithmarschen, die bis an die Nordsee nach Büsum reicht, ist ein sympathischer, ruhiger Luftkurort ohne spektakuläre Highlights.

Waldmuseum
Vorbeischauen solltet ihr in der sehenswerten Ausstellung über die heimische Pflanzen- und Tierwelt nordwestlich des Ortskerns. Ein weiteres Ass im Ärmel ist die Lage des Museums in einem 21 m hohen Aussichtsturm, der wiederum auf einem 66 m hohen Hügel steht, dem **Wulfsboom.** Bei gutem Wetter wandert der Blick von hier bis zur rund 20 km entfernten Elbmündung hinter Brunsbüttel oder auch zur Nordsee bei Büsum. Zur Freude der Kids, die bei all den Tierdarstellungen und dem Panorama sowieso schon viel Spaß haben, liegt nebenan ein toller **Waldspielplatz**. Ein paar schöne Spazierwege im Wald rund um den Turm locken zum Füßevertreten.

i Waldmuseum | Karfreitag–Okt. Di–So 11–17 Uhr | Waldstr. 141 | Burg (Dithmarschen) | burger-waldmuseum.de

Burger Fährhaus
Ein wunderschöner Ort für eine gemütliche Pause mit frischer Luft und leckerem Essen. Das Fährhaus mit Hotel und Restaurant liegt direkt am

D Tourenverlauf

Ufer des nicht nur für Schleswig-Holstein so wichtigen Nord-Ostsee-Kanals. Auf der großen Terrasse mit Ausblick ist es besonders herrlich. Die nächsten Brücken über den Kanal sind einige Kilometer entfernt, sodass hier bis heute eine kleine Fähre verkehrt. Klassische, bürgerliche Küche mit frischen, regionalen Zutaten, die Karte richtet sich nach der Saison. Torten und Kuchen werden täglich gebacken.

Mo–Do 15–22, Fr–So 12–22 Uhr | Hafenstr. 48 | Burg (Dithmarschen) | Tel. +49 4825 24 17 | burger-faehrhaus.de | €€

29 km | Weiter geht es über St. Michaelisdonn nach Westen, bis ihr schließlich in Friedrichskoog endlich wieder die Nordseeküste erreicht.

Friedrichskoog

Die kleine Halbinsel rund um Friedrichskoog ist vor allem für ihre hervorragende **Seehundstation** bekannt. Seit nun schon bald 40 Jahren tun Tierschützer hier ein gutes Werk und päppeln Robben wieder auf, die aus verschiedensten Gründen gerettet werden mussten. Eine Win-win-Situation, denn so können die Zuschauer den sympathischen Klopsen ganz nah kommen und sie nach Herzenslust beim Faulenzen, Schwimmen oder Fressen beobachten. Zuletzt wurde die kleine Anlage ein wenig umgebaut und modernisiert, daher war zwischenzeitlich der Eintritt frei. Die neuen Eintrittspreise standen bei Drucklegung noch nicht fest. Ganz an der Landspitze von Friedrichskoog, ca. 3 km von der Seehundstation, gibt's noch einen sehr empfehlenswerten **Badestrand,** vor und nach der Ebbe ein perfekter Zugang für einen kleinen Wattspaziergang auf eigene Faust. Ein paar Stellen zum Sauberspritzen der Füße und Beine sind vorhanden.

Seehundstation: Di–So 10–18 Uhr | Eintritt s. Homepage | An der Seeschleuse 4 | Friedrichskoog | seehundstation-friedrichskoog.de | Badestrand: Strandweg, Friedrichskoog

P *Großer Parkplatz direkt beim Badestrand (GPS: 54.029948, 8.838125).*

Insider-Tipp
Watt'n Wauwau

Auch Hunde darf man in Friedrichskoog ganz ausdrücklich und ohne Weiteres ein Stückchen mit ins Watt nehmen.

Von Hamburg nach Büsum **D**

Seaside 26
An der Spitze der Halbinsel, nahe dem Badestrand, liegt dieses Restaurant gleich hinterm Deich. Auf den ersten Blick haut einen der Klinkerbau nicht gerade um, aber hier lohnt eine Mittagspause zu 100 Prozent. Die Küche zaubert immer wieder liebevoll angerichtete Speisen – klassische Gerichte mit kreativem Touch – auf den Teller, der Service ist ausnehmend freundlich und besonders auf der Sonnenterrasse sitzt es sich ganz prima. Ob Steaks, Fischteller oder vegetarische Süßkartoffel-Stripes – alles ist eine gute Wahl. Auch für einen Tee oder Kaffee zwischendurch oder einen Sundowner-Cocktail ein guter Tipp.

Fr–Mi 11–22 Uhr | Buschsand 26 | Friedrichskoog | Tel. +49 4854 90 48 74 | seaside26.de | €€

Camping am Nordseedeich
Klitzekleiner Platz, aber in toller, grüner Lage auf 2000 m² mit saftigen, festen und ebenen Grasflächen für die Stellplätze, umsäumt von Bäumen und in Spazierweite zum Badestrand. Die Preise sind fair, die Anlagen sauber und gepflegt, die Atmosphäre entspannt und ruhig. Unbedingt vorher reservieren oder zumindest anrufen und fragen, denn die Platzanzahl ist sehr überschaubar!

Süderdeich 4 | Friedrichskoog | Tel. +49 04854 9 04 58 19 | camping-am-nordseedeich.de | 12 Stellplätze, keine Chemie-WC-Entsorgung, kein Geschirrspülen

VORAUSSCHAUEND

Die Landschaft bei Friedrichskoog ist so platt, dass man heute schon sieht, wer morgen zu Besuch kommt.

SCHIRMHERRSCHAFT

Auch bei Schietwetter sitzt man im schnuckeligen Meldorf draußen.

| 23 km | Aus Friedrichskoog hinaus fahrt ihr immer der Nase nach die Koogstraße entlang bis zur Straße 5 und auf dieser links bis Meldorf.

Meldorf

Obwohl sich Meldorf gern die „Kulturhauptstadt" der Region **Dithmarschen** nennt, ist das einer dieser Orte, von denen ihr höchstwahrscheinlich noch nie im Leben etwas gehört habt, wenn ihr nicht aus der Gegend seid. Nach einem ausführlichen Spaziergang in der urigen und herausgeputzten Altstadt werdet ihr es aber garantiert nicht bedauern, hier einen kleinen Pit Stop eingelegt zu haben. Vor der mächtigen frühgotischen Kathedrale, auf dem Südermarkt, finden sich meist genügend Parkplätze, sodass man gleich mitten im Ort loslegen kann mit dem Schlendern. Außer dem Dom ist die gesamte Fußgängerzone rund um die Roggenstraße ein paar Schritte wert. Es gibt noch so einige Häuser mit Fachwerk und anderen mittelalterlichen Spuren zu entdecken.

Eiscafé Böthern

Den kleinen Stadtbummel schließt ihr perfekt ab in einer der besten Eisdielen der gesamten Region mit fast 100-jähriger Tradition. Die Bedienung ist sehr nett, das superleckere Eis selbst hergestellt und ohne jegliche Zusatzstoffe. Auch draußen sitzt man angenehm. Für größere

Von Hamburg nach Büsum **D**

Gruppen oder zum Mitnehmen finden sich ganze Eistorten, Eisbomben und Eisplatten auf der Karte.

Tgl. 10–18 Uhr | Süderstr. 14 | Meldorf | Tel. +49 4832 13 51 | eiscafe-boethern.de | €€

Insider-Tipp
Kugeln gegen Intoleranz

Auch bei ihren kreativen Sorten wie z. B. Sanddorn-Joghurt bietet die Eisdiele vegane Optionen für Laktoseintolerante.

Action-Surf-Meldorf – Wohnmobilstellplatz Am Deich
Der etwas andere Stellplatz für Womos und Busse an der Meldorfer Bucht, ein bisschen außerhalb des Städtchens. Die Bucht selbst ist schon einen Abstecher wert für einen kleinen Spaziergang am Meer – der ständig pustende Wind ersetzt euch dabei den Haarstylisten. Kein Wunder, dass dieser Spot besonders angesagt ist bei Surfern. Auch für Stand-up-Paddler ist der Ort wie gemacht. Direkt neben der Badestelle könnt ihr auf dem einfachen, aber großartig gelegenen Parkplatz für 10 € übernachten. Die Sanitärgebäude stehen zwar nur von 9–18 Uhr zur Verfügung und die Versorgung ist eingeschränkt, aber es gibt einen Kiosk mit Imbiss, Kaffee und Kuchen sowie Brötchenservice für die Übernachtungsgäste. Außerdem werden hier Kurse für Kite- und Windsurfing angeboten.

Deichstr. 2 | Meldorf | Tel. +49 179 4 52 00 16 | action-surf-meldorf.de | ca. 40 Stellplätze

25 km Auf der Fahrt nach Büsum lohnt es nicht, die Straße 5 über Heide zu nehmen, das außer „dem größten Marktplatz Deutschlands" – heute hauptsächlich Parkplatz – nicht allzu viel zu bieten hat. Ihr fahrt stattdessen zuerst kurz auf der 431, dann für ca. 200 m auf der Straße 5, um sofort links in den Kirchweg abzubiegen, der euch über Nordermeldorf und Wöhrden zur Straße 203 führt. Diese wiederum bringt euch in westlicher Richtung die letzten Kilometer bis nach Büsum.

Ziel & Spot 11

Büsum
Historisches Städtchen und Strand einmal anders ▶ **S. 116**

Optionaler Anschluss: Tour E

Spot 🔟

Hamburg
Moin, tschüss und richtig viel dazwischen

Hamburg – so etwas gibt es nur einmal auf der Welt: der Hafen mit den riesigen Containern, der Fluss mit den großen Pötten, der Fischmarkt, St. Pauli und die Reeperbahn, die Reichen und Schönen an der Elbchaussee, der Michel, Hotels an der Alster, linksalternative Viertel, Millerntor und Volkspark, Elbphilharmonie, HafenCity und Speicherstadt, „Spiegel", „Stern" und „Zeit" und Hanseaten à la Helmut Schmidt. Diese Stadt ist Abwechslung und Faszination pur.

P *Wer z. B. in Blankenese an der Elbe übernachtet, nimmt lieber Bus und S-Bahn in die Stadt. Für alle, die zentral parken wollen, ist das Parkhaus Michel-Garage (Schaarmarkt, GPS: 53.546272, 9.977825 | Hamburg | sprinkenhof.de/asset-management/parkhäuser) neben der berühmten St.-Michaelis-Kirche nicht schlecht, nur 5 Min. Gehweg zu den Landungsbrücken in St. Pauli.*

LEBEN UND LEBEN LASSEN

… ist die Devise in Hamburgs buntem Schanzenviertel.

Von Hamburg nach Büsum D

AKTIVITÄTEN & SIGHTSEEING

1 Dem Wahrzeichen der Stadt aufs Dach steigen

Vom Eingang der **Elbphilharmonie** fahrt ihr auf einer Rolltreppe ins Innere. Der ums Gebäude führende Balkon bietet Traumblicke auf Hafen und Stadt. In die Säle geht's bei Führungen oder Konzerten mit himmlischer Akustik. Die „Elphi" ist der Star des nagelneuen Stadtteils **HafenCity** mit schicken Bars und Cafés, Promenaden am Wasser, hübschen Plätzen, supermodernen Gebäuden und dem Lohsepark zum Verschnaufen. *Infos: Aussichtsplattform tgl. 10–23 Uhr | Eintritt frei | Platz der Deutschen Einheit 4 | Hamburg | elbphilharmonie.de*

2 In der Speicherstadt über die Kanäle springen

Der älteste Lagerhauskomplex der Welt ist UNESCO-Weltkulturerbe und bildet einen tollen Gegensatz zur modernen HafenCity gleich gegenüber. Im Venedig-Style schlenderst du auf Brückchen über die Kanäle, an denen die Häuser mit historischem Flair stehen, und riechst und siehst förmlich noch die Teppiche, Kaffee- und Teesäcke, die hier einst massenhaft aus aller Welt angeliefert wurden. Mehrere spannende Museen finden sich heute in den alten Mauern, darunter **Spicy's Gewürzmuseum** *(spicys.de)*, **Miniatur Wunderland** (s. S. 112) und das tolle **Internationale Maritime Museum** *(imm-hamburg.de)*. *Infos: Eingang zur Speicherstadt z. B. Kehrwiedersteg*

3 Jungfernstieg und Binnenalster ablaufen

Einige der Tophotels stehen rund um die Binnenalster, diese riesige Wasserpfütze mitten im Herzen der Metropole. Vielleicht läuft euch ja Udo Lindenberg über den Weg, der im **Hotel Atlantic** wohnt. Hier wird gejoggt, spaziert, die Villen bewundert. Und am Jungfernstieg am Südwestufer gibt's das **Alsterhaus** – ein über 100 Jahre altes Kaufhaus mit reicher Geschichte. *Infos: Alsterhaus | Jungfernstieg 16–20 | Hamburg | alsterhaus.de*

4 Im Schanzenviertel alternativ unterwegs

Im Multikulti-Szeneviertel findet ihr neben jung gebliebenen Hippies und entspannten Lebenskünstlern kreative Designerboutiquen und Restaurants aller Art. Frühstück samt Espresso frisch aus der Rösterei gibt's bis zum Nachmittag und Drinks bis in den frühen Morgen. Los geht's am S- und U-Bahnhof **Sternschanze**, am schönsten sind Susannenstraße und Juliusstraße samt Umgebung.

5 Auf der Reeperbahn schlendern

Polizeirevier Davidwache, **Schmidts Tivoli Theater, St. Pauli Theater,** Beatles-Platz, Große Freiheit – das ist die „sündige Meile". Sehr touristisch, auch kitschig, aber das alte Flair ist noch zu greifen.

Insider-Tipp: Unterirdisch gut
Der atmosphärische **Mojo-Club** verbirgt sich an der Reeperbahn 1

Spot 10 · Hamburg

unter dem Straßenniveau. Extra cool: die Livekonzerte (mojo.de)!

6 An den Landungsbrücken Fernweh fühlen

Der Geruch von großer, weiter Welt und Fischbrötchen steigt euch hier in die Nase. Mit Lastenaufzügen geht's hinunter in den alten **St.-Pauli-Elbtunnel** von 1911 und zu Fuß weiter in der historischen Röhre *(bei den St.-Pauli-Landungsbrücken | Hamburg | hamburg.de/alter-elbtunnel)*. Wenn gerade Sonntag ist, schaut westlich der Landungsbrücken beim **Altonaer Fischmarkt** vorbei. Die Marktschreier brüllen hier schon seit über 300 Jahren *(Öffnungszeiten s. Homepage | Große Elbstr. 9 | Hamburg | hamburg.de/fischmarkt)*. Hamburgs berühmteste Kirche, der **Michel** ist von hier gut per Fußmarsch zu erreichen *(St. Michaelis | Englische Planke 1 | Hamburg | st-michaelis.de)*.

7 Über die Elbe schippern

Start ist meist bei den **Landungsbrücken,** aber auch direkt vor der **Elbphilharmonie** ist eine Station. Sparsam, sparsam: Auf die Fähren der Hamburger Verkehrsbetriebe kommt ihr mit den normalen Tickets. Am besten einmal im Zickzackkurs nach Finkenwerder oder Teufelsbrück und wieder retour. Unterwegs seht ihr dann auch das **Stage Theater** im Hafen, das für seine Musicalhits berühmt ist. *Infos: Start bei den Landungsbrücken, Brücke 3 | Hamburg | Tickets und Fahrpläne: Hamburger Verkehrsverbund HVV | hvv.de*

8 Von Blankenese zum Elbstrand flanieren

Die Elbchaussee bringt euch aus dem Zentrum in den schönen Vorort Blankenese – vorbei an prächtigen Villen der Hamburger Millionäre und Promis. Herrlich ist in Blankenese das **Treppenviertel** mit seinen mehr als 5000 Stufe, die hinunter zum Elbufer führen. Hier herrscht entspannte, fast mediterrane Urlaubsstimmung. Unten am Strandweg geht's dann vorbei an Schiffsanleger, Aussichtsplattform und Leuchtturm bis zum Elbstrand.

REGENTAG – UND NUN?

9 Die Welt im Miniatur Wunderland entdecken

Die größte **Modelleisenbahn-Anlage** der Welt ist eines der beliebtesten Museen Deutschlands. Und das nicht nur, weil es in der eindrucksvollen, historischen **Speicherstadt** mit ihren Kanälchen und alten Lagerhäusern liegt. Hier könnt ihr Stunden verbringen, die Ausstellung wechselt immer wieder vom Tag- in den Nachtmodus. Manchmal wird's voll, abends ist es oft luftiger. Die Modelle (Eisenbahnen, aber auch Autos, Menschen, Landschaften aus aller Welt) wurden mit sehr viel Liebe zum Detail und Fingerspitzengefühl gebaut. *Infos: So, Di 7.30–24, Mo, Mi–Sa 7.30–1 Uhr | 20 € | Kehrwieder 2, Block D | Hamburg | miniatur-wunderland.de*

Von Hamburg nach Büsum

10 Elefanten und Eisbären im Privatzoo bestaunen

Der **Tierpark Hagenbeck** ist fast 115 Jahre alt, 19 ha groß und beherbergt zwischen Tropenaquarium, Eismeer, Afrikapanorama und Orang-Utan-Haus mehr als 1850 Tiere. Der Fokus liegt auf Nachhaltigkeit, Umwelt- und Artenschutz. *Infos: Tgl. 9–18 Uhr | 22 € | Lokstedter Grenzstr. 2 | Hamburg | hagenbeck.de*

ESSEN & TRINKEN

11 Milch

Das Portugiesenviertel findet sich bei den Landungsbrücken. Zwischen mediterranen Restaurants versteckt sich dieses tolle Café – mit Kaffee aus selbst gerösteten Bohnen, Milchmix-Cocktails, Panini, Croissants usw. Cool, modern und freundlich eingerichtet. Die Betreiber sind locker drauf. *Infos: Di–Do 9–17, Fr 9–21, Sa 11–17 Uhr | Ditmar-Koel-Str. 22 | Hamburg | Tel. +49 40 20 94 90 35 | €€*

12 Chakra Café

Tagsüber gibt's hier Speisen von deutsch über mexikanisch und indisch bis türkisch. Bis in die Nacht ist's dann eine Kneipe mit Bier und Cocktails. Auch gut: gleich gegenüber das **Café Kostbar** *(Susannenstr. 36)* mit ganztägigem Frühstück. *Infos: So–Mi 10–24, Do 12–24, Fr, Sa 12–2 Uhr | Susannenstr. 11 | Hamburg | Tel. +49 40 43 09 38 17 | €€*

Insider-Tipp: Einfach köftlich! *Hackfleisch als Köfte deluxe im Fladen oder als Burger im Brioche.*

13 Vincent Vegan

Fans von „Pulp Fiction" werden das Wortspiel lieben. Veggie-Fast-Food in der Europa Passage in Spitzenqualität. Nachhaltig mit Geschirr aus Maisstärke statt Plastik. *Infos: Mo–Sa 11–20 Uhr | Ballindamm 40 | Hamburg | Tel. +49 40 76 75 38 52 | vincent-vegan.com | €*

HAFENROMANTIK

Industrieanlagen und Elbphilharmonie ergänzen sich aufs Feinste.

Spot 10 · Hamburg

14 Pho Rice Vietnam Street Food
St. Georg ist Vergnügungsmeile mit Alternativkultur. Wo die Lange Reihe beginnt, die schönste Straße des Viertels, stärkt ihr euch in diesem hervorragenden vietnamesischen Bistro. **Infos:** Mo–Fr 12–22, Sa, So 12–22 Uhr | Kirchenallee 27 | Hamburg | Tel. +49 40 20 96 63 28 | pho rice.de | €–€€

EINKAUFEN

15 Fräulein Wunder
Schöne Boutique für Frauenklamotten. Schmuck und Accessoires werden nebenan im Atelier design und hergestellt: Ohrringe, Armbänder, Ketten, Taschen – alles sehr geschmackvoll und erschwinglich. **Infos:** Mo–Sa 11–20 Uhr | Susannenstr. 13 | Hamburg | Tel. +49 40 36 19 33 29 | fraeuleinwunder-hamburg.de

16 Rockhats
Wenn für dich Hüte und Mützen immer cool und niemals „out" sind, dann ist dies dein Traumladen: tolle Beratung, beeindruckende Auswahl von hip bis klassisch. Nicht ganz billig, aber jeden Euro wert! **Infos:** Mo–Fr 12–19, Sa 11–20 Uhr | Schulterblatt 92 | Hamburg | Tel. +49 40 6 00 98 78 58 | rockhats.de

AUSGEHEN & FEIERN

17 Freundlich + Kompetent
Super entspannt und locker geht's zu in der Location mit den großen Backsteingewölben, den sehr bezahlbaren Bieren und Drinks und dem recht jungen Publikum. Sehr oft mit guter Livemusik, zum Austoben könnt ihr Kicker spielen. **Infos:** Mo–Mi 17–24, Do 17–1, Sa 17–4 Uhr | Hamburger Str. 13 | Hamburg | freundlichundkompetent.de | €–€€

18 Strand Pauli
Gleich neben Landungsbrücken und Fischmarkt wurde extra für euch Sand aufgeschüttet: ein echter Beachclub mit Blick auf Elbe und Hafen, cooler Musik und re-

GESTRANDET

Aus dem ElbeCamp in Blankenese will man so schnell nicht wieder weg.

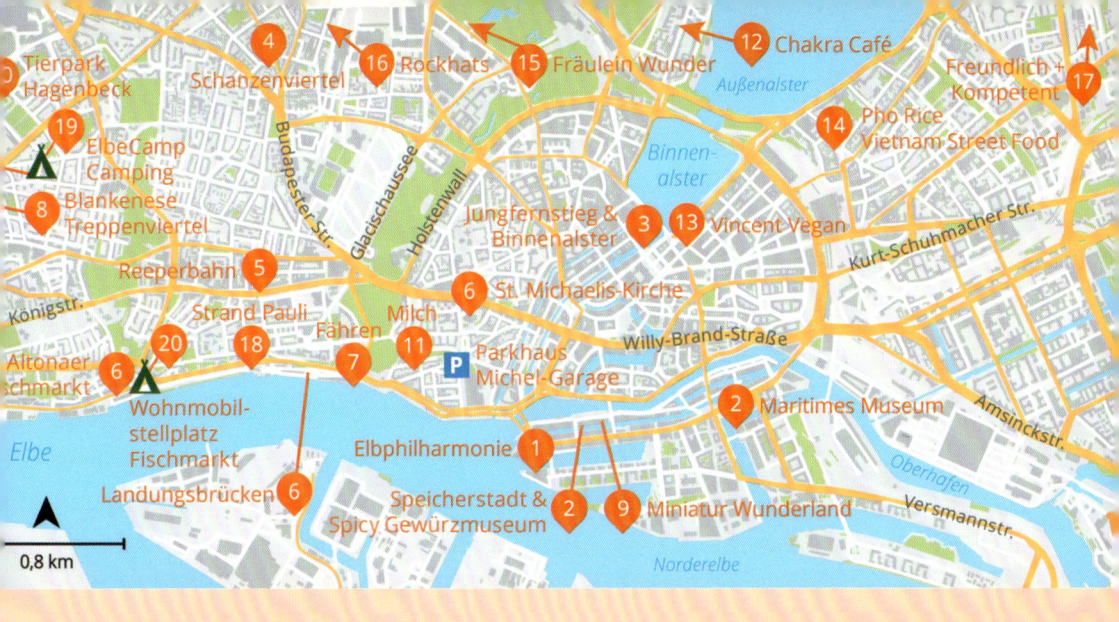

laxter Stimmung. Es gibt auch etwas zu essen. Viele nette Ecken und Winkel, Mischung aus Bedienung und Selfservice an einer der drei Bars. **Infos:** Mo–Fr 12–24, Sa, So 10–24 Uhr | St. Pauli Hafenstr. 89 | Hamburg | Tel. +49 40 22 61 31 05 | strandpauli.de | €€

STELL- & CAMPINGPLÄTZE

19 Strandflair zum Füßehochlegen

Das ist ein außergewöhnliches Hamburgerlebnis: Am Elbstrand im schönen Stadtteil Blankenese erlebt ihr die Weltstadt von ihrer freundlichsten Seite. Hier wird alles sehr locker gehandhabt. Der Campingplatz fungiert gleichzeitig als Strandbar und ihr könnt euch euer frisch Gezapftes auch zum Ufer mitnehmen. Die Sanitäranlagen reißen niemanden vom Hocker, sind aber ausreichend. Auch die Kids sind glücklich dank Sandstrand und schönem Spielplatz. Nichts für Leute, die absolute Ruhe suchen. Immer am Ufer entlang geht's per Fahrrad Richtung City, sonst mit Bus und S-Bahn.

ElbeCamp Camping 🐾😊☀️

€–€€ | *Falkensteiner Ufer 101* | *Hamburg*
Tel. +49 40 81 29 49 | elbecamp.de
GPS: 53.56458, 9.76403

▸ **Größe:** ca. 60 Stellplätze plus 45 Dauercamper
▸ **Ausstattung:** Restaurant, Café, Bar, Spielplatz, Volleyball, Tischtennis, Wäscheraum

20 Der St.-Pauli-Stellplatz mit Hafenblick

Die Lage schlägt hier alles: Mitten in St. Pauli, im Bereich des Fischmarkts, könnt ihr für ca. 15 € in eurem Gefährt nächtigen, in der ersten Reihe sogar mit direktem Blick auf den Hafen. Die Womos stehen recht eng und es ist nichts weiter als ein Parkplatz auf Kopfsteinpflaster, aber für ein oder zwei Nächte im Herzen der Stadt ein Topangebot. Aber aufgepasst: Sonntags ist Fischmarkt, darum kann von Samstagabend bis Montagfrüh hier nicht geparkt werden!

Wohnmobilstellplatz Fischmarkt 🐾😊☀️

€ | *Große Elbstr.* | *Hamburg*
GPS: 53.545364, 9.953152

▸ **Größe:** ca. 50 Stellplätze
▸ **Ausstattung:** öffentliche Toiletten

Spot 11

Büsum
Historisches Städtchen und Strand einmal anders

Neben St. Peter-Ording ist Büsum das Topziel für Nordsee-Strandurlaub auf dem schleswig-holsteinischen Festland. Und für viele ist es wegen der historisch gewachsenen, schnuckeligen Innenstadt samt Fußgängerzone und schönem Museumshafen sogar klar die Nummer eins. Nur Sandstrand-Enthusiasten kommen hier nicht ganz auf ihre Kosten, aber man kann nicht alles haben. Für den Rasenstrand zahlt man übrigens 4 € Kurtaxe als Eintritt. Wer nur die Innenstadt besucht, wird nicht kontrolliert.

P *Das Zentrum ist ziemlich eng und von vielen Einbahnstraßen geprägt. Die perfekte Lösung ist der gebührenfreie Parkplatz P2 (Fischerkai 10 | Büsum | GPS: 54.130814, 8.870209) nur gut einen halben Kilometer von Museumshafen und Fußgängerzone entfernt. Großer, schöner Spielplatz direkt neben dem Parkplatz.*

KURZ GESCHOREN

In Büsum stehen die Körbe auf grünem Gras statt auf Sand.

Von Hamburg nach Büsum

AKTIVITÄTEN & SIGHTSEEING

1 Durch die Innenstadt bummeln

Zur Hauptsaison schlendern die Kurgäste dicht gedrängt durch die Fußgängerzone, die recht schmale **Alleestraße,** die sich vorbei an der St.-Clemens-Kirche, Dutzenden Modegeschäften, gemütlichen Cafés und Restaurants nach unten gen Wasser schlängelt. Sie endet am Südstrand im historischen Hafen.

2 Museumshafen mit Leuchtturm entdecken

Zwischen Fußgängerzone und Hauptstrand stoßt ihr auf das Bilderbuchmotiv Büsums: den kleinen Binnenhafen mit restaurierten, historischen Schiffen und dem über 100-jährigen, rot-weißen **Leuchtturm.** Leider kann man nicht mehr hinaufsteigen. *Infos:* Südstrand 7A | Büsum | museumshafenbuesum.de

3 Am Strand auf der grünen Wiese aalen

Der **Hauptstrand** beginnt gleich hinter dem Museumshafen mit Hunderten von Mietstrandkörben. Aber nicht erschrecken: Der Strand besteht aus gut gepflegtem Rasen statt aus Sand! Ein paar Schritte weiter nach Nordwesten geht's auf die **Perlebucht,** eine kleine Insel samt Lagune. Ein wenig Sand wurde hier aufgeschüttet, ansonsten dominieren Pflastersteine. Mehr Freibad- als Beach-Atmosphäre, aber trotzdem schön. *Infos:* Perlebucht | Nordseestr. 79 | Büsum **Parken:** Einen großen Parkplatz gibt's beim Fußgängerzugang (GPS: 54.132793, 8.843272). Die Kurtaxe wird der Parkgebühr automatisch zugeschlagen.

4 Selbst Hand anlegen in der Phänomania

Technik fasziniert und hinterlässt bleibenden Eindruck, wenn man sie anfassen darf. An vielen Stationen könnt ihr physikalische und chemische Experimente eigenhändig durchführen. Besonders spannend ist es für Familien mit Kindern, aber auch Volljährige lassen hier gern ihren Spieltrieb raus. *Infos:* Meist tgl. 10–16.30 Uhr, Öffnungszeiten können wetterbedingt abweichen | 9,50 € | Dr.-Martin-Bahr-Str. 7 | Büsum | phaenomania-buesum.de

REGENTAG – UND NUN?

5 Wasserspaß für die ganze Familie

Wasserfälle, Rutschen, Wellen – das **Erlebnisbad Piraten Meer** soll im Sommer 2021 frisch renoviert wiedereröffnen und dann in neuem Glanz erstrahlen: heller, moderner und vor allem barrierefrei – mit Eingang vom Südstrand. Dazu ein Wintergarten, den man öffnen kann und als Sahnehäubchen eine Dachterrasse mit Panoramasauna. *Infos:* Öffnungszeiten u. Preise s. Homepage | Südstrand 9 | Büsum | buesum.de/piratenmeer

ESSEN & TRINKEN

6 Ralfs Restaurant
An diesem einfachen Lokal mit Wintergarten kommt ihr nicht vorbei, wenn ihr perfekt gegrillte Steaks und Fischteller mögt. Selbst die Pommes sind etwas Besonderes! **Infos:** Tgl. 16–21 Uhr | Hummergrund 4–6 | Büsum | Tel. +49 4834 85 00 | ralfs-restaurant.de | €€

7 Hafenpick
Es gibt nichts Passenderes für den hübschen Hafen als dieses kleine, aber feine Imbisslokal mit 1-a-Fischgerichten. Die freundliche Bedienung bringt die großen Portionen schnell an die Tische – aber nur bis 18 Uhr! **Infos:** Tgl. 11.30–18 Uhr | Am Hafen 2 | Büsum | Tel. +49 1514 6 54 14 91 | hafenpick.de | €

8 Wiebkes Blaubeerpfannkuchen
Nicht nur jegliche Art von Pfannkuchen, sondern auch die Waffeln schmecken bei Wiebke traumhaft. Einziges Manko: Es kann schon mal Warteschlangen geben. Nehmt das einfach als Zeichen für besonders gute Qualität ... **Infos:** Mi–Mo 11.30–17 Uhr | Hohenzollernstr. 10 | Büsum | Tel. +49 4834 96 01 71 | Facebook: Wiebkes Blaubeerpfannkuchen | €€

EINKAUFEN

9 Zweite Liebe Büsum
In der liebevoll gestalteten Boutique holt ihr euch erst mal einen Mokka von der Espressobar, prüft euren Kontostand und kauft euch dann ein paar Schmuckstücke: egal ob Dekokissen fürs Sofa, Kleid, Rock oder Bluse. **Infos:** Mo–Fr 11–18 Uhr | Bahnhofstr. 29 | Büsum | Tel. +49 4834 9 65 79 99 | zweiteliebe-buesum.de

Insider-Tipp: Denim fürs Gewissen
Hip kann jeder, aber die Marke *Kings of Indigo* (K.O.I.) legt bei Jeans auch Wert auf Nachhaltigkeit.

LAUSCHIG
Campen in Büsum ist ein Vergnügen im Grünen.

STELL- & CAMPINGPLÄTZE

10 Nicht zu groß, zudem grün und modern

Nahe der Strandlagune, direkt hinterm Deich gelegen. Die Sanitäranlagen sind top, das Angebot an Sport, Spiel und Ausflügen breit. Wegen der begrenzten Zahl der hübschen Rasenstellplätze solltet ihr vorher reservieren.

Camping Nordsee 😊🐾☀

€€ | *Dithmarscher Str. 41* | *Büsum*
Tel. +49 4834 9 62 11 70 |
camping-nordsee.de
GPS: 54.137701, 8.843963

▶ **Größe:** *48 Stellplätze*
▶ **Ausstattung:** *Brötchenservice, Küche, Waschraum, Spielplatz, Trampolin, Grillstellen, Tischtennis, Basketball, Minigolf, Reiten, Fahrradtouren, Kitesurfen, Wattwanderungen*

11 Der Goldstandard von Büsum

Gleich neben dem Camping Nordsee, aber deutlich größer. Trotzdem recht ruhig und entspannt. Volle Versorgung, befestigte Wege, großzügige Sanitäreinrichtungen. Ganz in der Nähe gibt's auch einen Hundestrand.

Campingplatz zur Perle 😊🐾☀

€€ | *Dithmarscher Str. 43* | *Büsum*
Tel. +49 4834 9 62 11 80 |
campingplatz-zur-perle.de
GPS: 54.140031, 8.842537

▶ **Größe:** *ca. 240 Stellplätze*
▶ **Ausstattung:** *Brötchenservice, Küche, Waschraum, Spielplatz, Grillstellen, Minigolf, Reiten, Fahrradverleih, Kitesurfen, Wattwanderungen, Volleyball, Streetsoccer, Basketball*

12 Parken in Zentrums- und Strandnähe

Für Sparfüchse und alle, die ganz zentral im Hafen übernachten wollen, wo das Leben pulsiert. Am Platz gibt's einen netten Fischimbiss. Die großzügigen Stellplätze sind teils ein wenig uneben und die Toiletten nur zu den Öffnungszeiten des Imbisses gegen eine Gebühr zu nutzen.

Wohnmobilstellplatz Büsum 🐾😊☀

€ | *Dr.-Martin-Bahr-Str. 5* | *Büsum*
Tel. +49 4834 91 92 |
wohnmobiluebernachtungsplatz.de
GPS: 54.129354, 8.870158

▶ **Größe:** *ca. 120 Stellplätze*
▶ **Ausstattung:** *nur Strom (in der Platzgebühr enthalten)*

ORIENTIERUNGSPUNKT

Die Pellwormer Mühle sieht man praktisch von jedem Fleck der kleinen Insel.

Tour E

Schmucke Städte auf dem Festland
Von Büsum nach Nordstrand

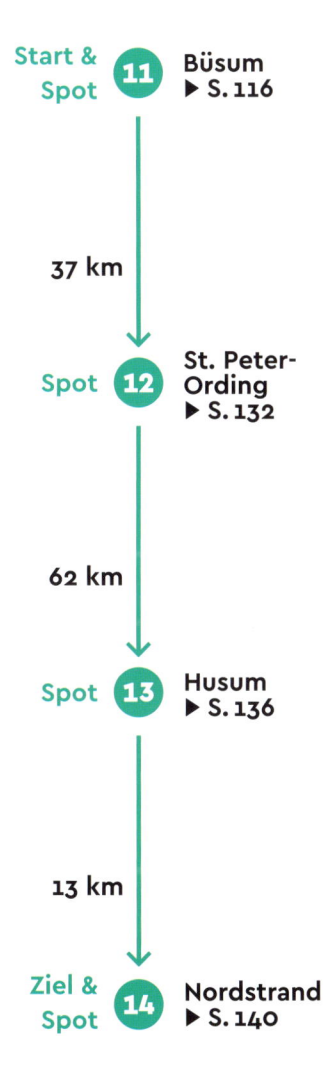

Start & Spot — **11** Büsum ▶ S. 116

37 km

Spot — **12** St. Peter-Ording ▶ S. 132

62 km

Spot — **13** Husum ▶ S. 136

13 km

Ziel & Spot — **14** Nordstrand ▶ S. 140

Es muss nicht immer Insel sein – auf dieser Tour schaukelt statt einer Fähre höchstens mal euer Auto auf den teilweise kleinen, ländlichen Straßen und Chausseen. Von Büsum geht's am gewaltigen Eidersperrwerk vorbei erst einmal in den Urlauber-Hotspot St. Peter-Ording mit Stränden satt. Und dann, um nicht noch mehr Sand in die Schuhe zu bekommen, entdeckt ihr mit Tönning und Friedrichstadt zwei richtig hübsche Kleinstädte, die gute Laune machen. Das Gleiche gilt natürlich doppelt und dreifach auch für Husum.

FACTS

Strecke 112 km

Reine Fahrzeit 2 Std.

Streckenprofil Überwiegend gut ausgebaute Landstraßen, teils kleinere Dorfstraßen. Am Eidersperrwerk evtl. Wartezeit einplanen, wenn die Brücke gerade oben ist.

Empfohlene Dauer 6 Tage

Anschlusstouren
D F

Tour E im Überblick

Naturschutzgebiet Nordfriesisches Wattenmeer

Nordsee

Westerhever
Poppenbüll
Tümlauer Koog
Ording
Tating
Gar

St. Peter-Ording
Seite 132
12
Sankt Peter-Böh

Deutsche Bucht

Nationalpark Schleswig-Holsteinisches Wattenmeer

Büsum
Seite 116
11

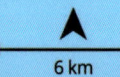

Tour-Highlights

Eis und Kaffee genießen im historischen Hafen von *Tönning* ▶ S. 126

Zwischen romantischen Grachten spazieren in *Friedrichstadt* ▶ S. 128

Zwischen Pfahlbauten laufen auf dem Megastrand in *St. Peter-Ording* ▶ S. 133

Open air die Nacht einläuten in der *Husumer Hafenstraße* ▶ S. 137

Auf Du und Du mit den Schafen beim Radrundweg um *Pellworm* ▶ S. 141

6 km

Nordstrand Seite 140

Husum Seite 136

Friedrichstadt

Tönning

Eider-Sperrwerk

Wesselburen

E Tourenverlauf

LOS, GEHT'S!

Start & Spot **11** **Büsum**
Historisches Städtchen und Strand einmal anders ▶ S. 116

21 km

Den Büsumer Leuchtturm und die schönen Strände lasst ihr jetzt hinter euch. Die Straße 203, die einzige, die aus dem Ort hinausführt, verlasst ihr aber ganz schnell wieder, denn es geht links über die Dörfer Reinsbüttel und Wesselburen zum Eidersperrwerk.

Camping Wesselburenerkoog
Allein der Name macht schon Lust auf diesen Platz, aber er ist auch wirklich schön: Aus Büsum kommend liegt er direkt vor dem Eidersperrwerk: mit freundlicher, fast schon familiärer Atmosphäre, sauberen Anlagen und echt fairen Preisen. Seit 2020 auch mit neuer Campingwiese. Hier könnt ihr buchstäblich Schäfchen zählen zum Einschlafen.

Dammstr. 1 | Wesselburenerkoog | Tel. +49 4833 14 41 | camping-wesselburenerkoog.de | GPS: 54.247437, 8.841520 | ca. 100 Stellplätze

Eidersperrwerk

Es glitzert und glänzt zwar nicht, aber trotzdem ist diese Konstruktion ein Kunstwerk der Ingenieurskunst. Im Städtchen Tönning wird die **Eider** plötzlich ganz breit – es gibt sogar ein kleines, unter Naturschutz stehendes **Eiderwatt.** Dann mündet der Fluss auch schon in die Weite der Nordsee. Das Sperrwerk, Jahrgang 1973, ist der gewaltigste **Küstenschutzbau** Deutschlands und einer der größten in Europa. Legt am besten vor der Überquerung noch eine Pause auf dem kostenlosen Parkplatz auf der Südseite ein und studiert die Infotafeln neben dem Imbisslokal. Einmal in der Woche gibt's Führungen, aber das Sperrwerk lässt sich auch sehr gut auf eigene Faust entdecken. Die fünf Doppeltore wiegen jeweils schlappe 250 t. Alle Boote, die vom Binnenhafen ins Meer wollen, müssen durch eine 25 m lange Schleuse. Autos rollen über die auch nicht eben kleine Klappbrücke, an der ihr in der Regel nie lange warten müsst. Falls die Ampeln doch gerade auf Rot stehen, bestaunt einfach die Schiffe bei der Durchfahrt.

Zugänglich rund um die Uhr | Eintritt frei | spo-eiderstedt.de/poi/eidersperrwerk

📷 *Den besten Ausblick gibt's auf der Südseite des Sperrwerks von der Terrasse beim Aussichtspavillon hinter dem Imbiss. Hier habt ihr Eidermündung, Schleuse und die gesamte riesige Anlage perfekt im Sucher.*

Von Büsum nach Nordstrand **E**

Fischbistro Katinger Watt
Vor und hinter der Schleuse gibt's etwas zu essen – auf die Hand oder zum Hinsetzen. Besonders gut ist es hinter der Schleuse in diesem Fischlokal gleich beim großen Parkplatz auf der Nordseite. Ganz entspannt genießt man auf der Terrasse mit Ausblick: vom Fischbrötchen bis zum Schollenfilet mit allem Drum und Dran. Und nehmt statt Nullachtfünfzehn-Pommes lieber Bratkartoffeln, die sind hier nämlich richtig lecker.

ℹ️ Mi–Mo 10.30–18.30 Uhr | Katinger Watt 1 | Tönning | Tel. +49 4833 4 25 09 96 | *rohr-eidersperrwerk.de* | €–€€

16 km — Auch wenn das Eidersperrwerk schon zur Gemeinde Tönning gehört, fahrt ihr erst einmal immer geradeaus in den wohl bekanntesten Urlaubsort an der schleswig-holsteinischen Nordseeküste – jedenfalls auf dem Festland:

Spot 12 — **St. Peter-Ording**
Riesige Strandinsel und Häuser auf Stelzen ▶ S. 132

20 km — Aus St. Peter-Ording führt die Strecke auf der Straße 202 über das Dorf Garding Richtung Osten. Kurz vor Tönning, nur etwa 2 km rechts

FISCHFUTTER

Am Eidersperrwerk finden auch die Möwen reichlich Beute.

KLEINSTADTCHARME

Im Hafenviertel von Tönning werden sowohl Fischschlemmer als auch Eisschlecker glücklich.

von der Landstraße, verköstigt das rustikale **Restaurant Pernörhof** *(Mi–Mo 17–21 Uhr | Hochbohmer Chaussee 1 | Tönning | Tel. + 49 4861 6 18 75 20 | haubarg-pernoerhof.de | €€)* seit 1779 seine Gäste. Es ist auf Lamm- und Fischgerichte spezialisiert und das auf hohem Niveau und in unschlagbar urigem Ambiente. Im Pernörhof gibt es zudem ein kleines landwirtschaftliches Museum mit Werkzeugen und Geräten von anno dazumal.

Insider-Tipp
Friesische Gemütlichkeit trifft orientalisches Flair

Der Besitzer des Restaurants Pernörhof stammt aus Marokko und mischt der Speisekarte Akzente aus seiner Heimat bei – und das mitten in der Pampa.

8 km Zurück auf der Straße 202 Richtung Tönning nehmt ihr bald den Abzweig rechts in Richtung Stadtzentrum.

Tönning

Von dieser Stadt habt ihr noch nie gehört? Keine Sorge, geht fast allen so – darf aber nicht so bleiben. Der historische Ortskern mit Marktplatz und **St.-Laurentius-Kirche** ist wirklich schnuckelig. Es gibt sogar einen kleinen Schlosspark, an dem ihr auf dem Weg zum **Hafen** vorbeikommt.

Von Büsum nach Nordstrand E

Die Hafenpromenade hat's in sich: Dort sind nicht nur schicke Segelboote und Jachten vertäut, sondern ihr habt eine Menge Cafés, Imbisse und Restaurants zur Auswahl – toller Blick auf historische Schmuckstücke wie das **Packhaus** von 1783, das **Schifferhaus** von 1625 und die ganz aus Holz gebaute **Ziehbrücke.** Einen kleinen Strand hat Tönning natürlich auch am Fluss, sogar mit etwas Sand. Und dann solltet ihr auf jeden Fall noch ins Watt eintauchen – diesmal, ganz ohne euch die Füße schmutzig zu machen.

P *Direkt im Ortskern zwischen Am Markt und Neustraße gibt es einen Parkplatz, von dem aus ihr in wenigen Gehminuten am Schlossgarten vorbei auch den Hafen erreicht.*

Multimar Wattforum Tönning
Die sogenannte Erlebnisausstellung ist ein Traum, ganz besonders für die Kids. Sie besteht aus Spiel- und Mitmachstationen, in denen man viel über den faszinierenden Lebensraum Watt lernt. Tönning hat ja gleich hinter der Stadt sogar ein eigenes kleines Watt am Fluss Eider. Das Highlight des Wattforums ist das mächtige Aquarium mit einer 36 m² großen Panoramascheibe.

Tgl. 10–17 Uhr | 9 € | Dithmarscher Str. 6 | Tönning | multimar-wattforum.de

Café Hafenblick
Es gibt doch nichts Schöneres, als in diesem urigen Café das Hafenleben bei einem Eiskaffee an sich vorbeiziehen zu lassen. Ein paar herzhafte Imbisse wie etwa Krabbensupper sind aber ebenfalls zu haben.

Tgl. 11–21 Uhr | Am Hafen 38 | Tönning | Tel. +49 4861 15 33 | hafenblick.de | €€

Insider-Tipp: Du heiliger Windbeutel!
Nach einem solch riesigen Brandteigkrapfen samt Sahnefüllung bist du satt und kannst dir das Abendessen sparen.

Roter Hahn
Burger der Welt, schaut auf diese Stadt: In diesem Tönninger Lokal gibt es weit und breit die leckersten Brötchen mit Patty drin. Die Schnitzel sind ebenfalls uneingeschränkt zu empfehlen. Dazu kommt die fröhliche, fast schon ausgelassene Atmosphäre einer Kneipe oder Bar – die der Rote Hahn auch ist: Immerhin werden hier viele richtig gelungene Cock-

Tourenverlauf

tails gemixt. Weil es so gut schmeckt und Spaß macht, wird der Laden natürlich schnell voll. Zu Spitzenzeiten müsst ihr also Geduld mitbringen oder rechtzeitig reservieren.

ℹ️ Di 10.30–14, Mi–Fr 10.30–14 u. ab 17, Sa, So ab 17 Uhr | Kattrepel 4 | Tönning | Tel. +49 4861 69 03 83 | roter-hahn-toenning.de | €€

Wohnmobilstellplatz Eiderblick
Nur einen knappen Kilometer vom Zentrum steht ihr im Grünen am Eiderufer und gleich neben dem Meerwasserfreibad (Rabatt ist im Stellplatzpreis inbegriffen). Wenn ihr könnt, schnappt euch unbedingt eine Stelle mit Blick aufs Wasser. Volle Versorgung, die Sanitäranlagen sind sauber. Gleich nebenan serviert das Poseidon einwandfreie griechische Küche. Ihr könnt am Automaten selbst einchecken oder an der Rezeption des nahen Campingplatzes. Sollte dieser Stellplatz voll sein, gibt es in direkter Umgebung weitere.

ℹ️ Am Freizeitpark 1a | Tönning | Tel. +49 4861 61 71 48 | reisemobil-toenning.de | GPS: 54.308826, 8.937380 | 33 Stellplätze

17 km | Auf der Straße 202 führt die Route weiter aus Tönning in Richtung Husum, immer mehr oder weniger an der Eider entlang. Auf der Höhe des Dorfs mit dem schönen Namen Witzwort biegt ihr aber rechts ab, um nach Friedrichstadt zu gelangen. Es ist weiterhin die Straße 202, denn geradeaus nach Husum führt jetzt die größere Straße 5.

Friedrichstadt

Auch dieser Ort ist den allermeisten deutschen – geschweige denn ausländischen – Touristen kein Begriff. Das ändert sich nach einem Besuch aber radikal, denn der historische Ortskern ist ein echter Knaller! Rund um den **Marktplatz** gibt es eine ganze Reihe außergewöhnlich schöner alter Hausfassaden mit sogenannter Treppengiebel-Architektur – die Fassaden werden also nach oben hin stufenweise immer schmaler. Wunderbar könnt ihr auf dem Platz sitzen und inmitten der tollen Bauwerke ein Eis oder ein Essen genießen. Wirklich perfekt für einen romantischen Spaziergang wird der Ort aber erst durch die Grachten. Ja, ihr habt richtig gelesen: Grachten! Als der gute Herzog Friedrich III. vor 400 Jahren diese Stadt gründete, wollte er eine echte Handelsmacht ins Leben rufen und dachte sich: Holen wir dafür doch einfach eine Menge Holländer her. Es traf sich gut, dass die politisch verfolgte reli-

Von Büsum nach Nordstrand E

giöse Minderheit der Remonstranten eine Zuflucht brauchte. Der Herzog war klug, setzte auf Toleranz und die dankbaren Asylsuchenden aus den Niederlanden gingen ans Werk: Aus Kanälen zwischen den Flüssen **Eider** und **Treene** wurden Grachten mit hübschen Brückchen und im Stil der Backsteinrenaissance entstanden die Häuser dieses „Holländerstädtchens", die bis heute täglich Tausende Besucher staunen lassen. Witzig: Es war eine Planstadt – und ist es auch bis heute geblieben. Außer dem historischen Zentrum des 2600-Seelen-Orts gibt es auch Jahrhunderte später immer noch keine weiteren Ortsteile. Muss ja auch nicht!

P *In Friedrichstadt angekommen, nutzt ihr am besten den großen Parkplatz an der Straße Am Deich. Von dort sind's nur wenige Gehminuten durch die Altstadtgässchen zum Marktplatz.*

Uhse's kleines Bistro
Dieser locker-flockige, sympathische Imbiss wäre allein schon wegen der witzigen Besitzer und Mitarbeiter ein paar Schritte wert. Und auch wenn ihr weder in Berlin noch im Ruhrgebiet seid: Die Currywurst mit selbst gemachter Soße ist ein Gedicht, sogar die Pommes dazu können bestens mithalten. Ach so, und die oben erwähnten paar Schritte müsst ihr gar nicht machen, denn das Gute-Laune-Bistro liegt sowieso gleich im Zentrum. Und gutes Eis bekommt ihr hier übrigens auch.

i *Tgl. 12–17.30 Uhr | Am Ostersielzug 11 | Friedrichstadt | Facebook: Uhses kleines Bistro | €*

KRÄFTIG STRAMPELN
Die Grachten des Holländerstädtchens Friedrichstadt lassen sich auch mit dem Tretboot erkunden.

MOBIL

Beim Womourlaub an der nordfriesischen Küste sind Bikes die idealen Begleiter.

Eiscafé Pinocchio

Benvenuto! Mitten auf dem Marktplatz könnt ihr bei einem Erdbeerbecher oder einem Stück Käsekuchen die Postkartenmotive der Treppengiebelhäuser auf euch wirken lassen. Natürlich gibt es das leckere Eis aus eigener Herstellung auch to go. Das Motto des Ladens: „Satt heißt niemals, dass kein Eis mehr reinpasst."

ℹ️ Tgl. 10–21 Uhr | Am Markt 18 | Friedrichstadt | Tel. +49 4881 70 56 | Facebook: Eiscafe Pinocchio | €€

Tonalto Keramikwerkstatt

Hier findet ihr superschöne, handgemachte Keramik für euch selbst oder als perfektes Mitbringsel für die Lieben zu Hause. Die Besitzerin ist höchst sympathisch und die Auswahl an Tassen, Tellern, Schüsseln und mehr in meist erdigen und bläulichen Farbtönen erstklassig. Es werden auch regelmäßig Töpferkurse veranstaltet, dann könnt ihr einen auf Patrick Swayze und Demi Moore in „Ghost" machen. Aber nicht so viel kleckern!

ℹ️ Mo–Sa 10–18 Uhr | Westerhafenstr. 5 | Friedrichstadt | tonalto.de

Friedrichstädter Wohnmobilstellplatz

Für Übernachtungen in Bus und Womo musst du dir in Friedrichstadt nur einen Namen merken: Halbmond. So heißt die Straße mit dem Knick

Von Büsum nach Nordstrand **E**

in Spazierweite zum Marktplatz, die zusammen mit einer kleinen Grünfläche ein schönes Dreieck bildet – oder mit etwas Fantasie eben auch einen Halbmond. Das Gelände heißt Stellplatz, aber eigentlich ist es wie ein kleines Camping mit voller Versorgung für Wohnmobilisten und sehr netten Besitzern, nur eben trotzdem preisgünstig.

i Halbmond 5 | Friedrichstadt | Tel. +49 4881 93 70 48 | wohnmobilstellplatz-friedrichstadt.de | GPS: 54.371930, 9.086760 | 66 Stellplätze

17 km — Aus Friedrichstadt lenkst du dein Gefährt zurück auf die Straße 202 in nordwestlicher Richtung und rollst dann auf der Straße 5 direkt ins schöne Husum.

Spot 13

Husum
Hafen, Schiffe und nordische Herzlichkeit ▶ S. 136

13 km — Aus Husum müsst ihr gar nicht erst zur B5 fahren, sondern nehmt aus der Stadt die Schobüller Straße, die später Nordseestraße heißt, nach Schobüll. Dort lädt kurz hinter dem **Camping Seeblick** (s. S. 139) das Restaurant **MS Glücklich am Meer** *(Mi–Fr 14–21.30, Sa, So 12–21.30 Uhr | Altendorfer Str. 4 | Husum | Tel. +49 4846 6 01 48 88 | gluecklich-am-meer.de | €€)* zu einer Stärkung ein. Nicht wirklich ein Schiff, aber gut 200 m vom Nordseeufer entfernt habt ihr durchs Panoramafenster einen herrlichen Blick aufs Wasser. Spezialitäten hier sind, wenig überraschend, Fischgerichte wie Krabbensuppe und Pannfisch. Gönnt euch dazu eine kleine Sünde: Bratkartoffeln mit Speck. Es gibt aber auch gute Pizzen oder Kreationen mit Fleisch von frei laufenden Gallowayrindern. Der frisch gebackene, oft noch ofenwarme Kuchen und die ausnehmend freundliche Bedienung setzen dem kulinarischen Erlebnis die Krone auf. Im weiteren Verlauf gen Norden wird die Altendorfer Straße dann bald zur Pohnshalligkoogstraße und führt direkt auf die Halbinsel Nordstrand.

Ziel & Spot 14

Nordstrand
Halbe Insel, voller Nordseespaß ▶ S. 140

Optionaler Anschluss: Tour F

Spot 12

St. Peter-Ording
Riesige Strandinsel und Häuser auf Stelzen

Es klingt wie ein Megaprojekt aus Dubai oder Doha: Vor die Stadt bauen wir jetzt eine kilometerlange Insel aus purem Sand mit einigen Zugängen und riesigen Parkplätzen davor. In SPO, wie dieser Kurort knackig genannt wird, brauchte es keine Milliardeninvestition – die Natur hat's freundlicherweise so eingerichtet. So einen Strand, solche Laufstege über den Sand, solche Dünen habt ihr noch nie gesehen. Und die Pfahlbauten gibt es gratis dazu.

P *Parken ist nicht ganz billig, aber ihr kommt nicht drum herum. Steuert eine der großen Stellflächen an, z. B. den Parkplatz am Deich (GPS: 54.333447, 8.604089), und zieht euch am Automaten ein Tagesticket inklusive Kurtaxe. Das Ticket wird auf dem Weg zum Strand kontrolliert.*

WIE HOCHGEKURBELT

Die Pfahlbauten sind das i-Tüpfelchen am endlosen Strand von St. Peter-Ording.

Von Büsum nach Nordstrand E

AKTIVITÄTEN & SIGHTSEEING

1 Endlosen Stadtstrand mit Pfahlbauten erkunden

Auf Holzstegen lauft ihr über weite Sandmassen. Ganz stilecht könnt ihr euch einen Strandkorb mieten. Ansonsten findet sich auch im Hochsommer etwas abseits immer ein relativ ruhiges Plätzchen. Es gibt vier Strandzugänge: **Ording, Bad, Dorf** und **Böhl.** Kurtaxe muss gezahlt werden, um auf den Strand zu gelangen. Zu Sonne, Sand und Meer kommen noch Häuser auf Stelzen – die berühmten Pfahlbauten: bis zu 7 m hoch und aus Lärchenholz, die vor einem Jahrhundert für die Bequemlichkeit und den Komfort der Badegäste in den Sand gerammt wurden. Insgesamt sind es 13 lustige Bauten mit 4000 Pfählen, schön über den riesigen Strand verteilt. In einigen gibt's sogar etwas zu essen und zu trinken. *Parken: Ein guter Start ist der Parkplatz am Deich (GPS: 54.333447, 8.604089)*

2 Auf Du und Du mit den Seehunden

Im **Westküstenpark & Robbarium** geht's wirklich tierfreundlich zu: Sogar euren Hund könnt ihr gratis mit reinnehmen. Auf dem schönen Gelände stehen nicht exotische Tiere im Mittelpunkt, sondern eher heimische, die man anfassen und streicheln darf. Ganz entspannt. Highlight ist natürlich das Seehundbecken mit Fütterung und Vorführungen. *Infos: Tgl. 9.30-17 Uhr | mit Kurkarte 11 € | Wohldweg 6 | St. Peter-Ording | tierpark-westkuestenpark.de | keine Kartenzahlung*

3 See sehen und gesehen werden auf der Brücke

Im Ortsteil Bad lässt sich bestens bummeln, Eis essen, Souvenirs kaufen und auf Restaurantterrassen sitzen. So richtig lohnt es aber wegen der gut 1 km langen **Seebrücke,** die dich über Salzwiesen und richtig viel Sand bis nah ans Wasser und auch zu den Pfahlbauten bringt. *Parken: Parken ist schwierig, aber in den Nebenstraßen findet sich meist etwas – wenn auch nicht ganz billig.*

4 Im Nationalparkhaus das Wattenmeer kennenlernen

Nein, es ist kein nationales Parkhaus. Hier wird euch der Nationalpark Wattenmeer

REGENTAG – UND NUN?

5 Einfach abtauchen

Jetzt könnte man natürlich sagen: Wer braucht bei einem solchen Strand noch ein Schwimmbad? Tatsächlich ist die **Dünen-Therme** aber ein hervorragender Ort zum Relaxen und Genießen. Denn aus den Pools und Saunen hast du einen herrlichen Blick auf Ort und Strand, während du bei 70° C die Füße hochlegst. Auch Kinder haben dank Wellenbad und Rutschen ihren Spaß, eine reine Therme ist es nämlich nicht. Wenn du kannst, dann buche hier eine Massage oder Schlickbehandlung. *Infos: Tgl. 9–19 Uhr | 7,50 €, plus Kurtaxe | Maleens Knoll 2 | St. Peter-Ording | st-peter-ording.de/duenentherme*

Spot 12 · St. Peter-Ording

auf sehr sympathische Weise nahegebracht. Eine ziemlich kleine Ausstellung mit schönen Aquarien und interaktiven Mitmachstationen: vom Streicheln eines Robbenmodells bis zur Erforschung des Watts unter dem Mikroskop. *Infos:* Tgl. 10–18 Uhr, Nov.–März kürzer | Eintritt frei, 2 € Spende erbeten | Maleens Knoll 2 | St. Peter-Ording, Ortsteil Bad | schutzstation-wattenmeer.de

ESSEN & TRINKEN

6 Restaurant dii:ke

Hungrig vom stundenlangen Strandaufenthalt könnt ihr gut bei di::ke gegenüber vom Parkplatz am Deich auftanken. Rustikal und doch modern mit Holzofenpizza, dem unvermeidlichen Craftbeer und einer schönen Terrasse. *Infos:* Tgl. 13–22 Uhr | Am Deich 31 | St. Peter-Ording | Tel. +49 4863 9 50 44 50 | diike.de | €€

7 Kiek in

Perfekt, wenn es mal so richtig nach Nordsee schmecken soll: Fisch, Krabben und sonstige Meeresfrüchte kommen in diesem schnuckeligen Reetdach-Haus auf die Teller. Der Klassiker ist das Dorschfilet. Für Romantiker: Draußen im Strandkorb essen oder sich drinnen eine lauschige, ruhige Sitznische schnappen! *Infos:* Do–Di 14–21 Uhr, Mi Ruhetag | Olsdorfer Str. 3 | St. Peter-Ording | Tel. +49 4863 10 05 | €€

8 Die Insel

Hell, bunt, modern und freundlich – passt perfekt zum Strandspaziergang. Das Personal ist auf Zack und trotzdem locker-flockig mit einem Lächeln auf den Lippen. Gerichte mit vielen regionalen Zutaten: vom Burger bis zum Fischteller. Mit Strandkörben auf der Terrasse. *Infos:* Tgl. 11–22 Uhr | Im Bad 27 | St. Peter-Ording | Tel. +49 4863 95 05 40 | restaurant-die-insel.de | €–€€

URGEMÜTLICH

Platz genug für alle, denn auf dem Dach kann auch noch jemand schlafen …

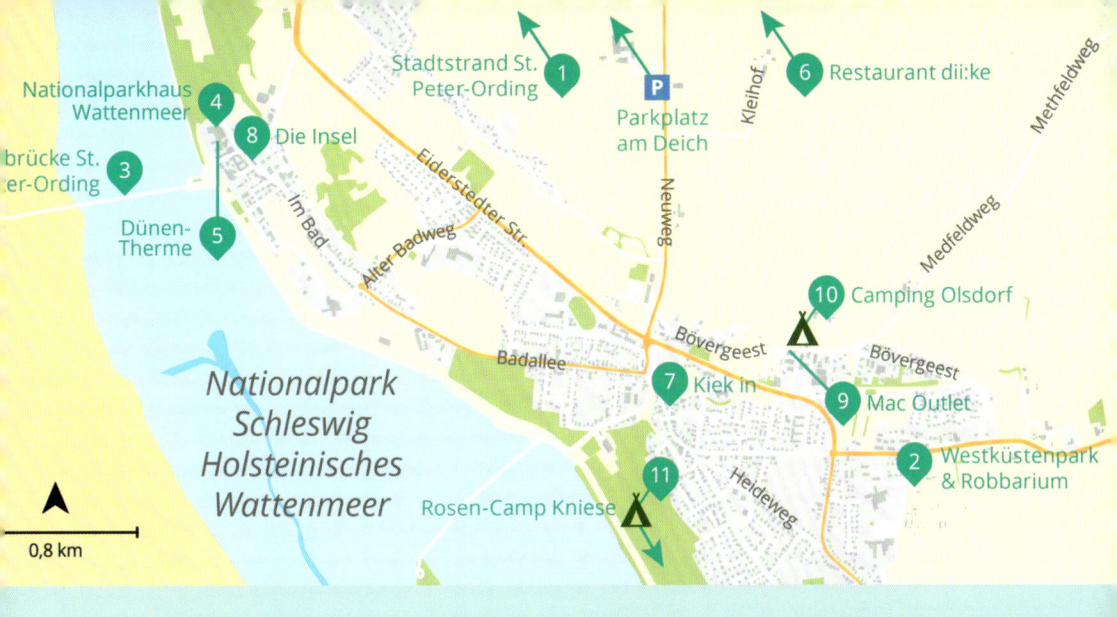

EINKAUFEN

9 Mac Outlet
Hier gibt es eine beeindruckende Hosenauswahl, hauptsächlich Jeans – tipptopp Qualität, nettes, kompetentes Personal und faire Preise. *Infos: Mo–Sa 10–18, So 11–17 Uhr | Nordergeest 9 | St. Peter-Ording | mac-jeans.com/de-de/outlet*

STELL- & CAMPINGPLÄTZE

10 Abseits vom Trubel
Nicht direkt am Meer, aber übersichtlich, entspannt und sympathisch. Kleine Hecken geben dem Stellplatz sogar etwas Privatsphäre. Die Sanitäranlagen sind außergewöhnlich sauber und gleich gegenüber vom Platz könnt ihr euch in einer kleinen Shopping-Zeile versorgen, u. a. im Mac Outlet (siehe oben).

Insider-Tipp
Aufwärmstation
Genau richtig, wenn ihr mal im Schmuddelwetter gelandet seid: Es gibt auch eine kleine, aber feine Sauna.

Camping Olsdorf
€€ | Bövergeest 56 | St. Peter-Ording
Tel. +49 4863 47 63 17 | meergruen-camping.de/campingpark
GPS: 54.30703, 8.648032

▸ **Größe:** ca. 80 Stellplätze
▸ **Ausstattung:** *Sauna, Solarium, Gästeküche, Wäscheraum, Tischtennis, Bodenschach, Bolz- und Spielplatz*

11 Der Klassiker für Familien
Auch auf diesem Platz läuft alles ganz locker ab. Ein Fahrrad ist allerdings schon nützlich, um schnell zu den Hotspots von SPO zu gelangen. Der Platz ist seit drei Generationen im Familienbesitz und eine entsprechend freundliche Atmosphäre liegt hier auch in der Luft. Die guten alten Wertmarken zum Duschen sind zwar kein Traum, aber die nächste Modernisierung kommt bestimmt bald.

Rosen-Camp Kniese
€€ | Böhler Landstr. 185 | St. Peter-Ording
Tel. +49 4863 36 76 | rosencamp-kniese.de
GPS: 54.284573, 8.663381

▸ **Größe:** ca. 140 Stellplätze
▸ **Ausstattung:** *Wäscheraum, Spielplatz, Küche, Hundedusche, Camper-Clean-Automat*

Spot 13

Husum
Hafen, Schiffe und nordische Herzlichkeit

Es heißt zwar Husumer Au, tut aber garantiert nicht weh. Dieser kleine Bach öffnet sich zu einem Binnenhafen und fließt dann in die Nordsee. Das Ergebnis: Der legendäre Blick auf die Wasserfront der Hafenstraße mit den herausgeputzten alten Lagerhäusern, wo bis spätabends romantisch gespeist und getrunken wird. Tolle Schiffe, Bootsausflüge, eine schmucke, lebhafte Altstadt sowie ein Schlösschen sind auch im Programm. Und das Meer liegt vor der Tür.

P *Parkhäuser gibt's genügend, aber versuch dein Glück zuerst beim Parkplatz am Binnenhafen (GPS: 54.473454, 9.048947) an der gleichnamigen Straße. Nur ein paar Schritte von dort führt die Klappbrücke übers Wasser direkt zu Hafenstraße und Altstadt.*

AM PULS DER GEZEITEN

Zweimal am Tag spült die Nordsee frisches Wasser in den Hafen von Husum.

Von Büsum nach Nordstrand E

AKTIVITÄTEN & SIGHTSEEING

1 Hafenstraße und Altstadt bewundern

Der Knaller ist und bleibt die Hafenstraße. Bevor ihr die schöne **Klappbrücke** über den **Binnenhafen** überquert, genießt einfach mal den legendären Blick auf die Häuserzeile mit den vielen Kneipen, Eiscafés und Restaurants. Und dann dreht ihr euch um und seht die restaurierten Speicherhäuser auf der anderen Uferseite. Gleich um die Ecke ist der **Marktplatz** mit noch viel mehr hübschen, historischen Fassaden.

2 Zum Königsschloss bummeln

Der **Schloßgang** (ja, so buchstabiert man das hier) ist ein besonders charmantes Gässchen und führt zum **Schloss vor Husum,** weil dieses in grauer Vorzeit einmal außerhalb der Stadtgrenze lag. Im 18. und 19. Jh. war es sogar eine „gelegentliche Residenz" der dänischen Könige! *Infos: Di–So 11–17 Uhr | 5 € | König-Friedrich V-Allee | Husum | museumsverbund-nordfriesland.de*

3 Zwischen Schiffen von der weiten Welt träumen

Die Geschichte der Seefahrt wird im **Schiffahrtsmuseum Nordfriesland** so anschaulich gezeigt, dass man am liebsten gleich selbst in See stechen würde: Schiffsmodelle, historische Anker, Kapitänshäuschen, Baken, Bojen und Tonnen – alles ist aus der Nähe zu bewundern. *Infos: Tgl. 10–17 Uhr | 4 € | Zingel 15 | Husum | schiffahrtsmuseum-nf.de*

Insider-Tipp
Open air und gratis

Zum Außengelände des Museums ist der Eintritt immer frei. Und jeden vierten Sonntag im Monat ist das ganze Museum für lau.

4 Einen Deichspaziergang mit Wattblick unternehmen

In **Lundenbergsand** gibt's einen Spazierdeich, eine Badestelle, einen Abenteuerspielplatz und ein Stück Watt, in dem ihr selbst herumstapfen könnt. *Infos: Über Finkhauschaussee raus aus Husum, dann rechts in den Lundenbergweg (ca. 7 km).*

REGENTAG – UND NUN?

5 Im Theodor-Storm-Haus stöbern

Kein Heimatdichter wird im hohen Norden so verehrt wie Theodor Storm. Und hier in Husum wurde er geboren! Auch wenn ihr von dem Kerl bis jetzt noch nie etwas gehört habt: Taucht doch mal ein in die Welt des „Schimmelreiters". Allein die historischen Stühle, Schreibtische, Tintenfässer, Treppen und Decken im alten, engen, denkmalgeschützten Häuschen, in dem Storm 14 Jahre lang lebte, sind ein Erlebnis. *Infos: Di–Fr, So 14–17, Sa 11–17 Uhr | 4 € | Wasserreihe 31–51 | Husum | storm-gesellschaft.de/museum*

E Spot 13 · Husum

ESSEN & TRINKEN

6 Tine Café
Top für einen Kuchen zwischendurch, aber am besten zum Frühstück. Eigentlich ist es einfach nur ein richtig guter Bäcker und Konditor, sogar mit Selbstbedienung am Tresen. Aber draußen sitzt ihr trotzdem herrlich mit Blick auf Hafenstraße, Binnenhafen und Altstadt. *Infos: Tgl. 6.30–18.30 Uhr | Schiffbrücke 17 | Husum | Tel. +49 4841 65 93 30 | €€*

7 Asia-Tu
Es müssen nicht immer Krabben sein. Die vietnamesischen Betreiber haben sich ein echtes Filetstück der Innenstadt gesichert: in der berühmten Hafenstraße, mit Sitzplätzen direkt am Wasser. Das Essen ist lecker und die Preise angenehm. *Infos: Tgl. 11.30–15 u. 17–21.30 Uhr (im Sommer auch länger) | Hafenstr. 14 | Husum | Tel. +49 4841 9 38 94 66 | asiatu.de | €*

8 Fratelli
Noch einmal die Hafenstraße, diesmal in italienischer Ausführung: Von Pizza über Pasta und Frutti di Mare bis hin zu Latte Macchiato und *gelato* schmeckt hier einfach alles authentisch und gut. *Infos: Mo–Fr 12–14.30 u. 17–22.30, Sa, So 17–22.30 Uhr | Hafenstr. 1 | Husum | Tel. +49 4841 7 72 34 44 | fratelli-husum.de*

EINKAUFEN

9 Fischmarkt Husum am Kutterhafen
So müsste man seinen Fisch immer kaufen können: direkt am Hafenbecken. Hier stimmen Atmosphäre und Qualität. Nur drei Minuten sind es von der Husumer City bis in den Außenhafen. Nehmt im Kreisverkehr die erste Straße rechts, dann findet ihr den Fischmarkt sofort. *Infos: Mo–Fr 9–18, Sa 9–16, So 10–16 Uhr | Rödemishallig 9 | Husum*

FRISCH VOM KUTTER

In der Fischhalle am Husumer Außenhafen geht der Tagesfang über die Theke.

Von Büsum nach Nordstrand

STELL- & CAMPINGPLÄTZE

10 Auf den Seehund kommen

Am Deich mit Badestelle und Spielplatz hat sich auch ein hochwertiger Campingplatz eingerichtet. Die sanitären Einrichtungen sind topmodern, die Stellplätze großzügig. Unschlagbar ist außerdem die Lage direkt vor Husum. Und doch sieht man vor allem Deich, Schafe und das weite Watt, in dem ihr einen herrlichen ausgedehnten Spaziergang machen könnt.

Insider-Tipp: Damit keiner draußen bleibt! Gebt bei der Reservierung unbedingt euer Kennzeichen an, denn sonst kommt ihr nach 18 Uhr nicht aufs Gelände. Und aufgepasst: Selbst für Gäste ist ab 22 Uhr die Schranke blockiert – Nachtruhe! Draußen steht man aber zur Not auch ganz gut auf dem Parkplatz.

Nordseecamping zum Seehund

€€–€€€ | Lundenbergweg 4 | Simonsberg
Tel. +49 4841 39 99 | nordseecamping.de
GPS: 54.45519, 8.97288

▶ **Größe:** ca. 200 Stellplätze
▶ **Ausstattung:** Küche, Wäscheraum, Spielplatz, Wellnessoase mit Sauna und Fitnessraum, Schlafstrandkörbe, Imbisswagen

11 Tolle Lage, ohne Schnickschnack

Der Camping Seeblick ist herrlich gelegen in unmittelbarer Nähe von Husum und direkt am Wasser. Es ist der einzige Campingplatz der Umgebung ohne Deich. Die meisten Stellplätze sind recht nah an der Durchfahrtstraße, sodass es ein bisschen lauter werden kann. Alles ist etwas einfacher eingerichtet, dadurch aber auch günstiger als mancher Konkurrent. Freundlicher Empfang und saubere Sanitäranlagen. Zwischen 13 und 15 Uhr herrscht in der Rezeption Mittagspause.

Camping Seeblick

€€ | Nordseestr. 39 | Husum
Tel. +49 4841 33 21 | camping-seeblick.de
GPS: 54.509582, 9.003183

▶ **Größe:** ca. 100 Stellplätze
▶ **Ausstattung:** Wäscheraum, Küche, Aufenthaltsraum mit Fernseher, Tischtennis, Tischfußball, Brötchenservice

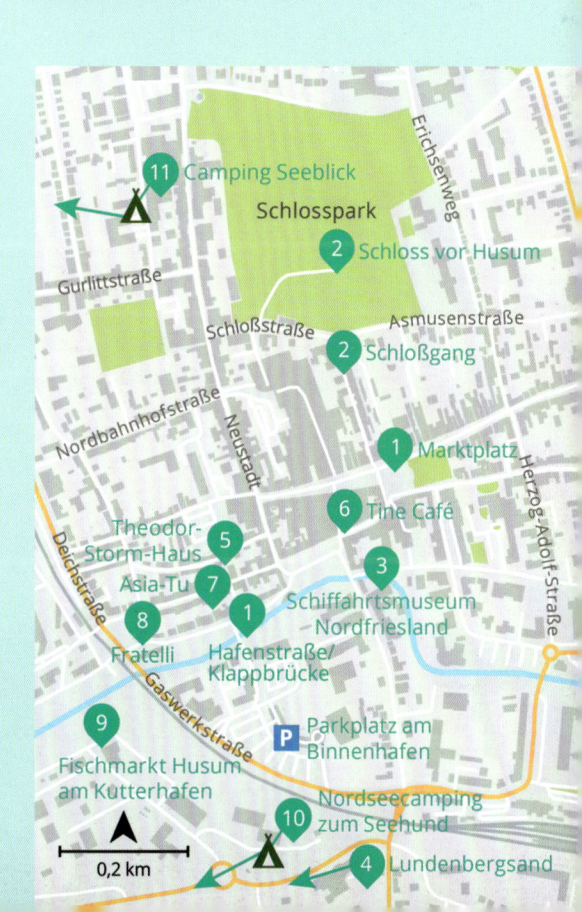

Spot 14

Nordstrand
Halbe Insel, voller Nordseespaß

So herrlich entspannt kann es an der schleswig-holsteinischen Küste sein: endlose Deiche, Watt, Badestellen, reetgedeckte Häuser mit kilometerlangen Ausblicken, kein Durchgangsverkehr und eine Luft wie sonst höchstens auf den Inseln. Wer für ein paar Tage einmal alles vergessen will, ist auf der „Insel an Land" genau richtig. Auf der beschaulichen Halbinsel muss übrigens keiner hungrig ins Bett gehen. Besonders konzentriert sind gute Lokale im Süderhafen, wo eine Badestelle im Sommer Schwimmer anzieht. Und vom Fährhafen Strucklahnungshörn legen die Schiffe ab für die besten Tagesausflüge, egal ob Insel, Hallig oder Seehundbank.

URSPRÜNGLICH

Auf der Insel Pellworm lebt man vielerorts noch von Ackerbau und Viehzucht.

Von Büsum nach Nordstrand E

AKTIVITÄTEN & SIGHTSEEING

1 Auf dem Inseldeich um Pellworm radeln

Touristen sind herzlich willkommen, aber auf der landwirtschaftlich geprägten Insel würde man auch ohne sie zurechtkommen. Dein Womo könntest du mitbringen (Campingplatz s. S. 143), es fährt aber auch ein Bus von der **Fähre** zum **Fahrradverleih** Momme von Holdt (Uthlandestr. 4 | fahrraeder-pellworm.de | Rundtour ca. 70 Min.). Die Radwege sind superkomfortabel, es gibt unterwegs ein paar Rastplätze, eine alte Kirche, eine neuere Kirche, einen Leuchtturm und eine Mühle. Dazu Backsteinhäuser, Bauernhöfe, Kühe, Schafe und du mittendrin – bestens erholt! *Infos: Pellwormfähre ab Strucklahnungshörn | tgl. viele Abfahrten, Dauer 35 Min. | Hin- und Rückfahrt 13,50 € | faehre-pellworm.de*

2 Den Seehunden einen Besuch abstatten

Ohne den putzigen Dickerchen zu sehr auf die Pelle zu rücken, kommt ihr auf der **Bootstour** den Ruheplätzen der Robben doch sehr nah und könnt sie bei ihrem täglichen Treiben beobachten. Damit es einen authentischen Touch hat, wird auf der Fahrt ein Schleppnetz ausgeworfen und die unterwegs gefangenen Seetiere werden erklärt. *Infos: Bootstour ab Strucklahnungshörn | April–Okt. So–Fr 1–2 x tgl. | Dauer ca. 3 Std. | 21 € | Hörnstr. 3 | Nordstrand | adler-schiffe.de*

3 Zur Hallig Hooge schippern

Auch für die legendären Halligen solltet ihr euch einen Tag Zeit nehmen. Halligen sind kleine Marschinseln, die im Gegensatz zu richtigen Inseln bei Sturmfluten komplett überspült werden. Alle zehn deutschen Halligen tummeln sich um Pellworm herum, sieben davon sind bewohnt. Die Häuser stehen auf Warften, von Menschen aufgeschütteten Hügeln. Spannend auch ohne Sturmflut! Und die Vogelwelt ist einzigartig. Der größte der zehn Zwerge ist die Hallig Hooge. Auch Übernachtungen werden dort angeboten. *Infos: April–Okt, in der Regel 2 Touren tgl., Fahrtdauer 60 Min. | ab 30 € | | Abfahrt im Hafen Strucklahnungshörn, Hörnstr. 3, | Nordstrand | adler-schiffe.de*

4 Bei der Schutzstation ins Watt eintauchen

Am Kurzentrum Norderhafen findet ihr das **Nationalparkhaus Nordstrand** mit Meerwasseraquarien und einer Ausstellung zur Entstehung der Inseln und Halligen. Die eigentliche Arbeit der Schutzstation besteht im Zählen, Registrieren und vor allem Schützen Hunderter – teils seltener – Vogelarten. Den besten Einblick bekommt ihr bei einer der ständig organisierten Wattwanderungen und Führungen zu den Nistplätzen mit Fernglas und allem Drum und Dran. *Infos: Ausstellung: Mo–Mi, Fr 10–18, Sa, So 10–17 Uhr | Ausstellung Eintritt frei, Wattwanderung/Führung ab 6 € | Am Kurhaus 27A | Nordstrand | schutzstation-wattenmeer.de | Termine Wattwanderung/Führung: s. Homepage*

E Spot 14 · Nordstrand

REGENTAG – UND NUN?

5 Sturmfluten im Inselmuseum erleben

Wenn draußen Wind und Regen peitschen, passt nichts so gut wie ein Besuch im **Pellwormer Inselmuseum.** Die beiden zum Glück schon Jahrhunderte zurückliegenden Flutkatastrophen werden mit Modellen und interaktiven Karten vor Augen geführt – rekonstruiert wurde die legendäre, bei den Fluten untergegangene Siedlung Rungholt, sozusagen das Atlantis Nordfrieslands. Auch die Geschichte der Insel, des Deichbaus, der Landgewinnung und des harten Lebens anno dazumal werden euch nähergebracht. **Infos:** Tgl. mind. 10–15 Uhr | Eintritt frei | Uthlandestr. 2 | Pellworm | pellworm.de

ESSEN & TRINKEN

6 Imbiss Hooger Fähre

Direkt am Deich sitzt man gemütlich bei einem Bierchen oder einer Friesenlimo. Ob Currywurst mit Pommes und Fischbrötchen oder richtige Tellergerichte – alles ist frisch zubereitet. **Infos:** Di–Fr 11–18, Sa 11–16 Uhr | Hooger Fähre 7a | Pellworm | Tel. +49 4844 99 07 99 | Facebook: Imbiss Hooger Fähre | €–€€

Insider-Tipp: Bioburger für Besseresser

Probiert das Pellwormer Biolamm oder die Veggieburger.

7 Pannkokenhus

Pfannkuchen werden in diesem kleinen sympathischen Pellwormer Lokal in vielen denkbaren Varianten auf den Teller gebracht. Zurecht einer der Klassiker ist die Version mit Lachs. **Infos:** So–Do 14–23, Fr, Sa 14–24 Uhr | Tammensiel 31 | Pellworm | Tel. +49 177 8 96 03 09 | Facebook: Pannkokenhus Pellworm | €

8 Watt´n Grill

In diesem Imbiss schmeckt´s gleich dreifach gut, weil ihr zuerst locker-flockig vom Personal begrüßt werdet, dann die Aussicht und schließlich noch Burger und klasse Fischbrötchen genießt. Nicht verpassen: die Top-Bratkartoffeln! **Infos:** Do–Di 11–21 Uhr, Mi Ruhetag | Süderhafen 0 | Nordstrand | Tel. +49 1515 7 66 90 40 | Facebook: WattnGrill | €

EINKAUFEN

9 Hofladen Baumbach

Hier erstehst du nicht nur Fleisch von Schafen und langhaarigen Gallowayrindern aus artgerechter Tierhaltung, sondern auch Käse, Pullover, Mützen, Felle und Bettdecken. **Infos:** Tgl. 9–18 Uhr | Pohnshalligkoogstr. 1 | Nordstrand | lammfleisch.de

STELL- & CAMPINGPLÄTZE

10 Womoparadies auf der Halbinsel

Ein kleiner, feiner und ruhiger Platz, gleich am Anfang der Halbinsel Nordstrand, direkt an den Dünen gelegen.

Von dort seid ihr nicht nur in Nullkommanichts in Husum, sondern eben auch im Fährhafen Strucklahnungshörn, wo es nach Pellworm, auf die Halligen und zu den Seehundbänken geht. Superfreundlicher Besitzer und die lautesten Geräusche sind die Möwenschreie von oben.

WoMoLand Nordstrand

€–€€ | Norderquerweg 2 | Nordstrand
Tel. +49 4842 4 73 | womoland-nordstrand.com
GPS: 54.518607, 8.932024

▸ Größe: 44 Stellplätze
▸ Ausstattung: Brötchenservice, Grillabende

11 Erholung pur, ohne Schickimicki

Die Redewendung „ab vom Schuss" ist sicher hier erfunden worden: Im Norden von Nordstrand, wo die letzte Straße aufhört und nur noch Watt kommt, könnt ihr richtig durchatmen. Das superfreundliche Besitzerpaar gibt euch das Gefühl, zur erweiterten Familie zu gehören. Das gute Restaurant Wattwurm liegt auf dem Gelände und zum Fährhafen Strucklahnungshörn sind's knapp 5 km. Reservierungen nur ab drei Übernachtungen.

Campingplatz Elisabeth-Sophien-Koog

€–€€ | Elisabeth-Sophien-Koog 17 | Nordstrand
Tel. +49 4842 85 34 | nordstrand-camping.de
GPS: 54.515973, 8.857046

▸ Größe: ca. 12 Stellplätze
▸ Ausstattung: Wäscheraum, Brötchenservice, Kiosk, Café, Lagerfeuerplatz, Kinderspielplatz

12 Die Pellwormer Alternative

Für einen Tagesausflug müsst ihr euer Fahrzeug nicht nach Pellworm mitnehmen. Aber wer ein paar Tage bleiben will, findet einen kleinen, netten Wohnmobilstellplatz am Wattenmeerhaus nahe der alten Kirche. Gleich daneben: ein Café mit Kuchen zum Fingerlecken. Der Hit ist natürlich die Friesentorte.

Campingplatz am Wattenmeerhaus

€ | Klostermitteldeich 14 | Pellworm
Tel. +49 4844 9 90 42 88 |
wattenmeerhaus-pellworm.de
GPS: 54.517075, 8.594706

▸ Größe: ca. 12 Stellplätze
▸ Ausstattung: Wäscheraum, Brötchenservice, Kiosk, Café, Lagerfeuerplatz

BLUMENMEER

Die Sylter Heckenrose duftet nach Sommer und unbeschwertem Urlaub.

Tour F

Schöner wird's nicht
Von Nordstrand nach Flensburg

Start & Spot — 14 **Nordstrand** ▶ S. 140

53 km

Spot — 15 **Amrum** ▶ S. 156

Spot — 16 **Föhr** ▶ S. 160

83 km

Spot — 17 **Sylt** ▶ S. 164

70 km

Ziel & Spot — 18 **Flensburg** ▶ S. 170

Die letzte Tour ist noch mal ein echter Knaller: Hintereinander entdeckt ihr die großen Drei der nordfriesischen Inselwelt, viele halten sie für die schönsten Nordseeinseln überhaupt: Amrum, Föhr und Sylt. Alle besitzen einen ganz eigenständigen Charakter, sind völlig unvergleichlich und werden euch auf immer und ewig in bester Erinnerung bleiben. Dabei müsst ihr auf keiner einzigen Fähre hin- und zurückschippern. Überall sind Rundwege möglich. Und zum Abschluss noch ein Abstecher an die Flensburger Förde.

Strecke 206 km

Reine Fahrzeit 3 Std. 15 Min.

Streckenprofil durchgehend guter Asphalt, keine potenziellen Sperrungen oder Hindernisse

Empfohlene Dauer 9 Tage

Anschlusstouren
E

FACTS

Tour F im Überblick

Tour-Highlights

Bei Sonnenuntergang ins Watt spazieren in *Dagebüll* ▶ S. 148

Schleswig-Holsteins schmuckvollstes Dorf erkunden in *Nebel auf Amrum* ▶ S. 157

Weit ins flache Wasser rennen am *Goting Kliff auf Föhr* ▶ S. 161

Den Ellenbogen erobern, Deutschlands einsame Nordspitze bei *List auf Sylt* ▶ S. 165

Im Mietboot sein eigener Kapitän sein in der *Flensburger Förde* ▶ S. 172

Nordsee

Lakolk-Strand
Syltfähre
Sylt Seite 164
Wenningstedt-Braderup (Sylt)
Kampen (Sylt)
Autozug
Osterende
Hörnum (Sylt)
Föhr Seite 160
Utersum
Wyk auf Föhr
Norddorf auf Amrum
Nebel
Amrum Seite 156

Nordfriesische Inseln

Nationalpark Schleswig-Holsteinisches Wattenmeer

10 km

Gredstedbro
Rødding
Jels
Ribe
Gram
Egebæk-
Hviding
Skydstrup
Vojens
Rejsby
Danmark
Toftlund
Skærbæk
Roost
Rangstrup
sum-Ballum
Nørre Løgum
Løgumkloster
Hellevad
Bredebro
Nordborg
Aabenraa
Øster Højst
Bovrup
Guderup
Bolderslev
Højer
8
Nolde
Museum
Tønder
Tinglev
Burkal
Gråsten
E 45
Sønderborg
Broager
Flensburger
Förde
Westre
Fårhus
Kruså
Holt
B 200
Wees
Glücksburg (Ostsee)
Klixbüll
Osterby
18
Galmsbüll
Leck
Sprakebüll
Husby
Handewitt
Niebüll
Flensburg
Seite 170
Hörup
Barderup
Sörup
Goldelund
A 7
Ockholm
Tarp
Süderbrarup
Ebüll
Högel
Joldelund
L 317
Uelsby
Bredstedt
Dagebüll
Loit
Jörl
Drelsdorf
Böklund
Naturpark
Schlei
Borsbüll
Viöl
Hünning
Rieseby
Tammensiel
Wobbenbüll
Horstedt
Schleswig
Treia
Kosel
Husum
Schwesing
Eckernförde
Deutschland
14
Nordstrand
Seite 140
Jagel
Ascheffel
Bünge
A 7

F Tourenverlauf

LOS, GEHT'S!

Start & Spot 14

Nordstrand
Halbe Insel, voller Nordseespaß ▶ S. 140

53 km

Vom Fährhafen in Strucklahnungshörn auf der Halbinsel Nordstrand geht es auf der Alterkoogchaussee und dann auf der Osterkoogstraße, Neukoogstraße und Morsumkoogstraße zur Pohnshalligkoogstraße. Folgt einfach immer den Wegweisern Richtung Husum, beim Verlassen der Halbinsel dann aber den Schildern in Richtung Inseln, Niebüll und Dagebüll. Kurz hinter Nordstrand erreicht ihr die Straße 5 und biegt dort links ab. In Bredstedt verlasst ihr direkt wieder die 5 nach links und durchquert die Dörfer Bordelum und Ockholm. Dann rollt ihr auf der L191 sehr reizvoll über eine Landzunge zwischen Nordsee und den Speicherbecken Süd und Nord. Es geht vorbei am Fährhafen **Schlüttsiel** mit direktem Blick auf die vorgelagerte **Hallig Oland.** Aus Schlüttsiel legen u. a. Schiffe zu Seehundbänken im Wattenmeer oder nach Amrum ab. Der Straße weiter folgend landet ihr in Dagebüll.

Dagebüll

Für die meisten ist dies nur eine kurze Zwischenstation, um auf die Inseln zu kommen. Aber Dagebüll kann wirklich ein wunderschöner Ort für ein oder zwei Übernachtungen sein, obwohl es hier nicht viel mehr gibt als den **Fährhafen,** den Strand und die zum Hafen führende Nordseestraße, die ein Hotel und ein paar Restaurants zu bieten hat. Aber ganz egal, ob ihr zu spät ankommt für eine Fähre nach Amrum und Föhr oder ob ihr eine der Inseln von Dagebüll nur als Tagesausflug ansteuert, z. B. weil die Insel-Campingplätze ausgebucht sind: Keine Sorge, hier seid ihr bestens aufgehoben. Ein Abendspaziergang auf dem **Deich** mit herrlichem Weitblick übers Meer, bei Ebbe eine kleine Runde zum Sonnenuntergang ein paar Hundert Meter über das harte Watt oder einfach dasitzen und die Schiffe und Fähren bei ihrer Arbeit beobachten – all das macht in Dagebüll gewaltige Freude. Ein sympathischer und entspannter Miniort, ganz ohne die Aufregung eines großen Hafens.

P *Im Hafenbereich ist Parken schwierig, auch entlang der Nordseestraße mit ihren Imbissen und Restaurants gibt es nicht viele Plätze. Nehmt daher am besten den Inselparkplatz Dagebüll an der Fährhafenstraße, gute fünf Gehminuten vom Hafen entfernt (GPS: 54.731851, 8.701572).*

Von Nordstrand nach Flensburg F

📷 *Am Badestrand Dagebüll, unterhalb der Straße Am Badedeich, nur wenige Schritte vom Hafen entfernt, macht ihr sensationelle Sonnenuntergangsfotos – am schönsten, wenn die Abendsonne das Watt zum Glänzen und Leuchten bringt (GPS: 54.726583, 8.693691).*

Restaurant & Café Dagebüll
Das zum – übrigens sehr guten – Strandhotel gehörende Lokal hat wahrscheinlich eine der schönsten Terrassen Deutschlands: nämlich mit Panoramablick auf den Hafen, den Strand und das Watt. Selbst wer gar nicht so hungrig ist, sollte hier auf einen Snack, einen Kaffee oder ein Bier herkommen und einfach nur genießen. Auch die Speisen sind gut, besonders die Fischteller.

ℹ️ Tgl. 11.30–21 Uhr | Koogswarft | Dagebüll | Tel. +49 4667 2 12 | strandhotel-dagebuell.de | €€–€€€

Fish MaxX
Wenn's nicht das schicke Restaurant sein soll, sondern leckere Fish & Chips, Fischbrötchen oder Backfisch auf die Hand. Hier geht es flott und schmeckt richtig lecker. Auch die selbst gemachte Remoulade ist eine Sünde wert. Ihr könnt den Imbiss dann die paar Schritte mitnehmen

MEGAWATT

Eine Wattführung von Dagebüll in den Sonnenuntergang hinein ist kaum zu toppen.

FILTER ERFORDERLICH

Auf der Fähre nach Föhr solltest du den Sonnenschutz nicht vergessen.

zum Hafen und auf einer Bank oder einer Mauer sitzend mit Blick auf das Watt und die großen Fähren genießen.

ℹ️ *Tgl. 11.30–19.30 Uhr | Nordseestr. 14 | Dagebüll | Tel. +49 4667 8 29 99 76 | fish-maxx.business.site | €*

Wohnmobilstellplatz Dagebüll
Am oben erwähnten Badestrand, nur wenige Gehminuten vom Hafen entfernt, passen auf diesem Parkplatz ohne Versorgung, aber mit Stromanschlüssen, normalerweise nur bis zu zehn Fahrzeuge. Dafür ist die Lage am Deich geradezu perfekt. Wer hier keine Stelle mehr findet, kann beim fast nebenan gelegenen, einfachen, aber ordentlichen **Campingplatz Neuwarft** *(nordfriesland-camping.de)* anfragen.

ℹ️ *Am Badeteich 19 | Dagebüll | Tel. +49 4667 3 49 | womo66.com | GPS: 54.726691, 8.694880 | ca. 10 Stellplätze*

> Aus dem Dagebüller Hafen gelangt ihr per Fähre nach Amrum und Föhr.

Fähren

Amrum und Föhr kann man einzeln ansteuern, z. B. für Tagesausflüge, während das Fahrzeug in Dagebüll bleibt. Wer Womo oder Bus aber

Von Nordstrand nach Flensburg **F**

sowieso mitnehmen und mehrere Tage auf den Inseln verbringen will, schlägt am besten einen Dreieckskurs ein: zuerst die Überfahrt von Dagebüll nach Amrum (je nach Fähre mit oder ohne Zwischenhalt in Föhr), dann von Amrum nach Föhr und von dort wieder zurück nach Dagebüll. Natürlich geht es auch umgekehrt: erst Föhr, dann Amrum, dann zurück nach Dagebüll. Allerdings erspart euch das Dreieck nur Zeit, aber kaum Geld, denn Hin- und Rückfahrkarten sind günstiger als einfache Tickets.

i Überfahrten ganzjährig mehrmals tgl. mit Wyker Dampfschiffs-Reederei (W.D.R., faehre.de). Fahrzeit nach Wyk auf Föhr aus Dagebüll: 50 Min., nach Wittdün auf Amrum 1,5–2 Std. (je nachdem, ob es einen Zwischenhalt auf Föhr gibt). Die Preise sind im Vergleich zu anderen Nordseeinseln günstig (14,40 €/Erwachsener nach Föhr, 20,20 € nach Amrum, Wohnmobil, 5 m Länge mit 2 Erwachsenen, ca. 230 € Gesamtpreis für die komplette Rundfahrt mit 3 Fähren: Dagebüll–Amrum–Föhr–Dagebüll).

Spot 15 | **Amrum**
Nordfriesland in der Nussschale ▶ S. 156

Aus **Wittdün** auf Amrum gelangt ihr mehrmals täglich per Fähre mit der Wyker Dampfschiffs-Reederei *(W.D.R., faehre.de)* nach Wyk auf Föhr. Fahrzeit: exakt 1 Stunde.

Spot 16 | **Föhr**
Elegante und entspannte Weitsicht ▶ S. 160

Aus **Wyk** auf Föhr geht es tagsüber fast im Stundentakt per Fähre mit der Wyker Dampfschiffs-Reederei *(W.D.R., faehre.de)* zurück nach Dagebüll. Fahrzeit: 50 Minuten.

71 km | Aus Dagebüll heraus nehmt ihr die L9, die später in die L6 übergeht, in nordöstlicher Richtung nach Galmsbüll und dann die Straße Mitteldeich nach Niebüll (s. S. 155). Hier kommen die Autozüge aus Sylt an. Eure Fahrt geht aber weiter nach Norden auf der Straße 5. Kurz vor der **dänischen Grenze** könntet ihr einen Stopp in **Caro´s Cafeteria** *(Mo 10–15, Di–So 10–18 Uhr | Hauptstr. 46A | Süderlügum | Tel. +49 4663 18 77 44 | Facebook: Caros Cafeteria | €)* einlegen:

F Tourenverlauf

letzte Station, um noch auf deutscher Seite satt zu werden (was in Dänemark natürlich auch kein Problem ist). Dieser einfache, aber freundliche und helle Bistroimbiss mit vielen Sitzgelegenheiten ist genau das Richtige für alle, die Hunger haben, aber nicht zu viel Zeit und Geld auf der Strecke lassen wollen. Lecker ist beispielsweise das Bauernfrühstück. Jenseits der Grenze fahrt ihr dann auf die dänische Straße 11 und biegt im Dorf Skærbæk links auf die Straße 175. Über einen lang gezogenen Damm geht es auf die Insel **Rømø,** auf Deutsch auch manchmal Römö geschrieben. Ausgeschildert ist das Ziel auf dieser Insel: der Fährhafen von Havneby.

Lakolk-Strand

Falls ihr noch etwas Zeit habt bis zur Sylt-Fähre, fahrt nicht sofort nach Havneby, sondern vom Damm wenige Kilometer weiter geradeaus auf der Straße Vesterhavsvej bis nach Lakolk. Die gesamte Westküste der Insel ist im Prinzip ein einziger, riesiger Traumstrand. In Lakolk könnt ihr nach Herzenslust baden, faulenzen oder auch spazierengehen – besonders etwas abseits des Strandzugangs ist es hier selbst im Sommer sehr ruhig und entspannt.

Café Fru Dax

Gerade in der Umgebung des Traumstrands von Lakolk gibt es eine ganze Menge ordentlicher Lokale. Das vielleicht beste ist diese Brasserie mit unfassbar leckerem Eis in riesigen Waffeln. Aber auch die herzhaften Speisen sind einwandfrei. Trotz Imbisscharakter sind die Preise für deutsche Verhältnisse hoch. Aber ihr holt das Geld wieder herein, indem ihr nicht zu viel auf einmal bestellt. Die Portionen sind nämlich wahrlich großzügig!

Tgl. 10–20 Uhr | Lakolk Butikscenter 7 | Rømø | Dänemark | Tel. +45 74 75 75 09 | frudax.dk | €€

First Camp Lakolk Strand – Rømø

Auch der große Campingplatz direkt beim Eingang zum Strand von Lakolk ist empfehlenswert. Professionell und freundlich geführt, man fühlt sich sofort willkommen. Ganz ruhig ist es hier in lauen Sommernächten freilich nicht immer, aber die Security achtet schon darauf, dass es schön zivilisiert zugeht. Ein kurzer Fußweg führt direkt zum Wasser. Mit Restaurant am Platz, Hundewiese, Hundedusche, Internet-Terminal, Kochmöglichkeit, Wäscheraum und Spielplatz. Barrierefrei für Menschen mit Handicap.

Von Nordstrand nach Flensburg F

ℹ️ *First Camp Lakolk Strand – Rømø | Lakolk 2 | Rømø | Dänemark | Tel. +45 74 75 52 28 | firstcamp.dk | ca. 650 Stellplätze*

12 km Die Straße 175 bringt euch bis zum **Hafen von Havneby.** Wenn man schon hinter der Fahrkartenkontrolle ist und auf den Fahrbahnen zur Fähre wartet, kann man ein paar Schritte durch den Hafen laufen und die schönen Ausblicke genießen.

Syltfähre

Eine einfache Fahrt mit Wohnmobil kostet auf der Syltfähre aus Havneby 63 bis 88 € (je nach Länge), das ist ungefähr so viel wie der Autozug aus Westerland auf Sylt nach Niebüll. Im Sommer verkehren die Schiffe mindestens stündlich. Am angenehmsten ist es, vorher online zu buchen und die Fahrkarte einfach elektronisch vorzuzeigen. Manchmal werden auch die Fahrzeugpapiere verlangt. Seid zur Sicherheit spätestens 20 Min. vor Abfahrt im Hafen. Die Überfahrt dauert 45 Min.

ℹ️ *Syltfähre | Kilebryggen 1 | Rømø | frs-syltfaehre.de*

Insider-Tipp
Robben umsonst

Haltet zwischen Rømø und Sylt unbedingt Ausschau nach den Seehundbänken, wo sich die putzigen Meeressäuger mit etwas Glück gerade in der Sonne aalen. So spart ihr das Geld für einen Extra-Ausflug!

ENDLOS

Die Insel Rømø besteht nur aus Dünen und Strand, den man sogar befahren darf.

KLEINER GRENZVERKEHR

Nach einem winzigen Schlenker über Dänemark geht's per Fähre nach Sylt.

Spot **17**   **Sylt**
Deutschlands legendäre Nordspitze ▶ S. 164

1 km | In **Westerland** fahrt ihr zum Autozug, der in einem kleinen Industriegebiet, ganz zentrumsnah auf der Rückseite des Bahnhofs liegt. Er ist bestens ausgeschildert.

Autozug

Die Fahrt von Westerland auf Sylt nach Niebüll auf dem Festland, in den offenen Waggons im Auto sitzend, ist unvermeidlich (wenn man nicht zweimal per Fähre und über Dänemark fahren will), macht aber auch wirklich Spaß. Wann kann man schon einmal hinterm Steuer hocken, dynamisch vorankommen und einfach sorglos aus dem Fenster schauen? Die Deutsche Bahn betreibt den Standardautozug, die Konkurrenz vom Blauen Autozug hat meist sehr ähnliche Preise. Tickets sind in der Regel nicht an bestimmte Abfahrtszeiten gebunden, deswegen immer für alle Fälle etwas Zeitreserven einplanen, falls man bei großem Betrieb auf den nächsten Zug warten muss.

i Einfache Überfahrt ca. 57–115 €, je nach Größe | 1. Der blaue Autozug (autozug-sylt.de) | 2. Deutsche Bahn Sylt Shuttle (syltshuttle.de)

Von Nordstrand nach Flensburg F

1 km | Vom Bahnhof Niebüll nehmt ihr die Bahnhofstraße und dann die Rathausstraße ins Zentrum des Städtchens.

Niebüll

Jeder kennt Niebüll als Zwischenstation nach Sylt, aber die wenigsten machen hier Halt. Dabei ist die kleine Innenstadt durchaus sympathisch – für einen Spaziergang lohnt's allemal. Und die Geschäfte, Cafés und Restaurants sind einen guten Tick günstiger als auf Sylt.

Sprengel's Eisbar
Hier wird das Eis mit Liebe und von Hand gemacht, was ihr bereits nach dem ersten Schlecken merken werdet. Wirklich herausragend. Auch für eine kleine Kaffeepause ist dieses Lokal bestens geeignet.

ℹ️ *Tgl. 10–18 Uhr | Hauptstr. 27A | Niebüll | sprengels-eisbar.de*

15 km | Hinter dem nördlichen Ortsrand nehmt ihr die Klanxbüller Straße und in Langstoft rechts die Aventofter Straße und schließlich links den Revtoftweg nach Sebüll, wo das Nolde Museum ausgeschildert ist.

Nolde Museum

Emil Nolde, einer der größten deutschen Expressionisten, stammte aus genau dieser Gegend in Nordfriesland. Kurz nach seinem Tod gründete die nach ihm und seiner Frau benannte Stiftung diese Museumsperle. Schwerpunkt der Ausstellung sind die wunderschönen Aquarelle des Meisters. Der blumenübersäte Garten verleiht dem Museum noch zusätzlichen Zauber. Ein obligatorischer Zwischenstopp!

ℹ️ *Tgl. 10–18 Uhr | 6 € | Seebüll 31 | Neukirchen | nolde-stiftung.de*

53 km | Ihr steuert zurück auf dem Revtoftweg nach Osten und wenn ihr im Dorf Süderlügum auf die B5 trefft, fahrt ihr links und sofort wieder rechts in die Norderstraße. Auf kleinen Straßen geht es über die Dörfer Westre, Ladelund, Medelby und Osterby, um dann in Wallsbüll links auf die größere Straße 199 abzubiegen, die direkt ins Zentrum Flensburgs führt.

Ziel & Spot (18)

Flensburg
Die Stadt mit dem Plopp ▶ S. 170

Spot 15

Amrum
Nordfriesland in der Nussschale

Dieses kleine Fleckchen Erde hat einfach alles: wunderschöne, riesige Strände und Dünen mit Aussichtspunkten sowie das weite Watt. Und dazwischen die gesamte Palette nordfriesischer Inselherrlichkeit: preisverdächtig hübsche, blumendekorierte Dörfer, eine historische Mühle, Vogelstation, Spazier-, Wander- und Radwege. Alles überragend reckt sich zudem der Leuchtturm zum Himmel, es werden sogar Nachtführungen auf den Turm angeboten.

P *Auf Amrum gibt es keine Parkprobleme. Wer die Insel autofrei besucht, lässt sein Gefährt am Parkplatz in Dagebüll (Fährhafenstr. 2 | Dagebüll | GPS: 54.732342, 8.701905).*

STRECKE MACHEN

Der Weg zum Wasser zieht sich ganz schön am Strand von Norddorf auf Amrum.

Von Nordstrand nach Flensburg F

AKTIVITÄTEN & SIGHTSEEING

1 Norddorf mit seinem Riesenstrand genießen

Der lebhafte Ortskern zwischen Watt und gigantischem Strand ist die ideale Einstiegsdroge für Amrum. Der Holzsteg führt schier endlos über den Sand in Richtung Meer. Ganz stilecht könnt ihr einen **Strandkorb** mieten: Die Anbieter stehen stets Spalier. In den Dünen geht's hoch zur **Aussichtsplattform Himmelsleiter** (GPS: 54.68053, 8.31482). **Anfahrt:** Bus vom Fähranleger in Wittdün (faehre.de) **Infos:** Strandkorbvermietung Boyens | tgl. 7–17 Uhr | boyens-amrum.de

2 In Nebel ins Schwärmen kommen

Das Dorf Nebel wirkt buchstäblich wie aus dem Bilderbuch gefallen: Reetdachhäuser, unfassbar schöne Rosengärten, schnuckelige Cafés und Boutiquen, das historische **Öömrang Hüs** (Kapitänshaus, Mo–Fr 11–13.30 Uhr | Eintritt frei, Spende erbeten | Waaswai 1 | Nebel | oeoemrang-hues.de) aus dem 18. Jh. und am Ortseingang Schleswig-Holsteins älteste **Mühle**, heute das **Heimatmuseum** (tgl. 10.30/11–13, 14.30–16/17 Uhr | Eintritt frei, Spende erbeten | Ualjaat 4 | Nebel | am rumer-windmuehle.com).

Insider-Tipp: Besonders berührend Bei der Mühle versteckt sich der **Friedhof der Namenlosen:** Hier ruhen 32 nicht-identifizierte Tote, die die Flut vor 100 Jahren anschwemmte.

3 Zwischen den Vögeln stolzieren

Zwischen Nebel und Norddorf versteckt sich in einem Wäldchen die **Vogelkoje Meeram,** in der einst Wildenten gefangen wurden. Holzstege führen über Feuchtgebiete und Gewässer. Hunderte Tierchen quaken, zwitschern und singen hier um die Wette. Von diesem Kulturdenkmal führt ein **Dünenlehrpfad** in rund 20 Min. zum kleinen **Leuchtturm** am herrlich ruhigen Strand. Kurz hinter der Vogelkoje siehst du rechts vom Bohlenweg das archäologische Areal mit einem **eisenzeitlichen Haus,** das man hier aus Holz und Grassoden nachgebaut hat. **Infos:** Alles frei zugänglich | GPS: 54.66390, 8.32627

REGENTAG – UND NUN?

4 Begegnung mit einem Pottwal ausmalen

Schaut auf jeden Fall im **Naturzentrum Amrum** vorbei – ganz besonders mit den Kids. Die können sich nämlich gar nicht sattsehen an dem authentischen Pottwalskelett, das hier hängt. Aber auch sonst gibt's eine Menge zu erfahren über die Geschichte sowie Pflanzen- und Tierwelt der Insel. Auch ein paar Aquarien sind dabei – habt ihr schon mal Krebse und Seesterne gefüttert? Es gibt für alles ein erstes Mal. **Infos:** Tgl. 10–12 u. 13–17 Uhr | Eintritt frei, Spende erbeten | Strunwai 31 | Norddorf | naturzentrum-amrum.de

Spot 15 · Amrum

5 Die einsame Wattseite erforschen

Gönnt euch einen ausführlichen Spaziergang (oder eine Radtour) am Watt entlang von **Norddorf** nach **Nebel** – kilometerweite Aussichten auf die Halligen, kaum Leute, aktive Amrummeditation vom Feinsten! Und zurück geht's dann auf der Waldseite, vorbei an Vogelkoje, Aussichtsdüne und Co.

ESSEN & TRINKEN

6 Café Bäckerei Schult

Bitte bei der Kaffeepause im Amrumklassiker weder geizen noch Kalorien zählen, sondern die große Friesentorte bestellen. Die Pfunde werden später abtrainiert. Schöne Sitzplätze auf der großen Terrasse. **Infos:** *Mo–Sa 6.30–18, So 7.30–18 Uhr | Ual Saarepswai 9 | Norddorf | Tel. +49 4682 22 34 | cafe-schult.de | €€*

7 Likedeeler

In dem mit Feingefühl modernisierten und weiterhin urgemütlichen Traditionslokal schmecken zum Blick übers Watt bis nach Föhr natürlich die Fischgerichte hervorragend, insbesondere mit einem Glas des exzellenten Weins, der hier ausgeschenkt wird. Das friesische Tapaslokal **Hal mei** *(hal-mei.de)* ein paar Schritte entfernt ist übrigens auch top. **Infos:** *Mi–Mo 17–23 Uhr | Stianoodswai 29A | Nebel | Tel. +49 4682 7 77 | likedeeler-amrum.de | €€*

8 Friesen-Café

Mitten in der puren Idylle des historischen Ortskerns von Nebel, zwischen all den Reetdächern und Rosengärten, wartet das zweite Café-Wahrzeichen der Insel. Außer einwandfreiem Kaffee und Kuchen kommen hier auch richtig leckere Suppen auf den Tisch. Und das Eis in der Friesenwaffel sucht auch seines-

SCHULT-KULT

Im Amrumer Traditionscafé kommt echte Friesentorte auf den Teller.

gleichen. **Infos:** *Mi–Mo 12–18 Uhr | Uasterstigh 7 | Nebel | Tel. +49 4682 9 66 20 | friesen-cafe.de | €€–€€€*

EINKAUFEN

9 Blaufeuer

Darauf muss man auch erst einmal kommen: Ein Bekleidungsgeschäft zusammen mit einem kleinen Café, das Frühstück, Suppen, Desserts und sonstige Snacks vom Feinsten zubereitet. Die Klamotten in der Boutique sind aber auch ein paar Taler wert, z. B. die hauseigenen T-Shirts und Pullover mit Blaufeuer-Label. **Infos:** *Mo–Sa 10–18 Uhr | Waasterstigh 25 | Nebel | Facebook: Blaufeuer Amrum*

STELL- & CAMPINGPLÄTZE

10 Der Monopolist in den Dünen

Amrum ist der perfekte Ort für einen Campingurlaub. Der einzige Campingplatz der Insel liegt herrlich in den Dünen unweit des Fährhafens von Wittdün und mit direktem Zugang zum feinsandigen, außerordentlich schönen Strand. Auch der Leuchtturm ist bestens zu Fuß zu erreichen. Da es keine Alternativen gibt, solltet ihr euch – insbesondere, falls ihr Urlaub für den Hochsommer plant – mit der Reservierung absolut sputen. Ansonsten bleibt nur die Möglichkeit, mit Privatgastgebern zu verhandeln und zu fragen, ob sie noch Platz im Garten haben für euer Womo. Obwohl der Campingplatz hier also völlig konkurrenzlos ist, bietet er ein wirklich gutes Niveau. Wer ohne fahrbaren Untersatz kommt, kann Mietwohnwagen buchen. Gute sanitäre Anlagen mit geräumigen Einzelduschen. Der Campingplatz wurde 2020 neu verpachtet. Ab 2021 soll er mehr in Richtung Glamping entwickelt werden mit Restaurant, Sonnenlounge und Biergarten.

Dünencamping Amrum

€€ | Inselstr. 125 | Wittdün auf Amrum
Tel. +49 4682 22 54 | camping-amrum.de
GPS: 54.628923, 8.366022

▸ **Größe:** *ca. 50 Stellplätze*
▸ **Ausstattung:** *Mietwohnwagen, Wäscheraum, Küche, Spielplatz, Strandzugang*

Spot 16

Föhr
Elegante und entspannte Weitsicht

Die Insulaner nennen ihre Heimat gern die „Friesische Karibik". Zwar wirkt eine solche Bezeichnung spätestens nach ein paar Tagen typischen Schmuddelwetters ziemlich weit hergeholt. Aber ein bisschen etwas ist dran: Föhr liegt nämlich ideal im Windschatten von Amrum und Sylt. Auch die nahen Halligen schützen das Eiland vor allzu rauer See. Dazu die schönen Dörfer und Strände – ein äußerst reizvolles Gesamtpaket.

🅿 *Auf Föhr selbst gibt es keine Parkprobleme. Wer die Insel autofrei besucht, lässt sein Gefährt auf dem Parkplatz in Dagebüll (Fährhafenstr. 2, GPS: 54.732342, 8.701905 | Dagebüll).*

LANDLUFT UND HEUBALLEN

Das rechte Inselfeeling stellt sich auf Föhr spätestens auf der Radtour ein.

Von Nordstrand nach Flensburg

AKTIVITÄTEN & SIGHTSEEING

1 Einen Fahrrad-Loop über die Insel drehen

Schnappt euch ein Rad, z. B. beim freundlichen, preislich fairen und gut ausgestatteten **Fahrradverleih Fehr** *(Mo, Mi–Sa 9–18, Di 9–14, Sa 10–14 Uhr | Badestr. 6 | Wyk auf Föhr | fahrrad-fehr.de)* am Rand der Altstadt von Wyk und strampelt los auf den ausgeschilderten Wegen nach Nordwesten über die Dörfer Wrixum, Oevenum und Midlum, wo ihr viele historische sowie elegante neue Häuser mit schmuckem Reetdach bewundern könnt. Über Alkersum macht ihr dann einen Bogen nach Nieblum mit seinem netten Ortskern und dem Goting Kliff (s. u.) samt Strand. Auf dem Rückweg nehmt nicht die Hauptstraße, sondern den Fahrradweg am Flugplatz vorbei. **Infos:** *Rundtour ca. 14 km*

2 Utersum historisch und am Strand erleben

Über 600 Jahre hat das beschauliche Dorf am Westende der Insel auf dem Buckel und das sieht man auch: Viele historische Reetdachhäuser mit gemütlichen Cafés und Lokalen bilden die perfekte Kulisse für einen gelungenen Urlaubstag. Und in wenigen Gehminuten erreicht ihr den tollen **Sandstrand** mit einmaligem Blick auf das nahe Amrum und die Südspitze von Sylt.

3 Die Boldixumer Vogelkoje kennenlernen

Die ehemalige Entenfangstation ist heute ein beliebtes Ausflugsziel im einsameren Nordosten von Föhr. Es sind keine 5 km von Wyk bis zum Feuchtgebiet, das man über eine klappbare Fußgängerbrücke betritt. Ein Kojenwärter erklärt die Anlage und die aktuelle Vogelwelt auf dem Gelände. **Infos:** *Sommer Mo–Fr 10–12 Uhr, sonst spontan oder nach Vereinbarung | Eintritt frei, Spende erbeten | Große Str. 34 | Wyk auf Föhr | foehr.de*

4 Am Goting Kliff in die Fluten springen

In Nieblum müsst ihr unbedingt einen Abstecher Richtung Wasser machen. Das sehenswerte Goting Kliff ist ein Steilküstenabschnitt mit ausgezeichnetem Strand – je nach Gezeitenlage ideal

REGENTAG – UND NUN?

5 Neue Kunst und das Meer bestaunen

Würde man jetzt spontan gar nicht erwarten, dass sich im kleinen Dörfchen Alkersum solch ein ambitioniertes, künstlerisch wertvolles Projekt findet. Im **Museum Kunst der Westküste** gibt es thematisch wechselnde Ausstellungen, die fast immer auf die ein oder andere Weise etwas mit dem Meer zu tun haben. Der Schwerpunkt liegt auf modernen, aber meist gegenständlichen Werken. Zum sehenswerten Gebäude gehört auch ein Restaurant-Café mit schönem Garten. **Infos:** *Di–So 10–17 Uhr | 10 € | Hauptstr. 1 | Alkersum | mkw.de*

F Spot 16 · Föhr

für einen kleinen Wattspaziergang oder ein Bad im kühlen Nass. Perfekt auch für Kinder, weil das Wasser nur ganz langsam tiefer wird. Es gibt zudem einen Bereich, der als Hundestrand fungiert.

ESSEN & TRINKEN

6 Gasthaus Knudsen
Im historischen Utersum muss man einfach essen gehen. Dieses Lokal ist einerseits sehr traditionell, beweist aber andererseits seine Kreativität mit vielen interessanten Speisen. Die Fischgerichte sind durch die Bank allererste Qualität. **Infos:** Fr–Mi 12–15, 17.30–21 Uhr | Boowen Taarep 15 | Utersum | Tel. +49 4683 3 08 | gasthaus-knudsen.de | €€

Insider-Tipp: Mittagessen ohne Stress — Im Sommer wird's bei Knudsen abends voll. Deswegen kommt am besten zur Mittagszeit – dann läuft alles ganz entspannt und sorgenfrei ab.

7 Am Flugplatz
Der Radweg von Nieblum nach Wyk bringt euch direkt an diesem Café-Restaurant vorbei: Ob für Kaffee und Kuchen oder ein vollwertiges Essen – die Location ist unschlagbar, denn hier könnt ihr von eurem Tisch aus die kleinen Maschinen beim Starten und Landen beobachten. Lecker: die Hamburger Spezialität Pannfisch und danach eine „Tote Tante" (Schokoladengetränk mit Rum und Sahne)! **Infos:** Mi–Mo 11–20 Uhr | Am Flugplatz 18 | Wyk auf Föhr | Tel. +49 175 8 00 75 73 | Facebook: Am Flugplatz Wyk | €–€€

8 Hofcafé MeiMi
Ein Besuch ist für Leckermäuler obligatorisch. Hier herrscht eine freundliche

EINFACH LEBEN
Einen Friesentee aufbrühen und das Selbstversorgerdasein genießen …

und lässige Atmosphäre, wozu auch der schöne Garten beiträgt. Die Auswahl an selbst gebackenen Kuchen und Torten ist nicht riesig, aber dafür großartig! *Infos:* Tgl. 13.30–18 Uhr | But Dörp 4 | Wyk auf Föhr | hofcafe-foehr.de | €€

EINKAUFEN

9 Altes Friesisches Teehaus

Friesland ohne Tee ist kein Friesland. In diesem Laden kommt ihr auf eure Kosten: unendlich viele Sorten, von pur bis aromatisiert. Und wer gar nichts mit Darjeeling und Co. anfangen kann, findet auch Kaffees und Spirituosen aller Art. Natürlich darf auch probiert werden. Nicht günstig, aber angemessen. *Infos:* Mo–Sa 9–17, So 10–17 Uhr | Jens-Jacob-Eschel-Str. 13 | Nieblum | teehaus.de

STELL- & CAMPINGPLÄTZE

10 Einziger Stellplatz auf Föhr, zum Glück gut

Wenn es immer so schön aussähe, dann wäre die Campingwelt perfekt. Ein wirklich einwandfreier Stellplatz mit blitzsauberen, modernen und geräumigen Sanitäranlagen und überaus freundlichem und hilfsbereitem Betreiberehepaar. Außerdem machen im Vergleich zu so manch anderem Campingplatz natürlich auch die recht moderaten Preise gute Laune. Hinzu kommt die ideale Lage in Utersum zwischen historischem Ortskern und Strand. Föhr besitzt erstaunlicherweise, genau wie Amrum, nur einen einzigen Campingplatz. Und der ist noch nicht einmal auf Besucher mit Zelt eingerichtet, sondern nur für Wohnmobile und Busse gedacht. Einzige Alternative ist auch hier, eine klassische Unterkunft auf der Insel zu buchen und das Wohnmobil entweder dorthin mitzubringen oder im Hafen von Dagebüll stehenzulassen.

Sörensen Womo-Stellplatz

€ | Strunwai 16 | Utersum
Tel. +49 4683 2 14 | wohnmobile.business.site
GPS: 54.716103, 8.401153
▶ *Größe:* ca. 50 Stellplätze
▶ *Ausstattung:* Brötchenservice

Spot 17

Sylt
Deutschlands legendäre Nordspitze

Sylt ist nur etwas für Reiche und Schöne? Fahrt einfach unbesorgt hin und beweist das Gegenteil! Echter Reichtum und wahre Schönheit kommen sowieso von innen und die Insel ist und bleibt ein klasse Erlebnis! Klar, ein paar Modeboutiquen und Restaurants sind teuer. Aber 90 Prozent der Insel sind nicht schickimicki, sondern tolle Strände, fantastische Wanderwege und heimelige Dörfer. Schon allein die Anreise per Fähre oder Autozug ist ein Event.

P Über die Insel verteilt gibt es ausreichend Parkmöglichkeiten, z. B. einen riesigen Parkplatz gleich am Hafen in List (Hafenstr. 34 | List | GPS: 55.018534, 8.438064). Die Parkplätze rund um die Fußgängerzone von Westerland sind schnell besetzt. Unschlagbar günstig ist das etwa 500 m südlich gelegene kleine Parkhaus (Trift 5 | Westerland | GPS: 54.904930, 8.311097).

SOMMERSIEDLUNG

In Westerland gibt es mehr Strandkörbe als in manchen Dörfern Häuser.

Von Nordstrand nach Flensburg F

AKTIVITÄTEN & SIGHTSEEING

1 Im Hafen von List bummeln

Sie Fähre aus Dänemark spuckt euch gleich mitten im Sylter Gewimmel aus. Das Lister Leben spielt sich im Hafen ab: die berühmte **Fischhalle**, das **Erlebniszentrum Naturgewalten** (s. u.) und knallbuntes Treiben rund um die vielen Fischlokale und Cafés am Wasser.

2 Langfahren, wo Schafe Vorfahrt haben

Man kennt es von den Autoaufklebern: Ganz weit oben macht Sylt noch eine lustige Krümmung. Das Ganze heißt **Ellenbogen** und du zahlst Maut, um bis zu einem der Parkplätze dort fahren zu dürfen. *Infos:* pro Fahrzeug 6 €.

Insider-Tipp: Deutschlands Ende — *Parkt auf Höhe des Leuchtturms List-Ost (GPS: 55.049176, 8.438428) und stapft auf einem kleinen Trampelpfad zwischen Dünen und Strand zur absoluten Nordspitze.*

3 Stars in Kampen treffen

Von Weitem sieht es hier urig-dörflich aus, nur dass die meisten Häuser eher neu und exklusiv wirken. Bauvorschrift: Erdgeschoss, Dachgeschoss, Reetdach. Teilweise gibt es mehrstöckige Keller, die man an den Oberlichtern im Garten erkennt. Vielleicht trefft ihr ja ein paar der Promis, die gern im Nobeldorf logieren. Abends steigen die Partys entlang der Club- und Restaurantstraße **Strönwai**.

4 Zu Uwe auf die Düne klettern

Bei Kampen reckt sich die **Uwe-Düne** 52,50 m Richtung Himmel und ist damit die höchste Erhebung Sylts. 110 steile Stufen bringen euch hinauf, aber oben angekommen vergesst ihr sofort die Strapazen: Nordsee-Panorama pur! Benannt ist die Düne nach einem Juristen, der im 19. Jh. für ein unabhängiges Schleswig-Holstein kämpfte. Nehmt auf dem Rückweg den teils auf Holzstegen angelegten Weg zum **Roten Kliff**, Steilküste und Strand ergänzen sich wunderbar.

5 Durchs hübscheste Dorf der Insel schlendern

Ohhhh, wie schön! Genau das ist **Keitum**. Das ganze Dorf steht voller Reetdachhäuser, eins entzückender als das andere. Nichts ist hier vom Reißbrett, sondern alles historisch gewachsen. Ins stimmungsvolle **Sylt Museum** geht ihr durch den Unterkieferknochen eines Finnwals. *Infos:* soelring-museen.de *Parken:* Keitum West, GPS: 54.895662, 8.362720

6 Am Morsum-Kliff entlangkraxeln

Knapp 100 Jahre steht die **Heidelandschaft** hier schon unter strengem Naturschutz. Es gibt auf Schritt und Tritt einzigartige Aussichten vom Kliff aufs Meer und sogar auf die Autozüge auf dem Damm. Und doch ist es nicht extrem überlaufen. Die Flipflops kannst du im Womo lassen: Die vielen Pfade sind eher Wanderung als Spaziergang. *Parken:* GPS: 54.872382, 8.458324

7 Über die Fußgängerzone zum Strand bummeln

„Ich will zurück nach **Westerland**", – sangen schon „Die Ärzte" – und das zu Recht! Der 9000-Seelen-Ort ist sicher nicht der idyllischste der Insel, aber in der trubeligen Innenstadt geht's unprätentiös und unkompliziert zu. Auf der Flaniermeile **Friedrichstraße** gibt's alles: vom schicken Lokal bis zum Fischbrötchen. Und selbstverständlich wird euch auch ein Nachtleben geboten. Die Fußgängerzone endet direkt an der mächtigen Promenade. Hier gilt: sehen, gesehen werden und staunen, z. B. beim Blick auf die Armeen an Strandkörben, die sich auf dem Sand drängeln.

8 Ums salzige Rantumbecken strampeln

Den Brackwassersee könnt ihr komplett umrunden, am besten per Fahrrad. Und habt ihn meist für euch allein, denn sogar in der Hochsaison ist es am Rantumbecken herrlich ruhig. Während ihr auf zwei Rädern über die Salzwiesen gleitet, weht euch der Wind unvergleichlich um die Nase. Der Ort **Rantum** selbst mit seinen paar Lädchen, Cafés und kleinem Hafen ist einen Zwischenstopp wert. *Infos: Fahrradverleih Rantum | Strandweg 7 | Rantum | fahrradverleihrantum.de*

Insider-Tipp
Dünenzauber deluxe
Verpasst nicht den Strandzugang gegenüber dem Campingplatz an der Hörnumer Straße (GPS: 54.864219, 8.293329). Auf einem Holzpfad geht's hoch über die Düne und dann per Treppe zum Wasser hinunter – Sylt in Reinstform.

9 Die Südspitze von Hörnum umwandern

Hörnum ist ein entspanntes Örtchen – perfekt zum Schlendern. Richtig spannend wird's aber erst bei einer Wanderung um die **Hörnum Odde** ganz im Süden der Insel. Vom Weststrand geht es immer am Wasser entlang bis zum südlichsten Zipfel von Sylt mit tollem Blick auf die Nachbarinnen Amrum und Föhr. Unterwegs kommt ihr durch Traumlandschaften und vorbei an wunderbaren

REGENTAG – UND NUN?

10 Sich der Kraft der Natur hingeben

Direkt am Wasser findet ihr im Hafen von List neben Fisch, Kuchen und Cappuccino das große **Erlebniszentrum Naturgewalten Sylt,** in dem sich alles um Nordsee und Wattenmeer dreht: über Tiere und Pflanzen, die hier leben, bis hin zu den Menschen. Ein Spaß – besonders, aber nicht nur – für Kinder. Wenn ihr in die Ausstellung wirklich eintauchen wollt, bringt ein paar Stunden Zeit mit: Animationen und Filme begleiten die Exponate, Klima und Wetter werden anschaulich erklärt – und ein virtueller Flug über Sylt ist auch im Preis mit drin! *Infos: Tgl. 10–18 Uhr | 14,50 € | Hafenstr. 37 | List auf Sylt | naturgewalten-sylt.de*

Von Nordstrand nach Flensburg F

Reetdachhäusern. An der ruhigeren Ostseite stapft ihr dann zurück bis in den **Hörnumer Hafen** für ein Fischbrötchen.

ESSEN & TRINKEN

11 Kaffeerösterei
Ihr bestellt an der Theke und werdet im wunderschönen Garten bedient. Strandkörbe gibt's auch. Der selbst geröstete Kaffee – drinnen steht die große Maschine – schmeckt unvergleichlich. Und auch die Kuchen und Torten sind nicht von schlechten Eltern. Im Anschluss geht's dann für einen Verdauungsspaziergang auf den Deich nebenan. **Infos:** Tgl. 11–17.30 Uhr | Hafenstr. 9 | Rantum | Tel. +49 4651 2 99 57 57 | kaffeeroesterei-sylt.com | €€

12 Kupferkanne
Noch im schicken Promiort Kampen, aber ganz am Rande im Grünen versteckt sich dieses legendäre Café, das jedes Lob doppelt verdient. Sollte die hübsche Außenterrasse voll sein, nehmt euch Kaffee und Kuchen to go und genießt sie mit Blick aufs nahe Meer. **Infos:** Tgl. 10–17.30 Uhr | Stapelhooger Wai 7 | Kampen | Tel. +49 4651 4 10 10 | kupferkanne-kampen.de | €€–€€€

13 Alte Backstube
Klingt nach Café – und die Windbeutel in verschiedener Ausführung sind tatsächlich unschlagbar! Aber in dem wunderschönen Garten werden euch von exzellenten Fischgerichten bis hin zu tollen Pfannkuchen mit Lachs auch herzhafte Leckereien aufgetischt. **Infos:** Do–Di 12–21 Uhr | Süderhörn 2 | List auf Sylt | Tel. +49 4651 87 05 12 | altebackstube.de | €€

14 Café Wien – Sylter Schokoladenmanufaktur
Was euch hier geboten wird, ist reines Hüftgold. Aber es macht glücklich! Ne-

CAFÉKLASSIKER

Auf der Terrasse der Kampener Kupferkanne hörst du das Plätschern der nahen Wellen.

F Spot 17 · Sylt

ben all dem Süßen gibt's eine riesige Frühstücksauswahl, leckere Suppen, Flammkuchen und Rösti. **Infos:** Tgl. 9.30–21 Uhr | Strandstr. 13 | Westerland | Tel. +49 4651 53 35 | cafe-wien-sylt.de | €€

EINKAUFEN

15 Gosch Fischmarkt

Auf dem Markt könnt ihr euch eindecken mit Mitbringseln für zu Hause. Wer eine gute Kühlung an Bord hat, kauft Fisch, ansonsten gibt's auch eine Menge Souvenirs von Windlichtern bis hin zu Champagnerkühlern. In der Alten Bootshalle von List findet ihr das zugehörige **Restaurant. Infos:** Tgl. 10–19 Uhr | Hafenstr. 333 | List auf Sylt | gosch.de

16 Scandic Way of Life

Exklusive Klamotten findet ihr auf der Insel natürlich wie Sand an der Nordsee. In diesem Laden sind sie nicht allzu überteuert und die Kleidermarken, die man sonst oft nur in Skandinavien findet, sind ein echter Blickfang. **Infos:** Mo–Fr 10–19, Sa 9.30–18.30, So 11–17 Uhr | Friedrichstr. 32 | Westerland | scandic-shop.de

AUSGEHEN & FEIERN

17 Barbushka Cocktailcafé

Das kleine Barbushka glänzt vor allem durch seine reichhaltige Auswahl leckerer Cocktails. Hier wird einfach alles gemixt – und das zu fairen Preisen. Wenn zu später Stunde doch noch der Hunger anklopft, werden auch Tapas kredenzt. **Infos:** Mo–Sa 11–23 Uhr | Friedrichstr. 14 | Westerland | Facebook: Barbushka Cocktailcafe | €€

18 Gogärtchen

In der Partystraße von Kampen kommen Austern, Fischgerichte, Steaks und

EINGEBETTET

Zwischen Meer, See und hübschem Örtchen macht sich der Campingplatz Rantum so richtig breit.

Von Nordstrand nach Flensburg F

Tatar auf den Tisch, ihr könnt aber auch einfach die Drinks genießen – und das bis spätabends. Vorher Kontostand checken, denn ganz billig kommt hier keiner weg. *Infos: Tgl. 13–23.45 Uhr | Strönwai 12 | Kampen | gogaertchen.com | €€€*

STELL- & CAMPINGPLÄTZE

19 Voller Service zwischen Strand und See

Ohne Zweifel der angenehmste Campingplatz der Insel. Auf dem riesigen Gelände findet jeder sein Plätzchen, die Sanitärgebäude sind modern und großzügig und die Zufahrt könnte komfortabler nicht sein. Das Tollste ist aber die Lage: Vom Campingplatz schweift der Blick übers Rantumbecken, den Brackwassersee, den man per Fahrrad umrunden kann. Und gegenüber dem Haupteingang führt ein schöner Weg über die Düne zum Traumstrand. Zum Gelände gehört das hervorragende **Restaurant Tiroler Stuben,** in dem es nicht nur Alpenküche, sondern auch hervorragende Fischgerichte oder einfach ein frisch gezapftes Feierabendbier gibt. Im benachbarten Dorf Rantum könnt ihr eine Wattwanderung für Anfänger buchen.

Campingplatz Rantum

€€ | Hörnumer Str. 3 | Rantum
Tel. +49 4651 8 89 20 08 | camping-rantum.de
GPS: 54.864094, 8.294467

▶ **Größe:** *ca. 200 Stellplätze*
▶ **Ausstattung:** *Brötchenservice, Restaurant, Bäckerei, Shop für Camping- und Freizeitzubehör, Spielplatz, Animation für Kinder, Wäscheraum, Küche, Organisation von Ausflügen*

20 Die ruhige Alternative

Ein bisschen abseits versteckt sich unweit von Keitum und dem Wanderhighlight Morsum-Kliff dieser kleine Campingplatz, auf dem die netten Betreiber alles fürs Wohlergehen der Gäste tun. Hier findet sich immer eine Lösung, wenn jemand spät anreist oder Unterstützung benötigt. Wer zu Fuß zum Strand will, sollte lieber in Rantum campieren, wer aber Ruhe und Erholung sucht, ist hier allerbestens bedient.

Campingplatz Mühlenhof

€–€€ | Melnstich 7 | Sylt-Ost
Tel. +49 4651 89 04 44 | campingplatz-sylt.de
GPS: 54.865814, 8.421992

▶ **Größe:** *ca. 60 Stellplätze*
▶ **Ausstattung:** *Brötchenservice in der Hauptsaison, Spielplatz, Wäscheraum, Grillplatz*

Spot 18

Flensburg
Die Stadt mit dem Plopp

Richtig: Eigentlich hat diese Stadt in einem Buch über die Nordseeküste nichts zu suchen. Die Flensburger Förde gräbt sich tief ins Landesinnere von Schleswig-Holstein ein, aber gehört natürlich trotzdem ganz klar zur Ostsee. Trotzdem wäre es ein Fehler, Flensburg links liegen zu lassen, wenn man sich schon bis Sylt hochgekämpft hat: Die Altstadt, der Hafen, die Förde und die nahen Ausflugsziele in Dänemark haben es nämlich in sich. Und von Niebüll ist es ein Katzensprung.

P Versucht euer Glück mit Straßenparkplätzen, aber im Zentrum und an der Förde ist es oft ziemlich voll. Sehr zentral gelegen ist das Parkhaus Große Straße (Speicherlinie 17, GPS: 54.787579, 9.435075 | Flensburg | mein-contipark.de).

HOCH IM NORDEN

Neben hübschen Häusern am Markt gibt's in Flensburg auch viel Wasser – und Bier.

Von Nordstrand nach Flensburg — F

AKTIVITÄTEN & SIGHTSEEING

1 Das Herz der Altstadt erkunden

Das historische Zentrum von Flensburg macht in vielerlei Hinsicht Freude. Ein wichtiger Grund dafür ist die **Rote Straße,** deren Kopfsteinpflaster den Südermarkt mit dem Neumarkt verbindet. Die alten Kaufmannshäuser mit den kleinen Läden, Cafés und Restaurants sind an sich schon ein Blickfang. Aber wartet, bis ihr erst die zahlreichen charmanten Innenhöfe entdeckt!

2 Gesetze der Physik erleben

Plant für die **Phänomenta** viel Zeit ein! Zahlreiche interaktive Experimente lassen euch im Wissenschaftszentrum der Flensburger Europa-Universität staunen, egal ob es um Fliehkräfte oder optische Täuschungen geht. Solche Science Center gibt es inzwischen in mehreren deutschen Städten, doch dieses war das Erste. *Infos:* Sommer Mo–Fr 9–17, Sa, So 10–18 Uhr, sonst kürzer | 12 € | Norderstr. 157–163 | Flensburg | *phaenomenta-flensburg.de*

3 Beim Booteflicken zuschauen

Was wäre Flensburg ohne Hafen? Jedenfalls nicht Flensburg. Wenn du alte Schiffe auch nur ein bisschen magst, wird dich die **Museumswerft** am Historischen Hafen begeistern. Liebevoll machen hier Ehrenamtler schwimmende Untersätze wieder flott, die oft schon ein Jahrhundert auf dem Buckel haben. Auch Azubis lernen vor Ort ihr Handwerk. Zur Stärkung gibt's ein Café und einen Fischbrötchenstand. *Infos:* Tgl. 10–17 Uhr | Eintritt frei | Schiffbrücke 43 | Flensburg | *museumswerft.de*

4 Rund um den Nordermarkt bummeln

Obwohl der Nordermarkt einer der schönsten Orte des Stadtkerns ist, haben viele Touristen ihn nicht auf dem Schirm. Umso besser für euch, so wird es nicht zu drängelig. Auf dem Platz und in der **Norderstraße** findet ihr eine Menge guter Restaurants und hübscher kleiner Geschäfte. Und auch hier gilt: unbedingt die süßen Hinterhöfe erkunden.

5 Die schwimmende Legende entern

Die alte Dame hat schon zwei Weltkriege und vieles mehr miterlebt und ist noch immer guter Dinge: 1908 lief die **„Alexandra"** vom Stapel und ist heute der letzte erhaltene **Fördedampfer.** Das Salonschiff gilt als Wahrzeichen Flensburgs und geht weiterhin auf Ausflugstour durch die schmale Meeresbucht zu Füßen der nördlichsten Stadt Deutschlands. Stilechter lässt sich das nicht machen. *Infos: Fahrten Mai–Sept. So | Zeiten und Preise s. Homepage | Historischer Hafen Höhe Schiffbrücke 12 | Flensburg | dampfer-alexandra.de*

6 Beim nordischen Nachbarn Hallo sagen

Dänemark beginnt praktisch vor den Toren der Stadt, ein Abstecher nach Skandinavien ist also absolutes Muss. Ein

Spot 18 · Flensburg

hübsches Ausflugsziel jenseits der Grenze bietet das Städtchen **Sonderburg** (dänisch: Sønderborg): Die Hafenpromenade mit ihren unzähligen Jachten ist ebenso spannend wie die Skulptur „Butt im Griff" von Günter Grass. Die Krönung bildet das Schloss am Ende der Promenade. *Infos: Mai–Okt. auch per Ausflugsschiff | nas-feodora.de*

7 In Eigenregie durch die Flensburger Förde kreuzen

Warum nicht ein bisschen Abenteuer in euer Leben bringen und auf dem Wasser mal selbst am Steuer sitzen? Im Jachthafen Wackerballig könnt ihr beim **Bootsverleih Flensburger Förde** führerscheinfrei Motorboote mieten: Anker lichten und Leinen los! *Infos: Tgl. 8–18 Uhr | Motorboot bis 5 Pers. ab 40 €/Std. | Strandweg 1B | Gelting | bootsverleih-flensburger-foerde.de*

8 Den Bierbrauern auf die Finger schauen

Den „Plopp" und die witzige Werbung kennt ganz Deutschland seit Jahrzehnten. Das Bier aus Flensburg hat nicht nur eine schöne Flasche, sondern wird von vielen auch geschmacklich geschätzt. Wo ihr schon einmal hier seid, solltet ihr also der ganzen Sache auf den Grund gehen und die **Flensburger Brauerei Emil Petersen** von innen unter die Lupe nehmen. Nach der ausführlichen Tour hat man einen ganz neuen Respekt für alle Bierbrauer. Und keine Sorge: Eine Verköstigung gehört am Ende des Rundgangs natürlich auch dazu. *Infos: Führung Mai–Sept. Mo–Fr 10 u. 14, Sa 10 Uhr | 12–15 € | Munketoft 12 | Flensburg | flens.de*

9 Bei der Tolk-Schau den Spieltrieb rauslassen

Dieser **Familienfreizeitpark** im Dorf Tolk, eine knappe halbe Autostunde von Flensburg, ist das perfekte Ziel für einen Tagesausflug mit Kindern. Eine Bimmelbahn bringt euch kreuz und quer durch den gesamten Park. Das dazugehörige Vergnügen garantieren Rutschen, Sommerrodelbahn, Achterbahn, Schwing-Boot, Autoscooter und dergleichen mehr. *Infos: Sa–Do 10–18 Uhr | inkl. Fahrgeräte 24 € | Tolkschau 1 | Tolk | tolk-schau.de*

REGENTAG – UND NUN?

10 Am Steuerrad drehen

Im charmanten kleinen **Flensburger Schifffahrtsmuseum** wird die Seefahrt von ihren Anfängen bis in moderne Zeiten beleuchtet. Es gibt schöne Schiffsmodelle, historische Dampfmotoren und sogar die Nachbildung eines alten Ladens mit Spirituosen, Kaffee und Weinessig. Am Beispiel einer Reederfamilie lernt ihr hautnah Flensburger Geschichte kennen. Die Besichtigung lässt sich gut kombinieren mit einem Besuch der Flensburger Museumswerft (s. S. 171). *Infos: Di–So 11.30–17 Uhr | 8 € | Schiffbrücke 39 | Flensburg | schifffahrtsmuseum-flensburg.de*

Von Nordstrand nach Flensburg F

ESSEN & TRINKEN

11 Hafenküche Flensburg
Wo die Flensburger Förde in die Altstadt hineinragt, werden euch in diesem modern gestalteten Restaurant vor allem hervorragende Fischvariationen präsentiert – saisonal und regional geprägt. *Infos:* Di–So 16–22 Uhr | Schiffbrücke 40 | Flensburg | Tel. +49 461 40 71 77 97 | hafenkueche-flensburg.de | €€

12 Hinkelstein
Ihr werdet dieses ein wenig abseits der Altstadt gelegene Lokal lieben: Von außen unscheinbar, von innen urig mit Fachwerk und gemütlichen Sitzecken, in denen gutbürgerliche deutsche Küche zu absolut fairen Preisen auf den Tisch kommt, alles hausgemacht. Sehr entspannte, familiäre Atmosphäre. *Infos:* Mi–Mo 18–21.30 Uhr | Fruerlunder Str. 70 | Flensburg | Tel. +49 461 31 34 80 50 | restaurant-hinkelstein.de | €–€€

13 Himalaya
Im Johannisviertel dürft ihr nicht das beste indische Restaurant der Stadt verpassen. Einfach immer der Nase nach – der Gewürzduft macht schon von Weitem richtig Appetit. Auch Vegetarier finden hier eine breite Auswahl an leckeren Gerichten. Für Sattesser gibt es zudem ein reichhaltiges Buffet. *Infos:* Mi–Mo 12–15, 17–22 Uhr | Angelburger Str. 69 | Flensburg | Tel. +49 461 40 83 36 72 | himalaya-flensburg.de | €–€€

14 Isa – Café & Eis
Nicht nur das Speiseeis aus eigener Herstellung (inklusive veganer Varianten) ist so manche Sünde wert, auch die Kuchen sind äußerst verführerisch. Hier sind Menschen am Werk, die ihren Job mit Sorgfalt und Begeisterung machen, was sich sofort auf die Kunden überträgt. Einfach nur sympathisch! *Infos:* Tgl. 11–18 Uhr | Norderstr. 77 | Flensburg | Tel. +49 461 40 77 14 12 | cafe-isa.de | €–€€

FAST EIN FJORD

Segler lieben sie: die Flensburger Förde zwischen Deutschland und Dänemark.

Spot 18 · Flensburg

EINKAUFEN

15 Flensburger Seifenhaus
Viele der Seifen, Shampoos, Conditioner etc. sind nicht nur bio und vegan, sondern auch nach dem Zero-Waste-Prinzip hergestellt. *Infos: Di–Fr 10–18, Sa 10–16 Uhr | Rote Str. 16 | Flensburg | flensburger-seifenhaus.de*

16 Flensburger Stadtmatrosen
Neben T-Shirts, Hoodies, Taschen und Beuteln gibt es haufenweise Geschenkwaren wie Kissen, Magnete, Becher etc. Alles sehr kreativ und freundlich. *Infos: Mo–Fr 10–18, Sa 10–16 Uhr | Norderstr. 19 | Flensburg | flensburg-shirts.de*

Insider-Tipp: Druck dich glücklich
Und wenn es etwas Individuelles sein soll, lass dir einfach dein eigenes Motiv aufs T-Shirt drucken. Das wird hier ganz hervorragend gemacht.

AUSGEHEN & FEIERN

17 Phono Flensburg
Die Cocktailbar bietet nicht nur kreative und leckere Drinks in gemütlicher Atmosphäre, sondern auch ein herrliches Fördepanorama. Besonders abends, wenn am und auf dem Wasser Tausende Lichter brennen, wird's richtig stimmungsvoll. Regelmäßig DJ-Abende und Tanz. *Infos: Fr, Sa 20 Uhr–open end | Schiffbrücke 50 | Flensburg | phono-fl.de*

18 Volksbad Flensburg
Selten ist die Bezeichnung „coole Location" so treffend wie in diesem Fall. Exakt im Jahre 1900 wurde in diesem Gebäude ein öffentliches Schwimmbad eröffnet. Seit 40 Jahren beherbergt es nun ein Kulturzentrum. Hier gibt's Livekonzerte und Veranstaltungen vom Feinsten, darunter auch regelmäßige LGBT-Partys. *Infos: Zeiten und Preise s. Website | Schiffbrücke 67 | Flensburg | volxbad.de*

GRENZENLOS SCHÖN
Die besten Campingplätze im Flensburger Raum liegen auf dänischer Seite.

Von Nordstrand nach Flensburg — F

STELL- & CAMPINGPLÄTZE

19 Auf der dänischen Seite schlafen

Im Raum Flensburg gelten die Campingplätze auf der dänischen Seite der Förde als die schönsten. Eine Topadresse ist das Frigård Camping, nur gut 14 km – per Fahrrad etwa 40 Minuten auf schönen Wegen – von Deutschlands nördlichster Stadt entfernt. Mit dem Schiff geht es noch deutlich schneller. Im Preis inbegriffen sind Sauna und beheiztes Schwimmbad. Wie überall nahe der Grenze wird hier Deutsch gesprochen.

Frigård Camping
€–€€ | Kummelefort 14 | Kruså
Tel. +45 74 67 88 30 | fricamp.dk
GPS: 54.84068, 9.45849

▶ Größe: 750 Stellplätze
▶ Ausstattung: Wäscheraum, Sauna, Tischtennis, Kinderspielplatz, Kinderanimation, Pool

20 Noch ein Campingplatz in Dänemark

Direkt neben dem Frigård Camping liegt der DCU Camping Kollund, ein schöner Platz mit besonders freundlichem Personal, sauberen Anlagen und nur wenigen Schritten bis zum Wasser. Wenn ihr weder Auto noch Rad fahren wollt, gibt es auch öffentliche Busse nach Flensburg und Sonderburg.

DCU Camping Kollund
€–€€ | Fjordvejen 29 A | Kruså
Tel. +45 74 67 85 15 | dcu.dk
GPS: 54.84548, 9.46749

▶ Größe: ca. 200 Stellplätze
▶ Ausstattung: Wäscheraum, Tischtennis, Kinderspielplatz

21 Die Alternative in der Stadt

Wenn ihr lieber nicht die Grenze überqueren, sondern ganz nah am schlagenden Puls Flensburgs bleiben wollt, ist der Stellplatz Citti-Park genau die richtige Wahl. Der Platz ist sauber und nicht zu laut, wenn man bedenkt, dass gleich gegenüber ein Einkaufszentrum liegt und es per Bus oder Fahrrad nur 10 Minuten ins Zentrum sind. Ein Stellplatz inklusive Grauwasserentsorgung ist kostenlos.

Wohnmobilstellplatz Citti-Park
€ | Lilienthalstr. 6 | Flensburg
Tel. +49 461 5 70 63 03 | citti-park-flensburg.de
GPS: 54.773641, 9.393977

▶ Größe: ca. 30 Stellplätze
▶ Ausstattung: kein Strom

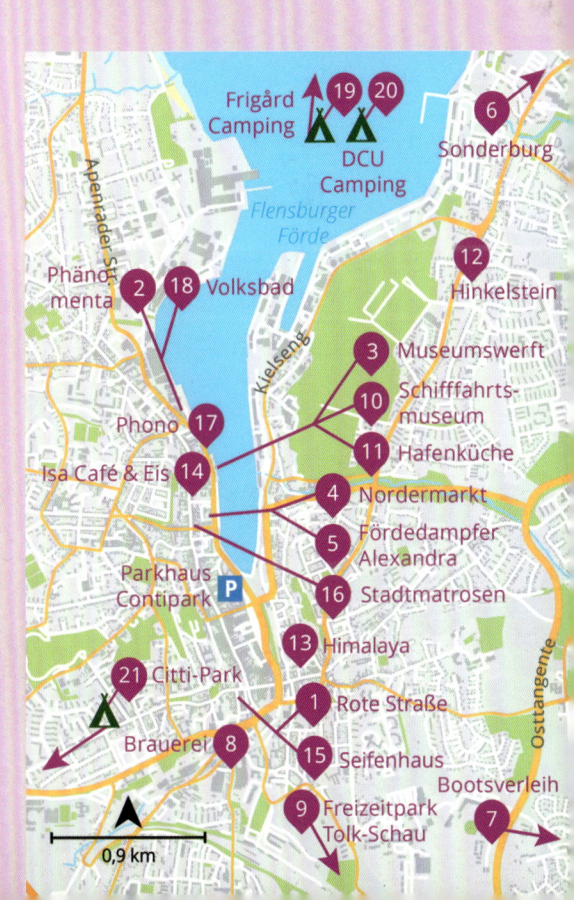

Planen – Packen – Losfahren

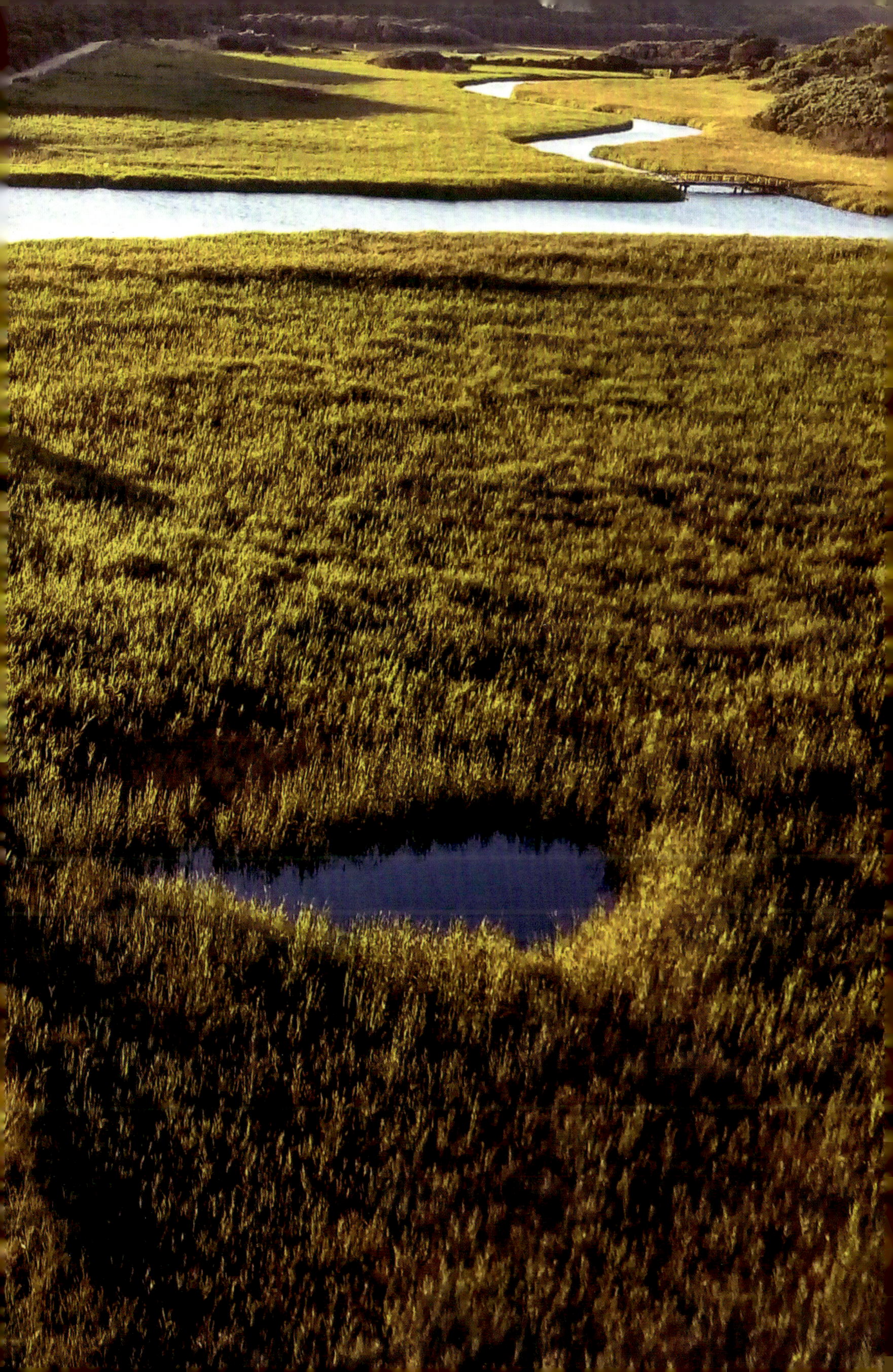

Gut zu wissen

Ärztliche Versorgung & Gesundheit

Die Ärztedichte an der Nordseeküste ist hoch. Auf einigen Inseln gibt es sogar Krankenhäuser. Die Kliniken auf Föhr und Helgoland gehören zu den kleinsten Akutkrankenhäusern Deutschlands.

Diplomatische Vertretungen

Schweizerische Eidgenossenschaft
Honorarkonsulat: Flughafenstr. 1–3 | Hamburg | Tel. +49 40 50 75 29 30 | *eda.admin.ch/berlin*

Republik Österreich
Honorarkonsulat: Kurze Mühren 1 | Hamburg | Tel. +49 40 30 80 12 05 | *austria-hamburg.de*

NOTFALLNUMMERN

Rettungsdienst/Feuerwehr: 112
Polizei: 110
Dringende, aber nicht lebensbedrohliche gesundheitliche Situationen: 116 117
Apothekennotdienst: 0800 0 02 28 33
Gift-Informationszentrum Nord: 0551 1 92 40
Sperrnummer bei EC-/Kreditkarten- oder Handyverlust: 116 116, Kreditkartennummer, IBAN/BIC bzw. Handynummer bereithalten

Entsorgungsstellen

So gut wie alle Campingplätze und eine Reihe offizieller Womostellplätze verfügen über Entsorgungsstellen für Grauwasser und Chemie-WCs. Auf vielen Campingplätze gibt es Entsorgungsautomaten für Kassettentoiletten, was den Prozess noch einfacher und zügiger macht.

Fähren

Die Überfahrten auf die Inseln können das Urlaubsbudget strapazieren, bei den Ostfriesischen Inseln übrigens stärker als im Fall von Sylt, Amrum und Föhr, wo die Fähren vergleichsweise günstig sind. Dafür sind die meisten Ostfriesischen Inseln autofrei, was die Kosten für die Überfahrt in diesen Fällen wiederum in Grenzen hält. Die Überfahrtszeiten liegen je nach Insel bei ca. 30 bis 90 Minuten, sogar auf die einzige deutsche Hochseeinsel, Helgoland, fliegt der moderne Katamaran in schlappen 75 Minuten von Cuxhaven aus. Nur nach Borkum dauert's aus Emden knapp über zwei Stunden mit der klassischen Fähre. Aber auch hier schafft es der Katamaran in etwa einer Stunde.

Gas und Strom

5-kg- und 11-kg-Propan- und Butangasflaschen gehören zu jedem Campingfahrzeug, sind klassischerweise grau mit einem roten Ring und können in

Deutschland fast überall problemlos befüllt oder ausgetauscht werden. Rote Flaschen dagegen stammen von einer konkreten Firma und werden normalerweise auch nur bei Vertretern dieser Marke gewechselt und befüllt.

Hunde

Insgesamt ist die Nordseeküste sehr hundefreundlich und es findet sich fast immer eine Wiese oder ein Strandabschnitt zum Spielen und für genügend Auslauf. Auf allen Inseln und an den Stränden des Wattenmeers sind Hundestrände speziell gekennzeichnet, an den übrigen Stränden gilt dann Hundeverbot. Auf einigen Ostfriesischen Inseln müssen die Tiere sogar am Hundestrand an die Leine. Fast alle Campingplätze heißen die Vierbeiner willkommen. Doch meist gilt Anleinpflicht und auf manchen Plätzen gibt es hundefreie Zonen. Zahlreiche Restaurants erlauben Hunde im Innenraum, die meisten zumindest draußen auf der Terrasse. Und auf allen Fähren darf man Hunde mit an Bord nehmen und muss sie nicht im Auto lassen. Nach Langeoog kostet das Hundeticket für die Fähre fast so viel wie für Erwachsene. Jeder Hund sollte unbedingt einen Chip implantiert haben und am besten noch eine Adresskapsel bei sich tragen, dann kann er nicht so leicht verloren gehen. Und ein gut sitzendes Hundegeschirr ist in der Regel besser als ein Halsband, weil es den Druck besser verteilt.

Insider-Tipp
Bitte ausweisen!

Zur Sicherheit solltet ihr den EU-Heimtierausweis (pet passport) dabeihaben, auch weil einige Touren kurz nach Dänemark führen.

Gut zu wissen

WAS KOSTET WIE VIEL?

Fischbrötchen (Matjes) an normaler Fischbude 3,50 €

Strandkorbmiete auf Sylt pro Tag in der Hochsaison ca. 10 €

Fahrrad mit Anhänger pro Tag auf Wangerooge 12–15 €

Fähre (hin und rück) auf eine der autofreien Inseln ca. 50 €

Geführte Wattwanderung ab 10 €

500 g Ostfriesentee im Fachgeschäft ca. 15 €

Maut & Vignetten

Es gibt keine Maut- oder Vignettenpflicht auf den beschriebenen Routen, allerdings zahlreiche Fähren, die jeweils zusätzlich bezahlt werden müssen. Das betrifft die Weser- und Elbfähre (beide sehr günstig) sowie die Schiffsverbindungen mit sämtlichen Inseln.

Öffentliche Verkehrsmittel

Sylt ist über den Hindenburgdamm direkt mit der Bahn zu erreichen. Für die Anreise nach Borkum, Norderney und Juist bringt euch der Zug zum Schiffsanleger. Auch die größeren Städte, die in diesem Buch vorkommen, sind bestens ans Schienennetz angeschlossen. Wer mit dem Campingfahrzeug unterwegs ist, wird vor allem in den Städten den ÖPNV nutzen wollen, besonders in Hamburg, wo man das Womo lieber am Stadtrand stehen lässt und für die Weiterfahrt Busse, Bahnen und Schiffe der HVV nutzt *(hvv.de)*.

Parken, Abstellen & Freistehen

Überall in Deutschland, wo das Parken nicht ausdrücklich verboten ist, darf man für eine Nacht mit Auto, Bus oder Womo frei stehen. Dies gilt aber nur, wie es so schön heißt, „zur Wiederherstellung der Fahrtüchtigkeit". Das bedeutet, dass man offiziell z. B. keine Tische oder Klappstühle aufbauen darf, denn das wäre dann ja schon campen und nicht einfach nur ausruhen. Meist wird es nicht so eng gesehen. Ist ein Parkplatz als kostenpflichtig ausgewiesen, muss natürlich gezahlt werden – Fahrtüchtigkeit hin oder her. Entlang der gesamten Nordseeküste gibt es zudem viele Womo-Stellplätze: manchmal nur bloße Parkplätze mit klar definierter Übernachtungsmöglichkeit, oft aber auch mit campingähnlichem Service wie Entsorgung, Strom, Toiletten, frischen Brötchen usw. Gezahlt wird am Automaten oder bei einem Mitarbeiter. Straßenschilder mit einem Wohnmobilsymbol sind in den touristischen Regionen gang und gäbe und kennzeichnen Parkplätze, die ausschließlich für Reisemobile vorgesehen sind.

Sicherheit

Geht nie allein zu weit ins Watt hinaus. Der Matsch kann plötzlich tief werden und auch die Flut kommt oft schneller, als man es erwartet. Besondere Gefahr droht durch die Priele, die das Watt durchziehen. Bei niedrigem Wasser-

BORN TO BE WILD

Freistehen, wie hier in den Dünen von Sylt, ist in der Regel für eine Nacht erlaubt.

stand sind die breiten Rinnen nur wenige Zentimeter tief, können sich aber innerhalb von Minuten zu unüberwindbaren Flüssen entwickeln. Gegen einen kleinen Wattspaziergang ein paar Dutzend Meter hinaus aufs Meer auf festem Grund spricht natürlich nichts.

Wohnmobilvermietungen

Bei zahlreichen Anbietern könnt ihr ein Wohnmobil oder einen Campingbus für die Dauer eurer Reise ausleihen. Eine gute Idee kann dabei sein, das Fahrzeug im hohen Norden zu mieten, um nicht Geld für zusätzliche Miettage zu verschwenden nur für die An- und Abreise. Allerdings funktioniert das nur bei Rundreisen oder bei Anreise mit der Bahn, denn sonst muss man ja am Ende wieder zu seinem eigenen Auto zurück. Aber wer ein wenig forscht, kann schon für unter 100 € pro Tag inklusive aller Extras fündig werden.

REISEZEIT UND WETTER

Wer an die Nordsee fährt, muss den Wind lieben, denn egal, in welcher Jahreszeit ihr herkommt, es weht immer kräftig. Die steife Brise macht selbst im Hochsommer große Hitze erträglich. Auch mit Regenwolken muss gerade auf den Inseln immer gerechnet werden, oft sehr überraschend. Über „Schietwetter" beschwert man sich im Nordwesten nicht, sondern zieht einfach vernünftige Kleidung an. Und wenn's richtig fies wird, trinkt ihr nachher einen Tee mit Rum oder Sanddornlikör. Wunderschön ist es von Mai bis September, Hochsaison herrscht von Mitte Juni bis August. Campingplätze haben oft von April bis Oktober, manche sogar ganzjährig geöffnet. Es geht nichts über einen Winterspaziergang durch die endlosen Dünen, doch dann braucht ihr eine gute Standheizung.

Feste & Events

SCHWINDELFREI

Auf dem Hamburger Dom geht es dreimal im Jahr so richtig rund.

Februar

Biikebrennen (Nordfriesland): Fest mit großem Lagerfeuer am 21. Februar, dem Vorabend des Petritages

März/April

Hamburger Frühlingsdom: riesige Kirmes Mitte März bis Mitte April, *hamburg-dom-aktuell.de*

Büsumer Drachenflugtage: Ostersamstag und -sonntag, *buesum.de*

Mai

Helgoland-Marathon: samt Kurzversion à 5,8 km, *helgoland-marathon.com*

Juni

Stadtfest Leer: drei Tage mit Livemusik auf vier Bühnen mitten in der City, Mitte Juni, *stadtfest-in-leer.de*

Let The Bad Times Roll (Manslagt/ Krummhörn): „Das verrückte Rockfestival" mit Punkcharakter in der ostfriesischen Provinz, direkt vor Ort kann gecampt werden. Ende Juni *let-the-bad-times-roll.com*

Juli/August

Oldenburger Kultursommer: Livemusik, Theater, Kino etc. unter freiem Himmel, zwölf Tage in den Sommerferien, *kultursommer-oldenburg.de*

Delft- und Hafenfest (Emden): drei Tage mit vielen Schaustellern und maritimem Bühnenprogramm, Mitte Juli, *emden-touristik.de*

Wacken Open Air: Provinzielles Heavy-Metal-Festival mit Weltruhm, Ende Juli/Anfang Aug., *wacken.com*

Hamburger Sommerdom: großes Volksfest Ende Juli bis Ende August, *hamburg-dom-aktuell.de*

Watt en Schlick Fest (Dangast): Familienkulturfest Ende Juli/Anfang Aug. mit Schlickrutschen, *wattenschlick.de*

Sail (Bremerhaven): Hafenfest mit Windjammertreffen, alle 5 Jahre (2025 usw.) Mitte Aug., *bremerhaven.de*

> **Insider-Tipp — Klein, aber fein**
> *Jedes Jahr gibt's die Miniversion: Lütte Sail für alle auf Schiffsentzug.*

Cuxhavener Hafentage: maritimes Fest im Aug., *tourismus.cuxhaven.de*

Großefehn Open Air: (Hard-)Rockfestival in der Pampa zwischen Aurich und Leer, Mitte Aug., *ubben-events.de*

September

Wilhelmshaven Sailing-CUP: Traditionsseglertreffen samt Regatta für selbst gebaute Papierboote, drei Tage Ende Sept., *wilhelmshaven-sailing-cup.de*

Oktober

Oldenburger Kramermarkt: großer Jahrmarkt samt Feuerwerk, Ende Sept./Anfang Okt., *oldenburg.de*

Bremer Freimarkt: eins der ältesten Volksfeste, 2. Okt.hälfte, *freimarkt.de*

November

Hamburger Winterdom: riesiger Jahrmarkt Anfang Nov. bis Anfang Dez., *hamburg-dom-aktuell.de*

Dezember

Lamberti-Markt (Oldenburg): historischer Weihnachtsmarkt in der Innenstadt, *oldenburg.de*

Historischer Weihnachtsmarkt (Hamburg): Feststimmung in der City rund um Rathaus und Binnenalster, *hamburg.de*

Bremer Weihnachtsmarkt: einer der größten in Deutschland, *bremer-weihnachtsmarkt.de*

Silvester Open Air (Sylt): Livekonzerte in der Silvesternacht, *insel-sylt.de*

FEIERTAGE

1. Jan.	Neujahr
Karfreitag	
Ostermontag	
1. Mai	Tag der Arbeit
Christi Himmelfahrt	
Pfingstmontag	
3. Okt.	Tag der Deutschen Einheit
31. Okt.	Reformationstag
25. Dez.	1. Weihnachtstag
26. Dez.	2. Weihnachtstag

Packliste für die Reise

CAMPINGAUSRÜSTUNG

- ○ Gasflasche (und ev. Gasinhaltsmesser)
- ○ Frischwasserkanister
- ○ Abwasserschlauch
- ○ Kabeltrommel
- ○ Campingstromadapter
- ○ Auffahrkeile oder Holzbretter als Stütze
- ○ Sanitärflüssigkeit für Campingtoilette (falls vorhanden)
- ○ Toilettenpapier
- ○ Campingstühle und -tisch
- ○ Markise und Vorzelt

- ○ Heringe und Gummihammer
- ○ Handfeger und Schaufel
- ○ Decke und Kopfkissen, alternativ Schlafsack
- ○ Wäscheleine und -klammern
- ○ Campingleuchte oder Laterne
- ○ Taschenlampe oder Stirnlampe
- ○ Taschenmesser
- ○ Duct-Tape
- ○ Handwaschmittel
- ○ Mückenspray, Sonnencreme

- ○ Nagelset (inkl. Pinzette)

Zusätzlich

- ○ MARCO POLO Straßenkarte(n)
- ○ Grill (Koffergrill oder Gasgrill)
- ○ Hängematte
- ○ Decke
- ○ Kartenspiele
- ○ Mehrfachsteckdose
- ○ USB-Adapter für Zigarettenanzünder
- ○ Powerbank

SICHERHEITSAUSRÜSTUNG

- ○ Reiseapotheke
- ○ Verbandskasten (Ablaufdatum beachten)
- ○ Warndreieck und -weste (1 pro Person)
- ○ Feuerlöscher

- ○ Ersatzreifen
- ○ Wagenheber und Radkreuz
- ○ Ersatzkanister und Einfüllstutzen
- ○ Motoröl
- ○ Starthilfekabel

- ○ Abschleppseil
- ○ Werkzeugkasten
- ○ evtl. Ersatzglühbirnen und -sicherungen

Packliste für die Reise

CAMPINGKÜCHE

- ○ Küchenutensilien
- ○ Kühlbox (wenn kein Kühlschrank eingebaut)
- ○ Töpfe, Pfannen
- ○ Besteck inkl. Kochlöffel, Teller, Tassen, Gläser
- ○ (Brot-, Schneide-) Messer
- ○ Tupperdosen (für Reste)
- ○ Sieb
- ○ Reibe
- ○ Dosenöffner
- ○ Flaschenöffner, Weinöffner
- ○ Alufolie
- ○ Schere
- ○ Geschirrtücher, Spülmittel, Lappen, Küchenrolle
- ○ Topflappen
- ○ Müllbeutel
- ○ Kaffeekocher
- ○ Feuerzeug, Streichhölzer

NAHRUNGSVORRAT

- ○ Salz & Pfeffer, Gewürze (z. B. in kleinen Gläsern)
- ○ Öl, Essig
- ○ Kaffee, Tee
- ○ Müsli, Cornflakes
- ○ Brot, Aufstriche
- ○ Vorratslebensmittel (Nudeln, Reis, Linsen)
- ○ Gemüsekonserven: Tomaten, Mais, Kidneybohnen
- ○ Notration Essen (z. B. Dosenravioli)
- ○ Getränke

Fahrzeug-checkliste

Fahrzeugcheckliste

LÄNGERFRISTIG

- ○ Gasprüfung gültig?
- ○ Grüne Versicherungskarte gültig?
- ○ HU/AU gültig?
- ○ Auflaufbremse geprüft (Fachwerkstatt)

MITTEL- & KURZFRISTIG

- ○ Was tanken (Benzin/Diesel)?
- ○ Beladungsgrenze/-zustand?
- ○ Welche Reifen für die Destination nötig?
- ○ Winter- bzw. Sommerreifen montiert?
- ○ Profiltiefe der Reifen gecheckt?
- ○ Ölstand gecheckt?
- ○ Kühlmittelstand gecheckt?
- ○ Reifendruck gecheckt?
- ○ Öl und Kühlwasser zum Nachfüllen vorhanden?
- ○ Ladezustand Starterbatterie und Wohnraumbatterie gecheckt?
- ○ Toilette an Bord und entleert?
- ○ Wassertank vorhanden und gefüllt?
- ○ Wasserpumpe funktioniert?
- ○ Gasvorrat vorhanden?
- ○ Markise/Sonnensegel/Regenalternative vorhanden?
- ○ Vorzelt nötig?
- ○ Wohnwagen: Elektrostecker funktionieren (Bremslichter und Co)?
- ○ 12-V-Kabel vorhanden?

VOR DER ABFAHRT

- ○ Dachluke geschlossen?
- ○ Fenster zu?
- ○ (Stand-)Heizung aus?
- ○ Markise eingefahren und gesichert?
- ○ Kühlschrank verriegelt und auf 12 V umgestellt?
- ○ Alles vom Tisch geräumt und gesichert?
- ○ Schubladen und Schränke sicher geschlossen?
- ○ Tische und Stühle sicher verstaut?
- ○ Herdabdeckung zu?
- ○ Gasventil geschlossen?
- ○ 230-V-Kabel getrennt und eingepackt?
- ○ Wasserpumpe abgeschaltet?
- ○ Abwassertank geschlossen?
- ○ Trittstufe eingefahren?
- ○ Stützen eingefahren und Keile verstaut?
- ○ Wassertankdeckel verschlossen?
- ○ Handbremse gelöst?

Dann kann´s losgehen!

Urlaubsfeeling

Playlist

▶ **Achim Reichel – In der Hängematte**
Der Titel macht Lust auf Küste („… und ein Möwenschrei zieht vorbei …").

▶ **Reinhard Mey – Rüm Hart**
„… klaar Kiming" – nordfriesisches Lebensmotto mit afrikanischen Klängen.

▶ **Udo Lindenberg feat. Jan Delay – Reeperbahn**
An Udo und Jan geht kein Weg vorbei.

▶ **Die Ärzte – Westerland**
Mitgegrölt in deutschen Clubs und Diskos seit Ewigkeiten. Auf nach Sylt!

▶ **Ina Müller – De Wind vun Hamburg**
Lustig, frech, berührend und plattdeutsch.

▶ **Otto – Bin ein kleiner Friesenjung**
Sting in der Deichversion des Komikers.

▶ **Fettes Brot – Nordisch by Nature**
Kultiger Hip-Hop op Platt.

Lesestoff & Filmfutter

Neue Vahr Süd – Die frühen 1980er-Jahre in einem Bremer Neubaugebiet. Sven Regener, bekannt auch durch seine Band Element of Crime, schildert in dem Roman von 2004 die Vorgeschichte des Helden aus seinem Buch „Herr Lehmann".

Der Schimmelreiter – In der legendären Novelle von 1888 erzählt der berühmte Husumer Schriftsteller Theodor Storm die Geschichte des nordfriesischen Deichgrafen Hauke Haien. Auch wenn das Buch tragisch endet, bekommt man bei all dem Deichevermessen und den Sturmfluten Lust auf den hohen Norden.

Soul Kitchen – Kultiger wurde Hamburg wahrscheinlich nie auf Zelluloid festgehalten als in dieser Komödie von Fatih Akin. Den Film von 2009 über ein von der Schließung bedrohtes Lokal widmete das Hamburger Original tatsächlich seiner Stadt und bezeichnete ihn sogar als modernen Heimatfilm.

Der Ghostwriter – Der Film von 2010 mit Pierce Brosnan und Ewan McGregor nach dem Roman von Robert Harris spielt in den USA. Viele der tollen, stimmungsvollen Inselaufnahmen wurden aber auf Sylt gedreht.

Urlaubsfeeling

Apps, Blogs, Websites & Videos

die-nordsee.de
Von einer Marketingagentur aus Wilhelmshaven betriebene Website mit vielen hübsch aufbereiteten Infos zu Themen wie Wattenmeer, Strandurlaub oder Wellness.

meerart.de
Als Wahl-Nordfriesen lieben die Autoren dieses Blogs das Meer und haben sehr schön lesbare Texte zusammengestellt, in denen viel Inspirierendes zur Nordsee steht. Zudem betreiben sie ein Atelier mit Bildern und hyggeligen Wohnaccessoires.

Ostfriesland-App
Vom aktuellen Wetter über Webcams bis hin zu Radwegen und Wandertouren findet ihr hier eine Menge Stoff für die Region.

Clever-tanken
Aktuelle Spritpreise entlang der Route. User dieser App bekommen bei einigen Tankstellen sogar Rabatt. Und für vergleichsweise schlappe 1,99 € pro Jahr kann man die nervige Werbung ausschalten.

Park4Night
Hervorragende App von Campern für Camper. Mit Abertausenden von Camping-Stellplätzen, oft echte Geheimtipps. Auf Plätze, die du als Favoriten speicherst, hast du auch offline Zugriff.

maps.me
App mit sehr genauen Karten, in die auch kleinste Wege und Objekte eingezeichnet sind. Wer eine bestimmte Region herunterlädt, kann sie sogar offline als Navi nutzen.

WEGTRÄUMEN?

Mit Playlist, Lesestoff und Filmen den Urlaub aufleben lassen.

Bloß nicht ...

1 Ostfriesenwitze erzählen

Nicht, dass die Ostfriesen beleidigt wären. Die haben eine viel zu schöne Landschaft und viel zu gute Luft, um sich aufzuregen. Ostfriesenwitze sind einfach passé, langweilig und von gestern. Gähn!

2 Fischbrötchen links liegen lassen

Nur ein Imbiss, irgendein Billigfisch oder gar Fast Food? Nichts könnte weniger stimmen! Fischbrötchen sind Kult, Fischbrötchen sind Kunst und Fischbrötchen sind Pflicht. Und weil das so ist, geben sich die Verkäufer in der Regel richtig Mühe, Qualität zwischen die beiden Brötchenhälften zu packen.. Am besten schmeckt es meistens, wo die längste Warteschlange steht.

3 ÜBER DEN WIND MECKERN

Sich an der Nordsee über den Sturm monieren, ist ungefähr so, als würdest du dich in Ägypten über die vielen Pyramiden beschweren. „Steife Brise" ist hier Dauerzustand, aber erst wenn's heftiger wird, beginnt der Spaß!

4 ANGST VOR DEM MOIN HABEN

Das mystische und geheimnisvolle Wort „moin" wurde in diesem Band ja bereits einige Male erwähnt. Jetzt ist es aber so, dass viele Besucher aus ferneren Gefilden zwar das Wort mögen und es geradezu putzig finden, aber sich nicht wirklich trauen, es auch selbst zu benutzen. Das klingt dann immer ein bisschen komisch, wenn als Antwort auf ein herzliches „moin" ein verdrucktes „hallo" oder „Tach" kommt. Nur Mut, du kannst praktisch nichts falsch machen: Einfach das Wort schön breit aussprechen und der Norden ist dein Freund!

5 Flut und Ebbe vergessen

Klingt bescheuert, denn wie kann man das denn vergessen? Es passiert doch schließlich jeden Tag und nonstop. Trotzdem kommt die Flut manchmal so verdammt schnell, wie man es nie erwarten würde. Wenn ihr nur eure Sandburg zu nah am Wasser gebaut habt, ist es halb so schlimm. Blöder ist es aber, wenn eure abgelegten Klamotten, Sonnenbrillen und Handtücher unterwegs nach Dänemark sind. Oder wenn ihr selbst zu tief im Watt unterwegs seid.

Notizen

Notizen

Notizen

Notizen

Register

Alexandra, Flensburg 171
Alsterhaus, Hamburg 111
Alte Liebe, Cuxhaven 95
Alter Landtag, Oldenburg 35
Alter Leuchtturm, Wangerooge 65
Altes Inselhaus, Spiekeroog 57
Altonaer Fischmarkt, Hamburg 112
Altstadtbrauerei Marienbräu, Jever 59
Ammerland 23, 29
Amrum 17, 156
Apen 29
Aurich 52
Auricher Schloss 53
Aussichtsdüne Sternklipp, Borkum 45
Aussichtsplattform Himmelsleiter, Amrum 157
Bad Bederkesa 80
Bad Bramstedt 102
Badestrand Burhave, Butjadingen 78
Bad, St. Peter-Ording 133
Bad Zwischenahn 23, **34,** 36
Baltrum 16, 54
Bensersiel 55
Billriff, Juist 61
Binnenalster, Hamburg 111
Binnenhafen, Emden 41
Binnenhafen, Glückstadt 83
Binnenhafen, Husum 137
Blankenese, Hamburg 112
Blexen 79
Böhl, St. Peter-Ording 133
Boldixumer Vogelkoje, Föhr 161
Bootzeit, Oldenburg 35
Borkum 23, 30, **44**
Bremen 88, 183
Bremerhaven **84,** 183
Bremervörde 80
Burg (Dithmarschen) 105
Bürgerschaft, Bremen 89
Büsum **116,** 182
Butjadingen 78
Carolinensiel **64,** 66
Cuxhaven 94, 183
Dagebüll 148
Dänemark 171

Dangast **69,** 183
Dat Otto Huus, Emden 41
Denkort Bunker Valentin, Bremen 79
Deutsches Auswandererhaus, Bremerhaven 86
Deutsches Marinemuseum, Wilhelmshaven 69
Dornumersiel 16, **55**
Dünen-Therme, St. Peter-Ording 133
Eckwarderhörne 76
Eider 124, 129
Eidersperrwerk 124
Eisenzeitliches Haus, Amrum 157
Elbe 112
Elbphilharmonie, Hamburg 10, **111,** 112
Ellenbogen, Sylt 165
Emden **40,** 183
Emden Außenhafen 30
Erlebnisbad Piraten Meer, Büsum 117
Erlebniszentrum Naturgewalten Sylt 166
Esens 56
Eversten Holz, Oldenburg 35
Fähre Glückstadt-Wischhafen 82
Fischhalle, Sylt 165
Flensburg 170
Flensburger Brauerei Emil Petersen 172
Flensburger Förde 172
Flensburger Schifffahrtsmuseum 172
Föhr 9, 17, **160**
Freibad Wedel 83
Freilichtmuseum, Bad Zwischenahn 36
Friedhof der Namenlosen, Amrum 157
Friedrichskoog 106
Friedrichstadt 128
Friesenstrand, Tossens 78
Friesisches Brauhaus zu Jever 59
Friesland 9

Fürstliche Hofapotheke, Aurich 52
Galerieholländerwindmühle, Seefeld 76
Gardeur Outletstore, Apen 29
Gelting 172
Gezeitenland, Borkum 45
Glückstadt 83
Goting Kliff, Föhr 161
Greetsiel 31
Großefehn 183
Großenaspe 102
Hafen, Bremen 90
Hafen, Bremerhaven 85
HafenCity, Hamburg 111
Hafen, Harlesiel 65
Hafen, Leer 41
Hafen, Tönning 126
Hafen, Varel 69
Hallig Hooge 141
Hallig Oland 148
Hamburg **110,** 182, 183
Hansteinsches Haus, Aurich 52
Harlesiel 65
Hauptstrand, Büsum 117
Havneby 153
Heimatmuseum, Amrum 157
Heimatmuseum „Leben am Meer", Esens 56
Helgoland 10, 17, **95,** 182
Helgoländer Pinneberg 10
Historischer Hafen, Flensburg 171
Historisches Museum, Aurich 52
Holtland 29
Hooksiel 16
Hörnum Odde, Sylt 166
Hörnum, Sylt 166
Horst-Janssen-Museum, Oldenburg 36
Husum 136
Husumer Au 136
Internationales Maritimes Museum, Hamburg 111
Jachthafen, Bad Zwischenahn 36
Jachthafen, Bensersiel 55
Jachthafen, Harlesiel 65
Jadebusen 73
Jaderpark, Jaderberg 69

Register

Jever 59
Jever-Aussichtsplattform,
　Wangerooge 65
Juist 60
Jungfernstieg,
　Hamburg 111
Kaiser-Wilhelm-Brücke,
　Wilhelmshaven 68
Kalfamer, Juist 61
Kampen, Sylt **165,** 167
Keitum, Sylt 165
Kirche, Spiekeroog 57
Klappbrücke, Husum 137
Klimahaus, Bremerhaven 85
Knockster Tief 43
Krummhörn **33,** 182
Kugelbake, Cuxhaven 95
Kunsthalle Emden 41
Künstlerkolonie,
　Worpswede 90
Kurhaus Dangast 69
Kurpark, Bad Zwischenahn 36
Kutterhafen, Husum 138
Kutterhafen,
　Neuharlingersiel 57
Lakolk-Strand 152
Lambertikirche, Oldenburg 35
Landesmuseum für Kunst- und
　Kulturgeschichte,
　Oldenburg 35
Landungsbrücken,
　Hamburg 112
Langeoog 16, **55**
Lappan, Oldenburg 35
Leer 30, **40,** 182
Lemwerder, Bremen 90
Leuchtturm, Amrum 157
Leuchtturm, Büsum 117
Leuchtturm, Norderney 61
Leuchtturm Oberfeuer
　Preußeneck, Butjadingen 76
List auf Sylt 10, **165**
Lundenbergsand 137
Lütetsburg 52
Manslagt 182
Marinemuseum,
　Wilhelmshaven 69
Meerwasserfreibad, Dornum 55
Meldorf 108
Michel, Hamburg 112

Miniatur Wunderland,
　Hamburg 112
Minidorf Ostland, Borkum 45
Moor-Therme Bad Bederkesa 81
Morsum-Kliff, Sylt 165
Mühle, Amrum 157
Mühle Holtland 29
Mühlenfachmuseum Stiftsmühle
　Aurich 53
Mühlenhunte, Oldenburg 35
Multimar Wattforum Tönning 127
Museum Burg Bederkesa 80
Museum Kunst der Westküste,
　Föhr 161
Museumsdampfer, Leer 41
Museumshafen, Büsum 117
Museumshafen,
　Carolinensiel 65
Museumswerft, Flensburg 171
Nationalparkhaus
　Nordstrand 141
Nationalparkhaus,
　St. Peter-Ording 133
Nationalparkhaus Wangerooge
　65
Nationalpark-Infozentrum Watt
　Welten 61
Nationalpark Wattenmeer 9, 45,
　61, 65, 69, 133, 141
Naturzentrum Amrum 157
Nebel, Amrum 157
Neßmersiel 54
Neuer Leuchtturm, Borkum 45
Neuharlingersiel 57
Neukirchen 155
Neumünster 102
Neuwerk 16, 95
Niebüll 9
Nolde Museum, Neukirchen 155
Norddeich 60
Norddorf, Amrum 157
Nordenham 79
Norderney 60
Nordfriesland 9
Nordsee-Lagune, Butjadingen
　78
Nordstrand 140
OLantis Huntebad,
　Oldenburg 35

Oldenburg 10, 23, **34,**
　37, 182, 183
Öömrang Hüs, Amrum 157
Ording, St. Peter-Ording 133
Ostanleger, Wangerooge 65
Ostbake, Borkum 45
Osterhook, Langeoog 56
Osternburger Utkiek,
　Oldenburg 36
Ostertor, Bremen **89,** 92
Ostfriesland 9, 29, 191
Otto-Leege-Pfad, Juist 61
Packhaus, Tönning 127
Padenstedt 105
Palais Rastede 26
Park der Gärten, Bad
　Zwischenahn 36
Peldemühle, Esens 56
Pellworm 9, 141
Pellwormer Inselmuseum 142
Perlebucht, Büsum 117
Pfahlbauten,
　St. Peter-Ording 133
Phänomania, Büsum 117
Phänomenta, Flensburg 171
Pilsum 10, 32
Pilsumer Leuchtturm 32
Pulverturm, Oldenburg 35
Rantumbecken, Sylt 166
Rantum, Sylt 166
Rastede 26
Rathaus, Bad Zwischenahn 36
Rathaus, Bremen 89
Rathaus, Emden 41
Rathaus, Leer 41
Rathaus, Oldenburg 35
Ratsdelft, Emden 41
Reeperbahn, Hamburg 111
Rhododendronpark Hobbie 27
Rolandstatue, Bremen 89
Rømø 152
Rotes Kliff, Sylt 165
Rysum 31
Sail City Aussichtsplattform,
　Bremerhaven 85
Schanzenviertel, Hamburg 111
Schiffahrtsmuseum Nordfries-
　land, Husum 137
Schiffdorf 87
Schifferhaus, Tönning 127

201

Register

Schillig 16, **58**
Schlachtmühle, Jever 59
Schleuse, Bremerhaven 87
Schleuse Leysiel 32
Schloss Evenburg 30
Schloss, Jever 59
Schloss Lütetsburg 52
Schloss, Oldenburg 35
Schloss Rastede 26
Schloss vor Husum 137
Schlüttsiel 148
Schmidts Tivoli Theater, Hamburg 111
Schnoor, Bremen 89
Schutzgebiet Leyhörn 32
Science Center Universum Bremen 90
Seebrücke, St. Peter-Ording 133
Seefeld 76
Seehundstation, Friedrichskoog 106
Seehundstation Nationalparkhaus, Norddeich 61
Sonderburg, Dänemark 172
Spadener See 87
Speicherstadt, Hamburg 111, 112
Spicy's Gewürzmuseum, Hamburg 111
Spieker, Bad Zwischenahn 36
Spiekeroog 57
Staatstheater, Oldenburg 35
Stage Theater, Hamburg 112
St.-Clemens-Kirche, Büsum 117
St.-Johannis-Kirche, Bad Zwischenahn 36
St.-Laurentius-Kirche, Tönning 126
St. Michaelis, Hamburg 112
St.-Pauli-Elbtunnel, Hamburg 112
St. Pauli Theater, Hamburg 111
St. Peter-Ording 10, 17, **132**
St. Petri, Bremen 89
Strandbad Schillig in der Düne, Wangerland 59
Strucklahnungshörn 140, 141
Süderhafen 140
Südstrand, Büsum 117
Südstrand, Wilhelmshaven 68

Sylt 9, 10, 17, **164**, 183
Syltfähre 153
Sylt Museum 165
Theodor-Storm-Haus, Husum 137
Tierpark Hagenbeck, Hamburg 113
Tolk-Schau, Flensburg 172
Tönning 126
Tossens 77
Treene 129
Treppenviertel, Hamburg 112
Übersee-Museum, Bremen 90
Utersum, Föhr 161
Uwe-Düne, Sylt 165
Vegesack, Bremen 90
Vogelkoje Meeram, Amrum 157
Vörder See, Bremervörde 80
Wacken 105, 183
Waldmuseum, Burg (Dithmarschen) 105
Wallanlagen, Bremen 89
Waloseum, Norddeich 61
Wangerooge 64
Wattenmeer Besucherzentrum, Wilhelmshaven 69
Weiße Düne, Norderney 61
Weser 88
Weserfähre 79
Weserstadion, Bremen 89
Wesertunnel 79
Westerland, Sylt 154, **166**
Westerstede 27, 28
Westküstenpark & Robbarium, St. Peter-Ording 133
Wildpark Eekholt 102
Wilhelmshaven 16, **68**, 183
Willkomm-Höft am Schulauer Fährhaus, Wedel 83
Wischhafen 82
Wittdün, Amrum 151
Worpswede 90
Wrack- und Fischereimuseum Windstärke 10, Cuxhaven 95
Wuseum, Bremen 89
Wyk auf Föhr 151
Ziehbrücke, Tönning 127
Zoo am Meer, Bremerhaven 85
Zwischenahner Meer 36

Stell- & Campingplätze

Tour A
Camping am Deich Nordsee, Krummhörn 33
Campingplatz Hatten, Oldenburg 39
Campingplatz Klaas Aggen, Borkum 6, 47
Campingplatz Knock, Emden 43
Insel-Camping Borkum 47
Stellplatz P9 Große Bleiche, Leer 43
Wohnmobilstellplatz am Badepark, Bad Zwischenahn 39

Tour B
Camping am Nordseestrand, Dornum 55
Campingplatz Eiland Norderney 63
Campingplatz Harlesiel 67
Campingplatz Rennweide Dangast 71
Campingplatz Spadener See, Bremerhaven 87
Parkplatz Fliegerdeich, Wilhelmshaven 71
Strand- und Familiencampingplatz Benserziel 55
Wohnmobilstellplatz an der Mole, Harlesiel 67
Wohnmobilstellplatz Nordseeblick, Dornum 55
Wohnmobilstellplatz Schleuseninsel, Wilhelmshaven 71
Womopark Norddeich 63

Tour C
BBG WohnMobilStation, Bremervörde 80
Campingplatz am Hexenberg, Bremen 93
Campingplatz See Achtern Diek, Otterndorf 6, 97
ElbeCamp, Hamburg 7

Register

Knaus Campingpark Tossens,
   Butjadingen 78
Reisemobil-Stellplatz am
   Kuhhirten, Bremen 93
Reisemobil-Stellplatz Doppel-
   schleuse, Bremerhaven 87
Wohnmobilparkplatz zur
   Schleuse, Cuxhaven 97
Wohnmobilstellplatz Wedel 83

Tour D
Action-Surf-Meldorf – Wohn-
   mobilstellplatz Am Deich 109
Camping am Nordseedeich,
   Friedrichskoog 107
Camping Nordsee, Büsum 119
Campingplatz zur Perle,
   Büsum 119
ElbeCamp, Hamburg 115
Familien-Campingplatz
   Forellensee, Neumünster 105
First Camp Lakolk
   Strand – Rømø 152
Wohnmobilstellplatz Büsum 119
Wohnmobilstellplatz
   Fischmarkt, Hamburg 115

Tour E
Camping Olsdorf,
   St. Peter-Ording 135
Campingplatz am Wattenmeer-
   haus, Pellworm 143
Campingplatz Elisabeth-
   Sophien-Koog, Nordstrand 143
Camping Seeblick, Husum 139
Camping Wessel-
   burenerkoog 124
Friedrichstädter
   Wohnmobilstellplatz 130
Nordseecamping zum Seehund,
   Husum 139
Rosen-Camp Kniese,
   St. Peter-Ording 135
Wohnmobilstellplatz Eiderblick,
   Tönning 128
WoMoLand Nordstrand 143

Tour F
Campingplatz Mühlenhof,
   Sylt 169
Campingplatz Neuwarft,
   Dagebüll 150

Campingplatz Rantum,
   Sylt 7, **169**
DCU Camping Kollund,
   Flensburg 175
Dünencamping Amrum 159
Frigård Camping, Flensburg 175
Sörensen Womo-Stellplatz,
   Föhr 163
Wohnmobilstellplatz Citti-Park,
   Flensburg 175
Wohnmobilstellplatz
   Dagebüll 150
WoMoLand, Nordstrand 7, **142**

ZEICHENERKLÄRUNG

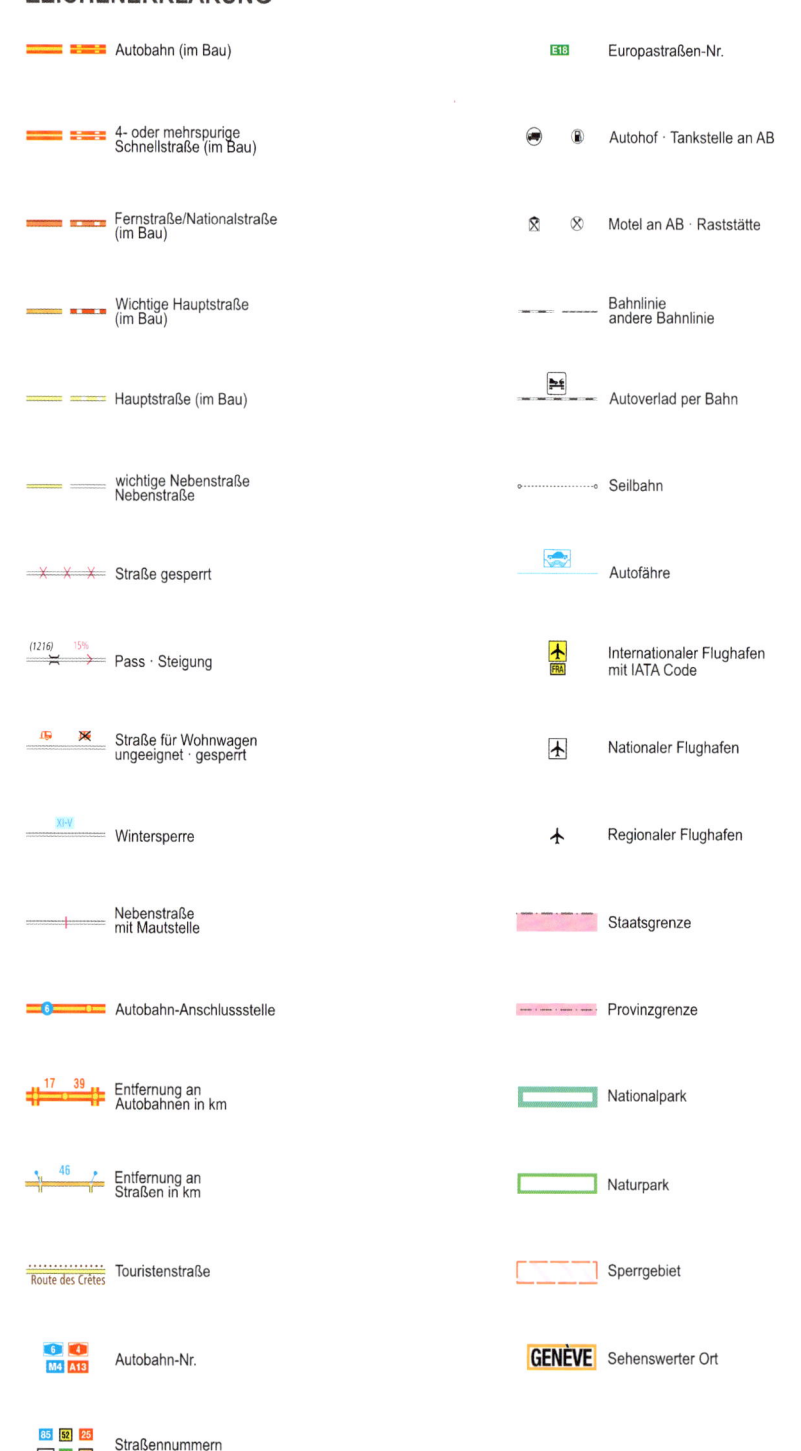

Autobahn (im Bau)	Europastraßen-Nr.
4- oder mehrspurige Schnellstraße (im Bau)	Autohof · Tankstelle an AB
Fernstraße/Nationalstraße (im Bau)	Motel an AB · Raststätte
Wichtige Hauptstraße (im Bau)	Bahnlinie andere Bahnlinie
Hauptstraße (im Bau)	Autoverlad per Bahn
wichtige Nebenstraße Nebenstraße	Seilbahn
Straße gesperrt	Autofähre
Pass · Steigung	Internationaler Flughafen mit IATA Code
Straße für Wohnwagen ungeeignet · gesperrt	Nationaler Flughafen
Wintersperre	Regionaler Flughafen
Nebenstraße mit Mautstelle	Staatsgrenze
Autobahn-Anschlussstelle	Provinzgrenze
Entfernung an Autobahnen in km	Nationalpark
Entfernung an Straßen in km	Naturpark
Touristenstraße	Sperrgebiet
Autobahn-Nr.	Sehenswerter Ort
Straßennummern	

DÄNEMARK

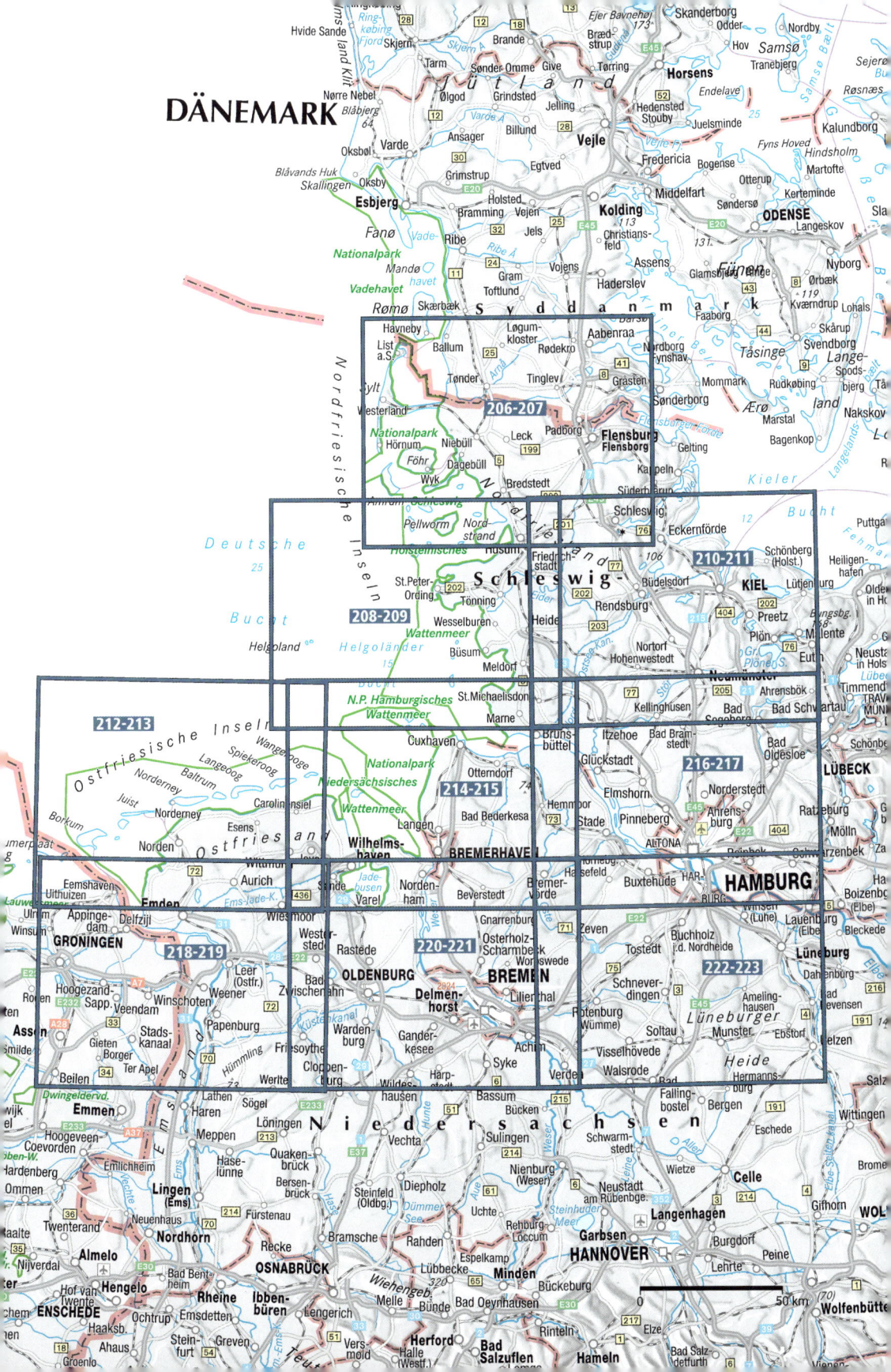

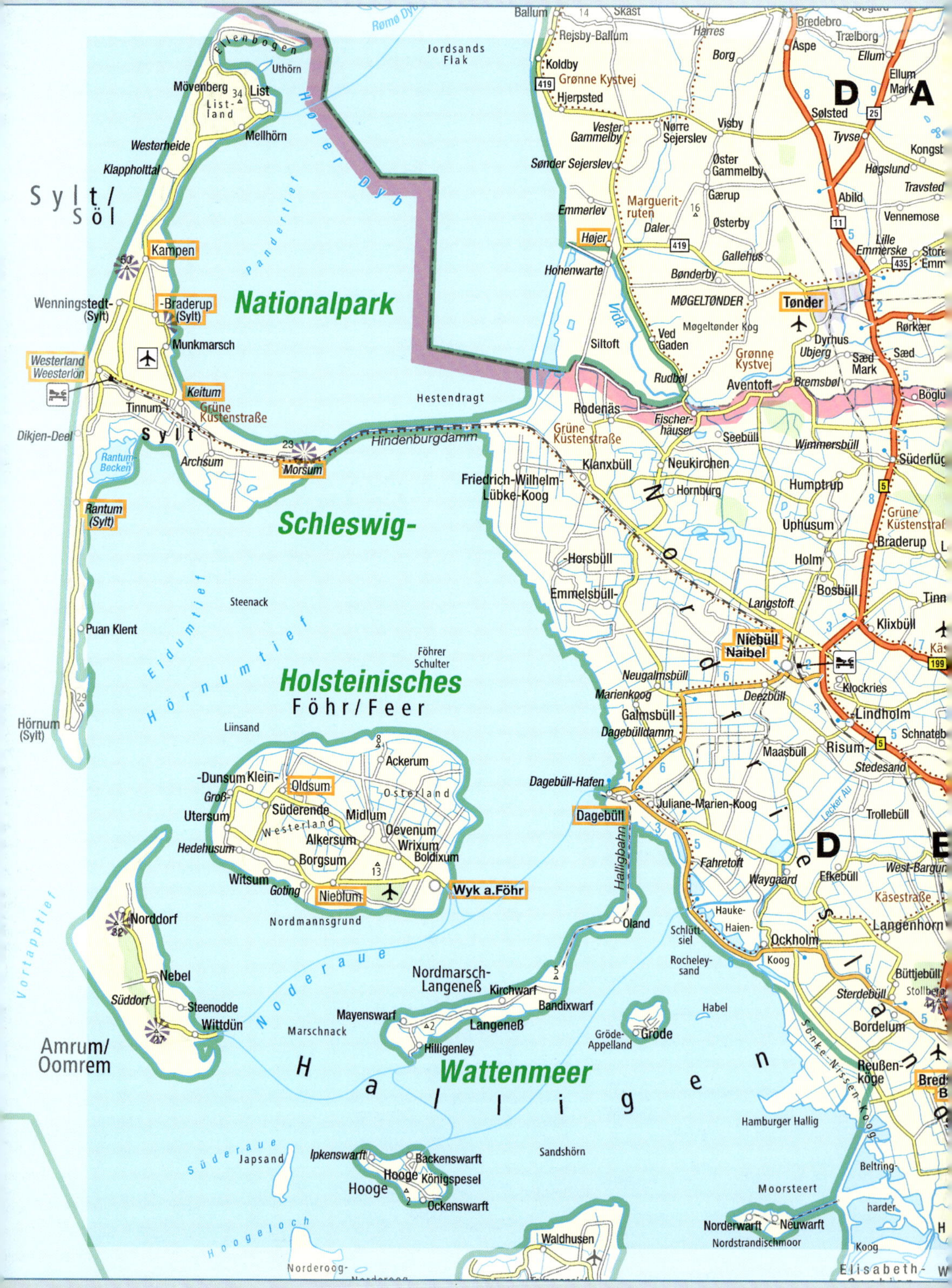

Maßstab 1:300 000

0 5 10 15 20 25 Kilometer

0 5 10 15 Miles

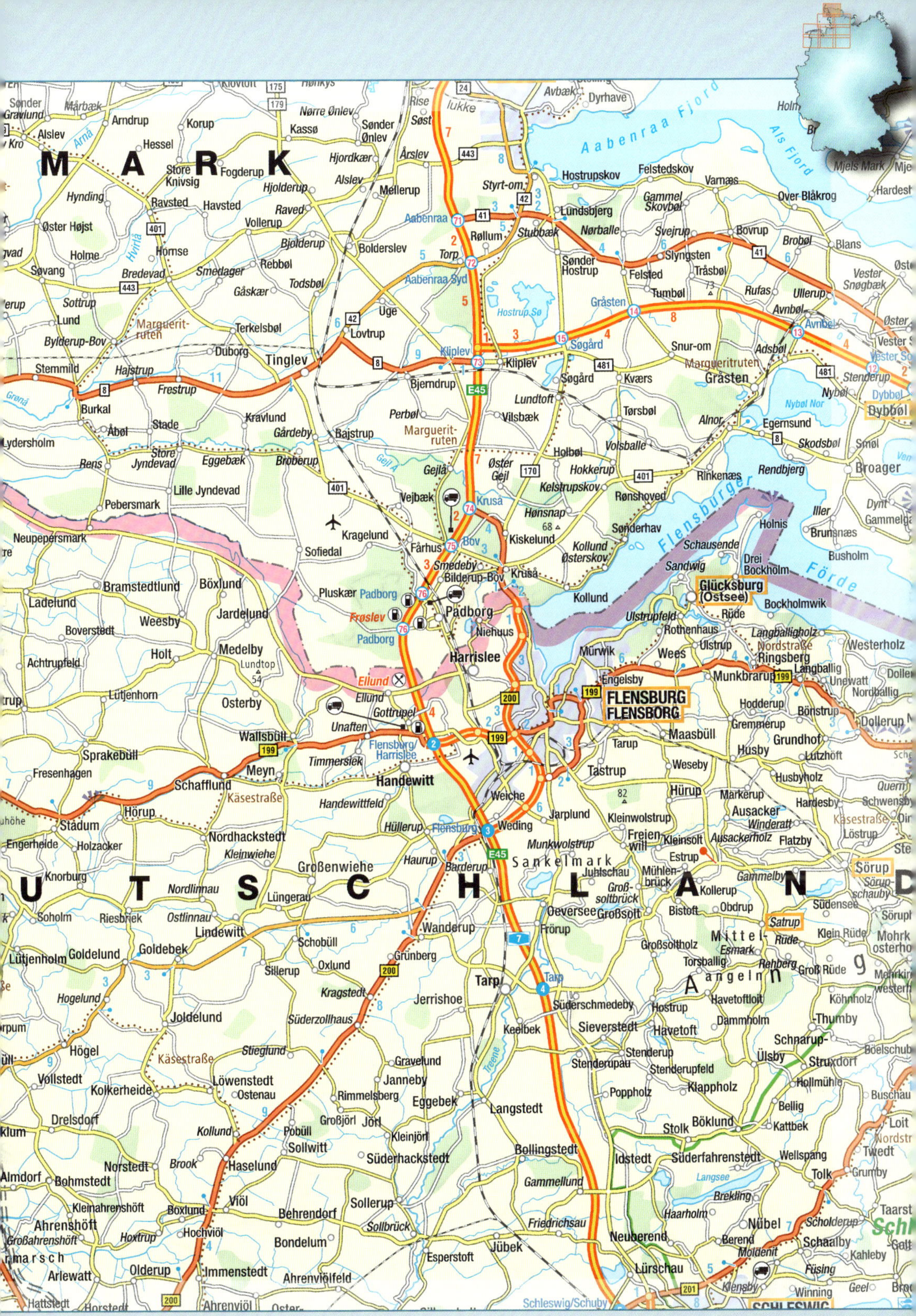

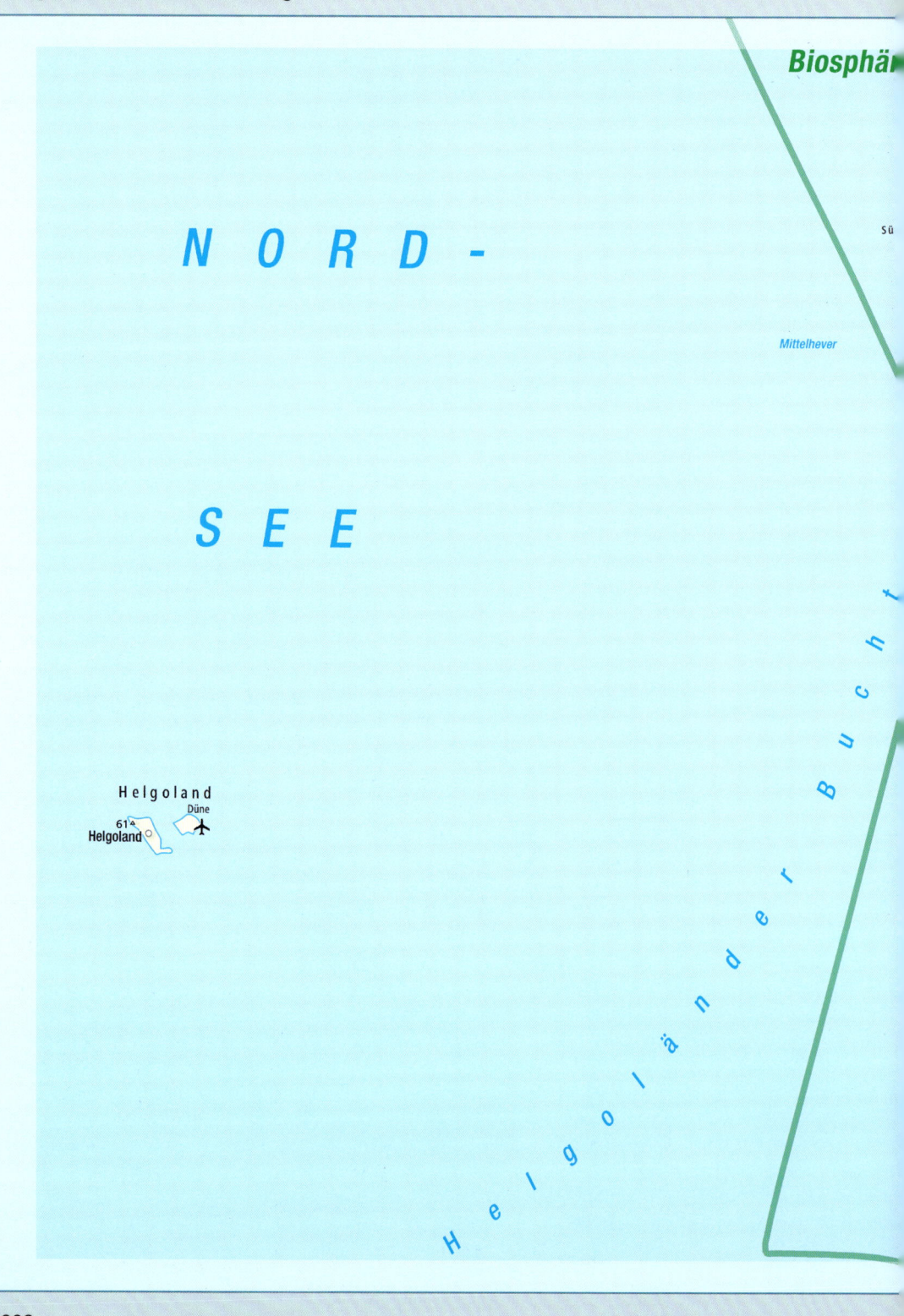

Helgoland – St. Peter-Ording

NORD-

SEE

Biosphä

Sü

Mittelhever

Helgoland
Düne
61
Helgoland

Helgoländer Bucht

Maßstab 1:300 000

0 5 10 15 20 25 Kilometer
0 5 10 15 Miles

Norderoog
Tammensiel
Pellworm
ervat
Ostertilli
Schmerhörn
Pellworm/
Pälweerm
Süderoog
Norderhever
Rungholtsand
Norderhafen
Strucklahnungshörn
Grüne Küstenstr.
Sophien-Koog
Alterkoog
England
Westerdeich
Süden
Morsumkoog
Nordstrand
Süderhafen
Südfall
Nordstrand/
Noordströön
Nordstrander Watt
Heverstrom
Halebüll
Schobüll
Husum
Hüsem
Hockensbüll
Rosendahl
Ipernstedt
Käsestraße
Rödemis
Mildstedt
Süder-marsch
Rantrum
Simonsberg
Leglichheitskoog
Südermarsch
Wisch
Uelvesbüll
Norderfriedrichskoog
Witzwort
Büttel
Ramstedt
Schanze
Stufhusen
Slatterack
Tetenbüllspieker
Koldenbüttel
Schwabstedt
Augustenkoog
Sievers-
fletherkoog
Osterende
Friedrichstadt
Westerhever
Osterhever
Oldenswort
Reimersbude
Lehmrick
Seeth
Poppenbüll
Harblek
Preil
Drage
Tetenbüll
Dahrenwurth
Östeerfeld
Stapel
Tümlauer Koog
Großmedehop
Kleihörn
Hoyerswort
Eiderstedt
Lehe
Sankt Annen
Nordfeld
Tholendorf
Katharinenheerd
Käsestraße
Wollersum
Tating
Heisternest
Garding
Kotzenbüll
Lunden
-Ording
Brösum
Sandwehle
Kirchspiel Garding
Rüxbüll
Tönning
Krempel
Schlichting
Bad St. Peter
Esing
Ehst
Grothusenkoog
Nesserdeich
Pferdekrug
Welt
Katingsiel
Kating
Rehm-
-Flehde-
-Bargen
Kleve
Sankt Peter-
Wittendün
Grüne Küstenstr.
Olversum
Groven
Hennstedt
Böhl
Karolinenkoog
Hemmerwurth
Hemme
Fedderingen
Süderhof
Westerdeich
Vollerwiek
Süderhöft
Zennhusen
Wiemerstedt
Schülperneuensiel
-Wittenwurth
Grüne Küstenstr.
Strübbel
Stelle-
Hägen
Eider
Schülperaltensiel
Tödienwisch
Norderheistedt
Linnen-
plate
Dithmarschen
Schülp
Neuenkirchen
Blankenmoor
Weddingstedt
Wesselburenerkoog
Heuwisch
Borgholz
Süderheistedt
Hillgroven
Dellweg
Weddinghusen
Nationalpark
Jarrenwisch-
-Hödienwisch
Haferwisch
Wildpfal
Ostrohe
Norddeich
Wesselburen
Oesterwurth
Wesseln
Süderholm
Hellschen-
-Heringsand-
-Unterschaar
Süderdeich
Hassenbüttel
Wehren
Oken
Wennemannswisch
Rickelshof
Heide
Norder-
wöhrden
Blauortsand
Hedwigenkoog
Reinsbüttel
Wellinghusen
Heide-West
Lohe
Blauort
Hirtenstall
Grüne Küstenstr.
Wesselburener-
Deichhausen
Wöhrden
Norderpiep
Westerdeichstrich
Hochwöhrden
Heide-Süd
Oesterdeichstrich
Großbüttel
Lieth
Braaken
Schleswig-Holsteinisches
Friedrichsgabekoog
Ketelsbüttel
Dreikaten
Osterhof
Hemmingstedt
Christianskoog
Büsum
Büsumer
Deichhausen
Warwerort
Harmswöhrden
Norder-
meldorf
Süderpiep
Barsfleth
Epenwöhrden
Sarzbüttel
Meldorfer
Hesel
Thalingburen
Meldorf
Bargenstedt
Nindorf
Ammerswurth
Farnewinkel
Bielshövensand
Wattenmeer
Elpersbüttel
Bucht
Wolmersdorf
Eesch
Trischen
Busenwurth
Windbergen
Süderhastedt
Kleinhastedt
Edendorf
Grüne Küstenstraße
Barlter-
altendeich
Gudendorf
Biosphärenreservat
Kaiserin-
-Auguste-
-Koog
Barlter-
neuendeich
Norderelbe
Schwienskopp
Barlt
Hindorf
Dieksand
Friedrichskoog
Rugenort
-Viktoria-
-Koog
Haken-
Trennewurth
Kannemoor
Sankt
Michaelisdonn
Hopen
Gelbsand
Schmoltecksand
Krumwehl
5
202
23
203
431

Rendsburg – Kiel

Waabs
Strandbek
Lehmberg
Karlsminde
Eckernförder Bucht
Dänisch Nienhof
Surendorf
Krusendorf
Hohenhain
Stohl
Noer
Lindhöft
Grönwohld
Schwedeneck
Altbülk
Sprenge
Behrensbrook
Birkenmoor
Scharnhagen
Stubbendorf
Borghorst
Borghorster-hütten
Strande
Neudorf-Bornstein
Osdorf
Kaltenhof
Eckhof
SCHILKSEE
Kieler Förde
Augustenhof
Dänischenhagen
Gettorf
Felm
Altenholz
PRIES FRIEDRICHSORT
Tüttendorf
Wulfshagen
Rathmannsdorf
Stift
Wohld
Wulfshagenerhütten
Projensdorf
Knoop
HOLTENAU
Neuwittenbek
Schinkel
Dt. Fährstr.
Warleberg
SUCHSDORF
WIK
Rosenkranz
Nordstraße
Ottendorf
Strohbrück
Flemhuder See
Quarnbek
Stampe
KIEL
Groß Nordsee
Kronshagen
Achterwehr
Flemhude
Melsdorf
Kiel-Mitte
WELLINGDORF
Westring
HASSEE
Melsdorf
Steinfurt
Hohenhude
Kreuz Kiel-West
RUSSEE
HAMMER
Westensee
Mielkendorf
Schulensee
Rodenbek
Wrohe
Schierensee
Rumohr
Molfsee
Kleinflintbek
Voorde
Flintbek
Blumenthal
Westensee
Langwedel
Grevenkrug
Techelsdorf
Sören
Schmalstede
Hoffeld
Bordesholm
Reesdorf
Brügge
Schönbek
Wattenbek
Groß Buchwald
Mühbrook
Einfelder See
Negenharrie
Einfeld
Großharrie
Tasdorf
NEUMÜNSTER
Bönebüttel
Husberg
Gadeland
Groß Kummerfeld
Kleinkummerfeld
Willingrade
Boostedt
Braak
Brokenlande
Rickling
Moorsee
Meimersdorf
KRONSBURG
WELLSEE
Rönne
Schlüsbek
Boksee
Schönhorst
Böhnhusen
Klein Barkau
Kirchbarkau
Großbarkau
Barmissen
Bothkamp
Kasestraße
Warnau
Bissee
Nettelsee
Dosenbek
Nettelau
Schönhagen
Ovendorf
Schillsdorf
Wankendorf
Bokhorst
Draisinenbahnbetr.
Bockhorn
Altbokhorst
Schipphorst
Schönböken
Bornhöved
Hollenbek
Rendswühren
Gönnebek
Trappenkamp
Kuhlen
Daldorf
Blunk
Tarbek
Alt Erfrade
Ruhwinkel
Stolpe
Perdöl
Depenau
Bundhorst
Löptin
Postfeld
Kühren
Wahlstorf
Honigsee
Pohnsdorf
Raisdorf
Ostseebäderstraße
Schwentine
Schwentinental
Rosenfeld
Lilienthal
Klausdorf
ELLERBEK
ELMSCHENHAGEN
Schönkirchen
Siedlung Oppendorf
Mönkeberg
NEUMÜHLEN-DIETRICHSDORF
Schrevenborn
Heikendorf
Laboe
Wendtorfer Strand
Stein
Lutterbek
Brodersdorf
Wendtorf
Barsbek
Krokau
Schönberg (Holstein)
Probstei
Wisch
Neuschönberg
Heidkate
Kalifornien
Schönbergerstrand
Stakendorf
Schmoel
Fiefbergen
Neuheikendorf
Röbsdorf
Prasdorf
Passade
Gödersdorf
Fahren
Probsteierhagen
Krummbek
Höhndorf
Ratjendorf
Bendfeld
Hohenfelde
Todendorf
Schwartbuck
Satjendorf
Gleschendorf
Köhn
Gadendorf
Emkendorf
Panker
Tröndel
Dransau
Pilsberg
Giekau
Neuhaus
Stöfs
Darry
Sophienhof
Pratjau
Pülsen
Stoltenberg
Salzau
Fargau
Trensahl
Muxall
Tökendorf
Passader See
Dobersdorfer See
Dobersdorf
Schlesen
Selkau
Wittenberger Passau
Selent
Selenter See
Bellin
Gottesgabe
Klamp
Lütjenburg
Rönfeldholz
Wentorf
Martensrade
Lammershagen
Bauersdorf
Friedeburg
Rantzau
Mucheln
Engelau
Kühren
Mühlenfeld
Högsdorf
Dannau
Gowens
Rastorf
Rastorfer Passau
Stellböken
Wittenberg
Wakendorf
Rethwisch
Preetz
Falkendorf
Hasselburg
Lehmkuhlen
Sellin
Tresdorfer See
Schönweide
Sieversdorf
Postsee
Klein Kühren
Lanker See
Schellhorn
Sophienhof
Wielen
Lepahn
Käsestraße
Trent
Rixdorf
Lebrade
Neukirchen
Sasel
Breitenstein
Malkwitz
Sieversdorf
Grebin
Holstein
Theresienhof
Rathjensdorf
Tramm
Hof Wahlstorf
Wittmoldt
Dörnick
Plön
Trammer See
Behler See
Timmdorf
Bad Malente-Gremsmühlen
Malente
Neversfelde
Niederkleveez
Oberkleveez
Suhrer See
Kreuzfeld
Eutin
Bösdorf
Neudorf
Ascheberg
Großer Plöner See
Ruhleben
Kleinmeinsdorf
Holsteinische Schweiz
Godau
Dersau
Kalübbe
Belauer See
Belau
Stocksee
Schmalensee
Bosau
Thürk
Brackrade
Löja
Hutzfeld
Wöbs
Bichel
Weitewelt
Liensfeld
Hassendorf
Kiekbusch
Glasau
Sarau
Seekamp
Nehmten
Hornsmühlen
Seedorfer See
Seedorf
Damsdorf
Grimmelsberg
Tensfeld
Schlamersdorf
Muggesfelde
Grönwohld
Nehms
Nehmsberg
Travenhorst
Travenort
Berlin
Blomnath
Bargherst
Steenkrütz
Ahrensbök
Garbek
Gnissau
Göls

Borkum – Aurich

NORDSEE

Ostfriesische

Norderney
Schluchter
Juist
Im Loog
Juist
Busetief
Voorentief
Kachelot-
plate
Memmert
Nordland
Nationalpark
Osterems
Itzendorf-
plate
Borkum
Ostland
Norddeich
Lütje Hörn
Memmertbalje
Koper-
sand
Osterwarf
Norden
Westerems
Bantsbalje
Hamburger Sand
Westermarsch II
Western
Utlandshörn
Fischerbalje
Randzel
Westerbalje
Ley
Leybucht
Noord Tief
Neuwe
(Leysand)
Rottumeroog
Leybuchtpolder
Scho
Pold
Zuiderdmintjes
Greetsieler
Nacken
Greetsiel
Grüne
Küstenstraße
Störtebeker-
straße
Hauen
Pilsum
Middlesteweh
Duk
Visquard
Eilsum
Grin
uithuizerwad
Manslagt
Jennelt
Krumm

212   Maßstab 1:300 000   0 5 10 15 20 25 Kilometer
                            0   5   10   15 Miles

s c h e I n s e l n
Wangerooge
16
Spiekeroog
24
Spiekeroog
2
Otzumer Balje
Harle
Langeoog
Langeoog
21
20
Meierei Ostende
12
Baltrum
Baltrum
10
Accumer Ee
Wichter Ee
erney
3
Dollart
Janssand
Swinnplate
Schillbalje
Wattenmeer
Ruteplate
Neiderplate
Steinplate
Niedersächsisches
Rute
Störtebeker-straße
Bettenwarfen
Neuharlingersiel
Harlesiel
Grüne Küstenstraße
Friederikensiel
Funnix
Wange
Carolinensiel
Altharlingersiel
Neufunnixsiel
Neugarmssiel
Altgarmssiel
Grüne Küstenstraße
Dornumergrode
Dornumersiel
Bensersiel
Ostbense
Groß Holum
Hilgenriedersiel
Neßmersiel
Westeraccumersiel
Gründeich
Hartward
Sterbur
Nordorf
Werdum
Junkers-rott
Harketief
Nesse
Dornum
Westerbur
Middelsbur
Damsum
Esens
Thunum
Altfunnixsiel
Hagermarsch
Westdorf
Westeraccum
Reersum
Schwittersum
Utgast
Osteraccum
Tettens
Marienhof
Resterhafe
Fulkum
Roggenstede
Harlinger Land
Holtgast
Mamburg
Stedesdorf
Funnix
Berdum
Middoge
Terhalle
West-Ochtersum
Benser Tief
Buttforde
Wichtens
Lütetsburg
Westerende
Utarp
Barkholt
Eggelingen
Westrum
Hage
Berum
Arle
Menstede
Narp
Ostochtersum
Burhafe
Blersum
Uttel
Wiefels
Großheide
Moorweg
Dunum
Jever
Schweindorf
Coldinne
Westerholt
Negenmeertens
Ost Dunum
Abens
Hattersum
Grüne Küstenstraße
Berumbur
Nenndorf
West Dunum
Upstede
Wittmund
Berumerfehn-Kanal
Blomberg
Asel
Halbemond
Neuschoo
Brill
Jever
Süderneuland II
Eversmeer
Updorf
Störtebekerstraße
Berumerfehn
Webershausen
Willen
Burmönken
Ewiges Meer
Langefeld
Middels
Heglitz
Uthörn
Addernhausen
Osteel
Leezdorf
Meerhusener Moor
Dietrichsfeld
Middels-Osterloog
Hovel
Möns
Sandelerburg
Rechtsupweg
Berumerfehner Moor
Ardorf
Leerhafe
Sandeler Möns
Tjüche
Moorhusen
Middels-Westerloog
Schnapp
Schoost
Upgant-Schott
Süd-brookmer-land
Grüne Küstenstraße
Spekendorf
Rispel
Münkeboe
Tannenhausen
Kreihütten-moor
Collrunge
Plaggenburg
Müggenkrug
Dose
Neuland
Upende
Pfalzdorf
Abickhafe
Oldeborg
Victorbur
Georgsfeld
Ems-Jade-Kanal
Alt Siegelsum
Sandhorst
AURICH
Brockzetel
Wiesedermeer
Reepsholt
Hoheesche
Engerhafe
Uthwerdum
Walle
Grüne Küstenstraße
Störtebekerstraße
Georgsheil
Moordorf
Wallinghausen
Egels
Upschört
Hesel
Riepen
Etzel
Theene
Extum
Marcardsmoor
Wiegboldsbur
Haxtum
Rahe
Popens
Wiesens
Akelsbarg
Friedeburg
461
210
72
436

Wilhelmshaven – Bremerhaven

Elbe
Klotzenloch
sand
Nordergründe
Medem-sand
Medemsandinsel
Duhner Watt
Nationalpark Niedersächsisches Wattenmeer
Duhnen
DÖSE
CUXHAVEN
Stickenbüttel-Sahlenburg
-Spangen
Westerwisch
Süderwisch
-Groden
Cuxhaven
Holte-
Berensch
Altenwalde
Oxstedt
Franzenburg
Gudendorf
Köstersweg
Wursterheide
Altenbruch
Altenbruch-Westerende
Lüdingworth-Westerende
Lüdingworth
-Süderende
Lüdingworth-Seehausen
Wehldorf
Müggendorf
Störtebekerstr.
Osterende
Otterndorf
Grüne Küstenstr.
Süderwisch
Land Hadeln
Nordleda
Kampen
Osterwanna
Wanna
Wanhöden
Spiekaer
Südermarren
Nordholz
Knill
Grüne Küsten-str.
Krempel
Ahlenmoor
Ahlen-Falkenberg
Dahlemer See
Neuenwalde
Holßel
Hymendorf
Fickmühlen
Grüne Küstenstraße
Debstedt
Drangstedt
Bad Bederkesa
Wehden
GEESTLAND
LEHERHEIDE
Bremerhaven-Überseehäfen
Spaden
Laven
Elmlohe
Marschkamp
BREMER-HAVEN
Bramel
Bremerhaven-Mitte
Geeste
GEESTEMÜNDE
Schiffdorf
Bremerhaven-Geestemünde
SURHEIDE
Sellstedt
Apeler
Hosermühlen
Bremerhaven-Wulsdorf
Bexhövede
Donnern
Loxstedt
Stinstedt
Heerstedt
Lohe
Bremerhaven-Süd
Wehdel
Wollingst
Altluneberg
Geestenseth
Köhlen
Ringstedt
Kührstedt
Alfstedt
Bederkesa-Geeste-Kanal
Lintig
Ankelohe
Bederkeser See
Flögeln
Flögelner See
Fünf Seen
Höring
Süderwesterseite
Süderleda
Medemstade
Norderende
Lauenteil
Steinau
Süderteil
Hadelner Kanal
Neubachenbruch
Mooräusmoor
Meckelstedter Moor
Meckelstedt
Wüstewohlde
Hainmühlen
Altenkamp
Drittgeest
Heinschenwalde
Frelsdorf
Hipstedt
Malse
Grüne
Neu Ebersdorf
Großenhain
Langenmoor
Dornsode
Langes Moor
Armstorf
Lamstedt
Ebersdorf
Oerel
Glinde
Barchel
Engeo
Hesedorf
Bremervörde
Oste-Schwinge-Kanal
Elm
Nieder Ochtenhausen
Hönau-Lindorf
Mehedorf
Neuendamm
Alfstedt
Iselersheim
Abbenseth
Hollnseth
Hollen
Nindorfermoor
Nindorf
Laumühlen
Blumenthal
Kranenburg
Brobergen
Schönau
Ostendorf
Estorf
Gräpel
Kaken
Oldendorf
Ottendorf
Behrste
Grüne Küstenstraße
Bossel
Klint
Ihlbeck
Hackemühlen
Wohlenbeck
Bornberg
Wisch
Hechthausen
Mittelstenahe
Köven
Westerberg
Nordahn
Stinstedt
Odisheim
Bovenmoor
Varrel
Heeßel
Ziegelkamp
Hemmoor
Osten
Basbeck
Grüne Küstenstr.
Kleinwörden
Großenwörden
Rönndeich
Bröckelbeck
Westersode
Balksee
Oppelner Geest
Weißenmoor
Wingst
Bargkamp
Silberbg.
Dobrock
Oppeln
Deutscher Olymp
Freesenmoor
Spleth
Westercadewisch
Cadenberge
Laak
Wingst
Bülkau
Ihlienworth
Nußhusen
Süderende
Mittelteil
Auedeich
Norderteil
Grüne Küstenstraße
Hasendorf
Süderteil
Sprenge
Aue
Osterbruch
Neuenkirchen
Kehdingbruch
Norderteil
Dingwörden
Mahrdorf
Bahrdorf
Belum
Neuhaus (Oste)
Hörne
Geversdorf
Marne
Neuendeich
Obstmarschenweg
Oberndorf
Braak
Ahrensflucht
Niederstrich
Schüttdamm
Isensee
Hemm
Achthöfen
Achthöfener Deich
Oben-altendorf
Deutsche Fährstr.
Faulenhöfe
Balje
Elbdeich
Krummendeich
Süderdeich
Oederquart
Klinten
Hollerdeich
Grüne Küste
Kajedeich
Bruchweg
Neulandermoor
Stellenfleth
Störtebekers
Schönewort
Land Kehdingen
Neufelder Sand
Schleswig-Holstein
Niedersachsen
Neufelderkoog
Kaiser-Wilhelm-Koog
Neulandhalle
Dieksanderkoog
Schmolteck
Kronprinzenkoog
Helse
Krumwehl
Darenwurth
Schadendorf
Marne
Marnerdeich
Marner Neuenkoogsdeich
Schmedeswurth
Neufeld
Draisinenbetrieb
Volsemenhusen
Fahrstedt
Diekhusen-
Auenbüttel
Kattrepel
Westerbelmhusen
Nordhusen
Mühlenstraßen
Norderwisch
Süderdonn
Rösthusen
Dingen
Süderwisch
Behmhusen
Ramhusen
Blangenmoor-Lehe
Westerbüttel
Osterbelmhusen
Brunsbüttel
Sankt Margarethen
Hopen
Stubben
Kuden
Dingerdonn
Eddelak
Norderdonn
Averlak
Kudensee
Ostermoor
Büttel
Stuven
Flethsee
Landscheide
Deut. Fährstr.
Ecklak
Grüne Küstenstraße
Wingst

Itzehoe – Hamburg

Latendorf
Negernbötel
Hamdorf
Mussen
Wensin
Strenglin
Großenaspe
Wildpark Eekholt
Heidmühlen
Fehrenbötel
Wahlstedt
Schackendorf
Groß-Rönnau
Warder
Rohlstorf
Eilsdorf
Glashütte
Wahlstedt
Klein-Schackendorf
Kleinniendorf
Bad Segeberg
Gr. Segeberger See
Quaal
Warder See
Margarethenhof
Pronstorf
Wulfsfelde
Goldenbek
Dakendorf
Cashagen
Dissau
Gayen
Weide
Waldesruh
Fahrenkrug
Bad Segeberg-Nord
Stipsdorf
Schieren
Westerrade
Bimöhlen
Wittenborn
Högersdorf
Weede
Steinbek
Geschendorf
Reinsbek
Krumbeck
Fuhlenrüe
Bockhorn
Bark
Klein Gladebrügge
Bad Segeberg-Süd
Söhren
Strukdorf
Langniendorf
Hasenmoor
Hartenholm
Mözen
Mözener See
Schwissel
Mielsdorf
Neuengörs
Bad Bramstedt
Kükels
Traventhal
Altengörs
Stubben
Willendorf
Pöhls
Mönkhagen
Todesfelde
Bühnsdorf
Rehhorst
Heilshoop
Schmalfeld
Kasestraße
Bebensee
Dreggers
Zarpen
Badendorf
Dahmsdorf
Nützen
Bredenbekshorst
Fredesdorf
Leezen
Wakendorf I
Bahrenhof
Havighorst
Struvenhütten
Heiderfeld
Neversdorf
Sühlen
Steinfelder-wohld
Heidekamp
Kaltenkirchen
Stuvenborn
Groß Niendorf
Seefeld
Feldhorst
Schadehorn
Reinfeld (Holstein)
Kattendorf
Seth
Travenbrück
Tralau
Schlamersdorf
Steinfeld
Hamberge
Oersdorf
Hüttblek
Sievershütten
Neverstaven
Nütschau
Heckkaten
Poggensee
Ratzbek
Winsen
Oering
Vinzier
Bad Oldesloe
Benstaben
Rüecke
Wesenberg
Kisdorf
Borstel
Tönningstedt
B. Oldesloe-Nord
Sehmsdorf
Klein-Barnitz
Reinfeld
Lokfeld
Henstedt-Ulzburg
Henstedt-
Itzstedt
Sülfeld
Grabau
Wolkenwehe
Meddewade
Groß-Barnitz
Schenkenberg
Klein Schenkenberg
Nahe
Oldesloe-Süd
Blumendorf
Rethwischdorf
Trenthorst
Kaden
Götzberg
Neritz
Rümpel
Rethwischhöhe
Grinau
Beckershof
Nienwohld
Höltenklinken
Pölitz
Bad Oldesloe
Treuholz
Westerau
Bliestorf
Ulzburg
Wakendorf II
Bargfeld-Stegen
Fischbek
Rohlfshagen
Rethwisch
Wulmenau
Ahrensfelde
Rondeshagen
Rhen
Elmenhorst
Schürensöhlen
Siebenbäumen
Ellerau
Kayhude
Mönkenbrook
Tremsbüttel
Krummbek
Groß Boden
Kastorf
Wilstedt
Pfingsthorst
Jersbek
Lasbek
Barkhorst
Schmachthagen
Stubben
Düchelsdorf
Siedlung Wilstedt
Tangstedt
Langereihe
Vorburg
Lasbek Dorf
Holmmoor
Wiemerskamp
Wulksfelde
Bargteheide
Klein Hansdorf
Timmerhorn
Harksheide
Hammoor
Bargteheide
Mollhagen
Eichede
Steinhorst
Klinkrade
Schiphorst
Labenz
DUVENSTEDT
Delingsdorf
Kreuz Bargteheide
Steinburg
Todendorf
Sprenge
Franzdorf
Lüchow
Glashütte
Ammersbek
Bünningstedt
Wohldorf-Ohlstedt
Hoisbüttel
AHRENSBURG
Oetjendorf
Schönberg
Sandesneben
NORDERSTEDT
LEMSAHL-MELLINGSTEDT
Lottbek
Buddikate
Dwerkaten
Wentorf
Sirksfelde
Ritzerau
Garstedt
Bergstedt
Großhansdorf
LANGENHORN
POPPENBÜTTEL
VOLKSDORF
NIENDORF
SASEL
Schmalenbeck
Hoisdorf
Lütjensee
Linau
Koberg
Poggensee
HH-Schnelsen-N.
HH-Schnelsen
WELLINGSBÜTTEL
Ahrensfelde
Ahrensburg
Siek
Grönwohld
Feilberg
OHLSDORF
Meilsdorf
Hohenfelde
Walksfelde
HAMBURG
Stapelfeld
Braak
Großensee
Borstorf
HH-Nordwest
FARMSEN
Stapelfeld
Papendorf
Trittau
Hamfelde
Köthel
RAHLSTEDT
Langelohe
Brunsbek
Hamfelde
Mühlenrade
WINTERHUDE
BARMBEK
Kronshorst
Rausdorf
Dahmker
Klein Schretstaken
STELLINGEN
WANDSBEK
Stellau
Grande
Rotenbek
Kuddewörde
Schretstaken
UHLENHORST
Barsbüttel
Stemwarde
Basthorst
Fuhlenhagen
EIMSBÜTTEL
HH-Jenfeld
Willinghusen
Witzhave
Kasseburg
Talkau
ST. PAULI
HH-Horn
Kreuz HH-Ost
Glinde
Neuschönningstedt
Witzhave
Schwarzenbek/Grande
Möhnsen
Elmenhorst
Kankelau
HH-Öjendorf
BILLSTEDT
Ohe
Sachsenwald
Lanken
Wotersen
Oststeinbek
Schönningstedt
Havekost
Deutsche Ferienroute Alpen-Ostsee
BILLBROOK
REINBEK
Friedrichsruh
Grove
Sahms
Groß Pampau
Havighorst
HH-Billstedt
Aumühle
HH-Veddel
Dr. Norder-elbe
Dr. HH-Südost
Wohltorf
Schwarzenbek
Grabau
Klein Pampau
HH-Elbinsel
WILHELMSBURG
GEORGSWERDER
HH-Moorfleet
Moorfleet
BILLWERDER
Wentorf b. Hamb.
Dassendorf
Louisenhof
MOORBURG
Tatenberg
Hamburg-Stillhorn
HH-Allermöhe
Allermöhe
BERGEDORF
Kröppelshagen
Brunstorf
Müssen
Bartelsdorf
Stillhorn
HH-Stillhorn
HH-Neuallerm.-W.
HH-Curslack
Börnsen
Hohenhorn
Schulendorf
Franzhagen
Ochsenwerder
HH-Nettelnburg
HH-Bergedorf
Escheburg
Worth
Kollow
Reitbrook
Fahrendorf
Kasestraße
HARBURG

Emden – Papenburg

218 Maßstab 1:300 000

Wiegboldsbur
Haxtum
Rahe
Popens
Wiesens
Akelsbarg
Marcardsmoor
Friedeburg
Westerende Holzloog
Bedekaspel
Westerende Kirchloog
Kirchdorf
Schirum
Holtrop
Felde
Wiesede
Wiesederfehn
Marx
Barstede
Bangstede
Ostersander
Wrisse
Hammrich
Forlitz-Blaukirchen
Ludwigsdorf
Westersander
Aurich-Oldendorf
Wiesmoor
Bohlenbergerfeld
Großefehn
Großefehnkanal
Ems-Jade-Kanal
Ochtelbur
Ihlow
Ihlowerfehn
Mittegroßefehn
Ostgroßefehn
Wilhelmsfehn II
Aricher Wiesmoor II
Riepe
Ihlowerhorn
Ruttel
Ruttelerfeld
Bentstreek
Schweindorf
Westgroßefehn
Spetzerfehn
Voßbarg
Neuenburgerfeld
Simonswolde
Deutsche Fehnroute
Ulbargen
Strackholt
Nordgeorgsfehnkanal
Timmel
Zwischenbergen
Oltmannsfehn
Asterderfeld
Großefehn-kanal
Boekzeteler Meer
Hatshausen
Sauteler Tief
Bagband
Fiebing
Neudorf
Ockenhausen
Stapeler Moor
Tergast
Neukamperfehn
Neufirrel
Poghausen
Tarbarg
Petkum
Moormer-
Stiekelkamperfehn
Spols
Stapel
Gandersum
Oldersum
Grüne Küstenstr.
Warsingsfehn
Boekzetelerfehn
Neuemoor
Firrel
Kleinoldendorf
Großoldendorf
Halsbek
Rorichum
Neermoor
Jheringsfehn
Schwerinsdorf
Uplengen
Meinersfehn
Nendorp
Störtebeker-straße
Bühren
Neuengland
Hatzum
Terborg
land
Hesel
Remels
Großsander
Störtebekerstraße
Critzum
Ems
Veen-husen
Selverde
Grüne Küstenstraße
Moorburg
Midlum
Veenhusen
Hasselt
Klein Remels
Kleinsander
Felde
Westerstede-West
Jemgum
Dreieck Leer
Leer-Ost
Holtland
Jübberde
Ihausen
Hollwege
Leer-Nord
Brinkum
Nordgeorgsfehn
Marienchor
Nüttermoor
Lammertsfehn
Apen/Remels
Westerstederfeld
LEER (Ostfriesland)
Logabirum
Filsum
Hollen
Augustfehn III
Westerloyerfeld
Bunderhammrich
Heisfelde
Nortmoor
Ammersum
Süd-georgsfehn
Augustfehn II
Holtgaste
Soltborg
Leer-West
Roggenmoor
Klampen
Westerloy
Böhmerwold
Jümme
Augustfehn I
Lindern
Bingum
Stickhausen
Vreschen-Bokel
Apen
Mansie
Jemgum
Nettelburg
Amdorf
Neuburg
Leerort
Bingumgaste
Coldam
Esklum
Velde
Detern
Deutsche Fehnroute
Ocholt
Sankt Georgiwold
Kirchborgum
Leda
Barge
Godensholterweg
Weener Moor
Driever
Breinermoor
Howiek
Bunde
Weener
Grüne Küsten-str.
West-
Backemoor
Roggenberg
Tange
Gaskamp
Karlshof
Möhlenwarf
Grotegaste
Over-
Schatteburg
Potshausen
Nordloh
Godensholt
Folmhusen
Ost-
Fintlands-moor
Weener
Rhauder-
Holte
Holterfehn
Nord
Beschotenweg
Ihrhove
Collinghorst
Elisabethfehn
Barßel
Rothenmethen
Holthuser-heide
Hilkenborg
Ihren
Rhaude
Ost
Grete
rhauder-West
Lohe
Wittenberge
Holthusen
Großwolde
Rhaudermoor
Papenburg
Mark
ledingen
Westerscheps
Stapelmoor
Steenfelde
Elisabethfehn-kanal
Soeste
Mitling
Westrhauderfehn
Strücklingen
Stapelmoorerheide
Elisabethfehn Süd
Harkebrügge
Grüne Küstenstraße
Diele
overledingen
fehn
Holttange
Vellage
Flachsmeer
Sater-
Boxenstopp-R.
Völlen
Deutsche Fehnroute
Langholt
Ramsloh
Langes
Brual
fehn
Hollen
Küstenkanal
Nenndorf
PAPENBURG
Klostermoor
land
Kampe
Tunxdorf
Bokel
Moor
Altburlage
Scharrel
Wester-
Bätholt Moor
Burlage
Eggershausen
Aschendorf
Aschendorf-moor-Siedlung
Neuburlage
Sedelsberg
Riege
Grüne Küstenstra
Altenoythe
Herbrum
Wildes Moor
Bockhorst
Grüne Küstenstraße
Friesoythe
Westerwolde Hümmling Route
Börgermoor
Lehe
Küstenkanal
Neuscharrel
Heede
Neulehe
Mühlenberg
Esterwegen
Neulorup
Barkentange
Ellerbrock
Surwold
Hilkenbrook
Vordersten Thüle
Gehlenberg
Haar
Heidbrücken
Mam-moor
Neuarenberg
Neuvrees
Mittelsten Thüle
Dersum
Dörpen
Neudörpen
Börgerwald
Breddenberg
Boxenstopp-R.
Kanal-Seitengraben
Neubörger
Markhausen
Ahlen
Kluse
Oster-
Westerholt
Lorup
Eleonoren-wald
Augustendorf
Steinbild
Wippingen
Thülsfelder

Oldenburg – Bremen

Beverstedt
Appeln
Grüne Küstenstraße
Basdahl
Oese
Bevern
Nesse
Düring
Hetthorn
Dohren
Lunestedt
Wester-beverstedt
Wehldorf
Osterndorf
Kirchwistedt
Volkmarst
Fahrendorf
Fahren-dahl
Klenkendorf
Minstedt
Plönjeshausen
Deinstedt
Freschluneberg
Hollen
Hahnenknoop
Beverstedtermühlen
Lehdeberg
Stubben
Wellen
Altwistedt
Ahe
Brillit
Friedrichsdorf
Sandbostel
Wittstedt
Brunshausen
Langenhausen
Ober Ochtenhausen
Bokel
Langenfelde
Hellingst
Kuh-stedt
Gnarrenburg
Augustendorf
Barkhausen
Parnewinkel
Haaßel
Selsingen
Kassebruch
Lohe
Oldendorf
Holste
Giehle
Kolheim
Findorf
Karlshöfen
Granstedt
Seedorf
Twistenbo
Bramstedt
Axstedt
Finna
Steden
Paddewisch
Hamme
Kuhstedtermoor
Glinstedt
Lavenstedt
Hagen im Bremischen
Dorfhagen
Harrendorf
Ahrensdorf
Rockstedt
Lübberstedt
Giehlermoor
Nordsode
Rhade
Godenstedt
Albstedt
Wallhöfen
Vollersode
Neuenhausen
Wulsbüttel
Hambergen
Friedensheim
Ostersode
Rhadereistedt
Ostereistedt
Lehnstedt
Uthlede
Hoope
Heißenbüttel
Olden-büttel
Heilsdorf
Bornreihe
Hanstedt
Heine
Ohlenstedt
Spreddig
Heudorf
Breddorf
Garlstedt
Hüttendorf
Hülseberg
Sandhausen
Ströhe
Hüttenbusch
Badenstedt
Oldendorf
Freißenbüttel
Neu Sankt Jürgen
Hepstedt
Ostertimke
Brümmerhof
Lange Heide
Westerbeck
Altendamm
Teufelsmoor
Überhamm
Kirchtimke
Pennigbüttel
Mevenstedt
Schlußdorf
Westertimke
Weyerdeelen
Mühlen-route
Brundorf
Heilshorn
Adolphsdorf
Tarmstedt
Schwanewede
Busch-hausen
Osterholz-Scharmbeck
Worpswede
Tüschendorf
Steinfeld
Bülstedt
Werschenrege
Waakhausen
Weyermoor
Ostendorf
Otterstein
Winkeldorf
Stendorf
Westerwede
Mooringen
Seehausen
Leuchten-burg
Scharmbeckstotel
Nartum
Lesumstotel
Worpheim
Moorende
Wilstedt
Vorwerk
Ihlpohl
Osterhagen-Ihlpohl
Viehland
Lüninghausen
Worpedorf
Horstedt
Platjenwerbe
Ritterhude
Eickedorf
Stapel
Worphausen
Schmalenbeck
Niedersachsen
Wührden
Grasberg
Dipshorn
Benkel
Frankenburg
Klostermoor
Huxfeld
Bremen
Trupermoor
Grasdorf
Buchholz
Northausen
Taaken
Moorhausen
Heidberg
Dannenberg
Lilienthal
Falkenberg
Mittelsmoor
Otterstedt
Rautendorf
Quelkhorn
Reeßum
Seebergen
Eckstever
Clüversborstel
Wilhelmshausen
Sottrum
BORGFELD
Fischerhude
Kampe
Stucken-borstel
Ottersberg
BREMEN
Am Bahnhof
Stuckenborstel
Grund-bergsee
OBERNEULAND
Sagehorn
Posthausen
Brillkamp
Everinghausen
Oyten
Hellwege
Schap-husen
Bassen
Wümmingen
Posthausen
Oyterdamm
Lindheim
Schanzen-dorf
Straße der Weser-renaissance
Stellenfelde
Borstel
Badenermoor
Grasdorf
Haberloh
Embsen
Achim-Ost
Steinberg
Allerdorf
Langwedel
Bierden
ACHIM
Baden
Langwedeler-moor
Völkersen
Dahlbrügge
Uesen
Etelsen
Cluvenhagen
Goldbach
Holtebüttel
Hagen
Deutsche Märchenstr.
Daverden
Walle
Werder
Lunsen
Langwedel
Groß Eissel
Oetzen
Morsum
Intschede
Dauelsen
Wulmstorf
Hiddestorf
Thedinghausen
Westerwisch
Beppen
Blender
Emtinghausen
Hutbergen
Dibbersen
Eißel
Riede
Donnerstedt
Heiligenbruch
Felde
Bollen
Horstedt
Ahausen
Sudweyhe
Kirchweyhe
Weyhe
Dreye
Leeste
Melchiorshausen
Barrien
Hoher Berg
Gessel
Sörhausen
Ristedt
Fahrenhorst
Warwe
Wulfhoop
Seckenhausen
Heiligenrode
Bürstel
Groß Ippener
Kirchseelte
Gräfing-hausen
Hörden
Brinkum
Gr. Mackenstedt
Dr.Stuhr
STUHR
HUCHTING
Varrel
Dr.DEL
DELMENHORST
ANNEN-HEIDE
ADELHEIDE
Gr. Mackenst.
DEL-Ost
DEL-Hasport
Hasbergen
HEIDE
Deichhausen
STROM
WOLTMERS-HAUSEN
SEEHAUSEN
WALLE
GRÖPELINGEN
HB-Überseestadt
Bremen-Horn-Lehe
SCHWACH-HAUSEN
VAHR
OSTERHOLZ
HEMELINGEN
OBER-VIELAND
NEU-STADT
HB-Neustädter Hafen
HB-Neustadt
HB-Airport-Stadt
HB-Hemelingen
HB-Mahndorf
Uphusen
HB-Arsten
HB-Brinkum
Weser
Ochtum
BURG-LESUM
GROHN
LESUM
HB-Burg-Grambke
HB-Industriehäfen
Dr. Bremen Industriehäfen
Bremen-Vahr
Bremen-Sebaldsbrück
Bremer Kr.
Achim-Nord
Torf-Feldbahn
Schwanewede
Langwedel

Zeven – Lüneburg

HARBURG
Hamburg-Harburg
Dreieck HH-Südwest
HH-Marmstorf
Harburger Berge
Beckedorf
Fleestedt
Glüsingen
Meckelfeld
Maschener Kreuz
Emmelndorf
Hittfeld
Maschen
Horst
SEEVE-TAL
Niedersächs.
Horster Dreieck
Seevetal
Helmstorf
Harmstorf
Ramelsloh
Ohlendorf
Hasselhöhe
NORDHEIDE
Itzenbüttel
Marxen
Jesteburg
Asendorf
Brackel
Quarrendorf
Naturpark
Hanstedt
Dierkshausen
Nindorf
Ollsen
Schätzendorf
Sahrendorf
Egestorf
Undeloh
Sudermühlen
Lüneburger Heide
Wilsede
Döhle
Steingrund
Oberhaverbeck
Evendorf
Hörpel
Volkwardingen
Behringen
Borstel in der Kuhle
Bispingen
Niedersächs. Spargelstr.
Hützel
Steinbeck (Luhe)
Grevenhof
Schwindebeck
Soderstorf
Dehnsen
Niedersächs. Mühlenstr.
Raubkammer
Große Heide
Töpingen
Alvern
Breloh
Munster
Ilster
Hötzingen
Soltau-Ost
Emmingen
Moide
Willenbockel
Abelbeck
Suroide
Kohlenbissen
Oerrel
Brambostel
Dethlingen
Meinholz
(Sültingen)
Trauen
Lopau
Wulfsode
Deutsche Ferienroute Alpen-Ostsee
Reitbrook
Bullenhausen
Fünfhausen
Vierlande
Neuengamme
Curslack
Bergedorf
Groß Moor
Over
Friesen
Werdermoor
Hörsten
Rosenweide
Kirchwerder
Fliegenberg
Drennhausen
Altengamme
Hoopte
Stöckte
Achterdeich
Gehrden
Laßrönne
Tönnhausen
West-Krauel
Elbe
Drage
Elbstorf
Krümse
Stelle
Ashausen
WINSEN (LUHE)
Borstel
Roydorf
Winsen-West
Scharmbeck
Mühlenstr.
Luhdorf
Winsen-Ost
Holtorfsloh
Pattensen
Thieshope
Wulfsen
Tangendorf
Bahlburg
Radbruch
Garstedt
Neu Garstedt
Toppenstedt
Niedersächs. Spargelstr.
Vierhöfen
Garlstorf
Gödenstorf
Salzhausen
Oelstorf
Luhmühlen
Westergellersen
Kirchgellersen
Südergellersen
Putensen
Lübberstedt
Eyendorf
Raven
Wetzen
Marxen am Berge
Rolfsen
Oldendorf (Luhe)
Wohlenbüttel
Sottorf
Etzen
Amelinghausen
Rehlingen
Ehlbeck
Bockum
Diersbüttel
Rehrhof
Wettenbostel
Oechtringen
Holthusen I
Arendorf
Schatensen
Wriedel
Allenbostel
Brockhöfe
Thonhops-B.
Lintzel
Ellerndorf
Eimke
Wichtenbeck
Fahrendorf
Käsestraße
Hamwarde
GEESTHACHT
Geesthacht
Kollow
Wiershop
Gülzow
Schwinde
Marschacht
Rönne
Juliusburg
Krukow
Tesperhude
Krüzen
Tespe
Schnakenbek
Buchhorst
Niedersachsen
Schleswig-Holstein
Eichholz
Avendorf
Bütlingen
Artlenburg
Marienthal
Hunden
Oldershsn
Fahrenholz
Ilmenau-Kanal
Neetze
Horburg
Lüdershausen
Hohnstorf
Sangenstedt
Rottorf
Handorf
Wittorf
Barum
Sankt Dionys
Brietlingen
Alte Salzstraße
Echem
Moorburg
Lüdersburg
Scharnebeck
Bardowick
Adendorf
Rullstorf
Erbstorf
Nutzfelde
Mechtersen
Vögelsen
Lüneburg-Nord
Ochtmissen
Dachtmissen
Reppenstedt
LÜNEBURG
Oedeme
Heiligenthal
Häcklingen
Rettmer
Oerzen
Embsen
Heinsen
Kolkhagen
Drögennindorf
Betzendorf
Barnstedt
Glüsingen
Tellmer
Süsing
Velgen
Barendorf
Reinstorf
Hagen
Wendisch Evern
Deutsch Evern
Vastorf
Melbeck
Klötzen-B.
Wulfstorf
Niendorf
Grünhagen
Hohenbostel
Bienenbüttel
Wichmannsburg
Eitzen I
Steddorf
Beverbeck
Bargdorf
Riestedt
Varendorf
Bornsen
Addenstorf
Jelmstorf
Seedorf
Oldendorf II
Natendorf
Haarstorf
Wessenstedt
Harz-Heide-Str.
Hohenbünstorf
Oetzfelde
Hanstedt
Barum
Teendorf
Ebstorf
Vinstedt
Bode
Brauel
Altenebstorf
Melzingen
Westerweyhe
Wittenwater
Stadorf
Schwienau
Linden
Groß Süstedt
Barnsen
Gerdau
Bohlsen
UELZEN
Holthusen II
Hansen
Klein Süstedt
Bargfeld
Veerßen
Böddenstedt
Steinhöhe
Wendhausen
Gifkendorf
Edendorf
Altenmedingen
Bruchtorf
Tätendorf
Eppensen
Walmstorf
Kirchweyhe
Elbe-Seitenkanal
Elbe-Lübeck-Kanal
Lauenburg
Basedow
Dalldorf
Lütau
Sassendorf
Bullendorf
Bockelkathen
Bolterse
Sülbeck
Volkstorf
Wesel
Lüllau
Tötensen
Heide
Lüneburger Heide
Naturpark Lüneburger Heide

Bildnachweis

Abkürzungen: G = -Getty Images

S. 3 M. Kaupat; S. 4-5 Wirestock Creators/Shutterstock.com; S. 6 M. Kaupat; S. 8 Gabriele Rohde/Shutterstock.com; S. 11 Lightix/Shutterstock.com; S. 12 Nickola_Che/Shutterstock.com; S. 14 Freepik.com; S. 15 M. Kaupat; S. 16 Fotografie-Kuhlmann/Shutterstock.com; S. 17 Thomas Ramsauer/Shutterstock.com; S. 18-19 Pawel Kazmierczak/Shutterstock.com; S. 22 M. Kaupat; S. 27 Iidian Neeleman/Shutterstock.com; S. 28 Heide Pinkall/Shutterstock.com; S. 31 M. Kaupat; S. 32 Harald Lueder/Shutterstock.com; S. 34 M. Kaubat; S. 37 M. Kaubat; S. 38 M. Kaupat; S. 40 M. Kaupat; S. 42 M. Kaupat; S. 44 M. Kaupat; S. 46 Irina Fischer/Shutterstock.com; S. 48 M. Kaupat; S. 53 M. Kaupat; S. 54 M. Kaupat; S. 57 M. Kaupat; S. 58 M. Kaupat; S. 60 M. Kaupat; S. 62 M. Kaupat; S. 64 ON-Photography Germany/Shutterstock.com; S. 66 M. Kaupat; S. 68 Marc Venema/Shutterstock.com; S. 70 M. Kaupat; S. 72 M. Kaupat; S. 77 M. Kaupat; S. 78 Gabriele Rohde/Shutterstock.com; S. 81 S. Kuelcue/Shutterstock.com; S. 82 M. Kaupat; S. 84 Heide Pinkall/Shutterstock.com; S. 88 SAKhan Photography/Shutterstock.com; S. 91 M. Kaupat; S. 92 M. Kaupat; S. 94 panoglobe/Shutterstock.com; S. 96 M. Kaupat; S. 98 canadastock/Shutterstock.com; S. 103 MP_Foto/Shutterstock.com; S. 104 M. Kaupat; S. 107 M Kunz/Shutterstock.com; S. 108 M. Kaupat; S. 110 JoJoNie/Shutterstock.com; S. 113 Daniel-Froehlich/Shutterstock.com; S. 114 M. Kaupat; S. 116 M. Kaupat; S. 118 M. Kaupat; S. 120 M. Kaupat; S. 125 Luca Mueller/Shutterstock.com; S. 126 M. Kaupat; S. 129 M. Kaupat; S. 130 Ivonne Wierink/Shutterstock.com; S. 132 Ronald Wittek/Shutterstock.com; S. 134 New Africa/Shutterstock.com; S. 136 G/Bluejayphoto; S. 138 M. Kaupat; S. 140 M. Kaupat; S. 144 M. Kaupat; S. 149 M. Kaupat; S. 150 M. Kaupat; S. 153 by-studio/Shutterstock.com; S. 154 M. Kaupat; S. 156 M. Kaupat; S. 158 M. Kaupat; S. 160 M. Kaupat; S. 162 Alex Stemmers/Shutterstock.com; S. 164 M. Kaupat; S. 167 M. Kaupat; S. 168 M. Kaupat; S. 170 Marc Venema/Shutterstock.com; S. 173 Volodymyr Kuts/Shutterstock.com; S. 174 Everyonephoto Studio/Shutterstock.com; S. 176-177 cktravelling/Shutterstock.com; S. 179 View Apart/Shutterstock.com; S. 181 M. Kaupat; S. 182 Simon Maas/Shutterstock.com; S. 185 Brian Goodman/Shutterstock.com; S. 186 PRESSLAB/Shutterstock.com; S. 189 New Africa/Shutterstock.com; S. 190 Animaflora PicsStock/Shutterstock.com

Impressum

Genehmigte Sonderausgabe für Weltbild GmbH & Co. KG, Ohmstraße 8a, 86199 Augsburg

Copyright © 2022 MAIRDUMONT GmbH & Co. KG, Ostfildern
Copyright © 2022 Kunth Verlag, München – MAIRDUMONT GmbH & Co. KG, Ostfildern
b2b@kunth-verlag.de

Umschlaggestaltung: Atelier Seidel, Teising
Umschlagmotive: iStockphoto/
antagonist74; Nikada; Blade_kostas

Printed in Italy

ISBN 978-3-8289-4017-8

Besuchen Sie uns im Internet:
www.weltbild.de

Autor: Mirko Kaupat
Lektorat & Bildredaktion: Lucia Rojas, derschönstesatz
Kartografie: © MAIRDUMONT, Ostfildern, unter Verwendung von Kartendaten von OpenStreetMap,
Lizenz CC-BY-SA 2.0
Gestaltung Layout: Sofarobotnik, Augsburg & München

Alle Rechte vorbehalten. Reproduktionen, Speicherung in Datenverarbeitungsanlagen, Wiedergabe auf elektronischen, fotomechanischen oder ähnlichen Wegen nur mit der ausdrücklichen Genehmigung des Copyrightinhabers.

Alle Fakten wurden nach bestem Wissen und Gewissen mit der größtmöglichen Sorgfalt recherchiert. Redaktion und Verlag können jedoch für die absolute Richtigkeit und Vollständigkeit der Angaben keine Gewähr leisten. Der Verlag ist für alle Hinweise und Verbesserungsvorschläge jederzeit dankbar.

MIX
Papier aus verantwortungsvollen Quellen
FSC® C015829